갈라디아서 강해 상권

죽어도 좋은 사랑

이학권 지음

쿰란출판사

서문

우리 모두는 이기적입니다.
그러나 이기적이라는 말은 나쁘다는 말이 아닙니다.
이기적이기에 자신이 성숙하려 하고
이기적이기에 가족과 친구를 사랑합니다.
하나님께서 우리를 이기적으로 창조하셨습니다.
그러나 이기적이기만 하면
우리는 우리 존재 전체를 누리지 못합니다.
우리에게는 우리 자신을 넘어서는 초월성이 있습니다.
이 초월성, 즉 하나님의 형상을 누릴 때
우리는 '나 전체'를 비로소 만나고 누립니다.
그리고 이 초월성은
'죽어도 좋은 사랑'을 만날 때에만
피어나는 생명의 신비입니다.

본서는 목회 강단에서 선포한 갈라디아서 강해설교의 상권으로서 갈라디아서 1~3장 말씀을 강해한 것입니다. 설교는 삶을 신학화하는 작업이며, 삶을 성경 원리로 정리하는 일입니다. 설교는 삶을 성경으로 정지(整枝) 작업한 후에 말

서문

씀, 즉 생명 에너지를 심는 수고입니다.

  삶을 성경말씀으로 정리한다는 것은 근본적인 차원에서 삶을 재조명하는 것이며, 잎이나 가지의 문제보다는 뿌리의 문제를 살피고 가다듬는 일입니다. 그러므로 영적인 일입니다.

  영성이란 존재의 뿌리 되는 성질입니다. 모든 일과 현상의 근원은 보이지 않는 영입니다. 그래서 영이신 하나님에게서 만물이 나온 것입니다. 같은 의미로 인간의 영이 인간 삶의 모든 현상에서 실제 원인과 뿌리입니다. 그 깊은 곳, 감추어진 곳, 우리가 들여다보기 싫어하는 곳, 혼돈과 공허와 흑암이 가득한 곳에 "좋았더라, 좋았더라, 심히 좋았더라"를 펼쳐 내는 것이 말씀의 선포입니다.

  설교 중에 함께 생각해 보는 질문은 성경을 보는 렌즈라고 할 수 있습니다. 그 렌즈는 본문을 더 본질적인 관점에서 보도록 도울 것입니다. 은혜로 말미암은 자유를 주제로 하는 갈라디아서 말씀을 통해 '심히 좋았더라'의 역사가 일어나기를 기도드립니다.

2004년 3월 20일
뉴욕 로즐린(장미마을)에서
이 학 권

차례

서문　02

제1강 사람에게서 난 것이 아니요　05

제2강 자기 몸을 드리셨으니(갈 1:1~5)　31

제3강 다른 복음은 없나니(갈 1:6~10)　53

제4강 은혜로 나를 부르신 이(갈 1:11~24)　83

제5강 복음의 진리로(갈 2:1~10)　114

제6강 향해서 죽었나니(갈 2:11~21)　147

제7강 성령으로(갈 3:1~5)　178

제8강 너를 인하여 복을 받으리라(갈 3:6~14)　204

제9강 유업을 이을 자(갈 3:15~29)　238

갈|라|디|아|서|강|해(상권)

제1강
사람에게서 난 것이 아니요

들어가면서

갈라디아서 전체의 구조와 그 안에 흐르는 핵심을 살펴봄으로 오늘부터 갈라디아서 강해를 시작합니다. 갈라디아서는 크게 세 부분으로 나누어져 있습니다.

첫째 부분(1:6~2:21)에서는 기록 이유를 적고 있으며 이 부분은 사도 바울이 자신의 간증을 통해 오직 은혜를 강조합니다.

둘째 부분(3:1~5:12)에서는 누가 진정한 하나님의 자녀인가 하는 문제를 다룹니다. 여기서 사도 바울은 우리가 하나님의 자녀가 되는 것은 율법을 지킴으로가 아니라 믿음으로 말미암음을 단호하게 주장합니다.

셋째 부분(5:13~6:10)에서는 사랑의 삶이 이루어지는 과정을 밝혀 주고 있습니다. 사랑의 삶은 오직 자유할 때에만 이루어지며, 자유함은 율법의 행위로가 아닌, 오직 은혜로 주어질 때에만 누려지는 것입니다. 이러한 내용을 앞으로 18주간 동안 함께 나누겠습니다. 오늘은 전체의 내용과 핵심을 개괄적으로 살펴보겠습니다.

역사 변혁의 능력이 숨어 있는 짧은 책

본문의 제일 첫 부분은 사도 바울의 인사입니다. 갈라디아서 인사의 특징은 시작하자마자, 사람들에게서 난 것도 아니고 사람으로부터 말미암은 것도 아니라는 바울의 선언인데 사실은, 이 선언 속에 갈라디아서의 전체 주제가 들어 있습니다. 갈라디아서는 149절로 되어 있으며 사도행전이 1000절, 요한복음이 870절, 히브리서가 303절인 것을 생각할 때 성경에서 가장 짧은 책 중의 하나입니다. 그러나 이 짧은 책 속에는 역사를 변화시키는 능력이 들어 있습니다.

사도 바울이 갈라디아서를 쓸 당시는 안팎으로 핍박과 고난의 시기였습니다. 그럼에도 불구하고 소책자 한 권의 분량도 되지 못하는 이 짧은 책 속에 토해 놓은 하나님의 심령은 로마의 역사는 물론 두고두고 세계 역사 변혁의 원동력이 되었습니다.

갈라디아서는 종교개혁 때에 종교개혁자들에게 많은 사랑을 받았습니다. 마틴 루터의 경우는 "갈라디아서는 나의 아내"라고까지 불렀습니다. 이 책이 그에게는 용기와 힘의 원천이 되었기 때문입니다. 저는 성도님들에게 갈라디아서의 내용이 무엇인지 이해시키고, 그러므로 "앞으로는 이렇게 사십시오. 저렇게 사십시오." 하는 말씀을 드리고 싶지 않습니다. 그렇게 말씀을 드려 보아야 그대로 살 수 있는 것이 전혀 아니기 때문입니다. 언제 우리의 삶이 변하고 우리가 역사를 변화시키는 주체가 되느냐 하면, 살아 계신 하나님의 말씀이 우리에게 성령님의 감동으로 임할 때입니다.

제가 아무리 설교를 잘하고 설명을 잘해서 갈라디아서를 성도님들이 처음부터 끝까지 전부 다 이해하고 그 내용을 줄줄 외울 수 있다고 하여도 그것으로 우리의 삶이 변화되거나 우리가 역사를 변화시키는 하나님의 능력의 증인이 되지는 못합니다. 증인이 되는 사람은 반드시 능력이 있어야 합니다. 그래서 증인의 책인 사도행전(1:8)에는 "오직 성령이 너희에게 임하시면 너희가 권능을 받고"라고 했습니다. 즉 권세와 능력을 받는다고 말씀하고 있습니다. 갈라디아서를 통해서 전해지는 하나님의 심령을 가슴으로 만나는 사람은 역사를 변혁시키는 하나님의 능력을 반드시 만나게 되는 것입니다.

역사적인 배경

갈라디아서가 누구에게 보내어졌느냐 하는 것은 신학자들에게는 흥미있는 문제입니다. 원래 갈라디아는 기원전 285년경에 켈트족에 의하여 이루어진 소국가입니다. 그래서 주님이 오시기 거의 직전까지 소국가 형태가 지속되었는데 무리한 팽창을 하다가 오히려 망하게 되었습니다. 그때부터 로마가 이 지역을 점령하여 다스림으로 로마의 속주가 됩니다. 이 지역은 로마의 속주가 되었을 때는 남부 지역까지 다 포함시켜서 '갈라디아'라고 하였습니다. 북갈라디아는 갈라디아 지방(Territorial Galatia), 남갈라디아는 속주 갈라디아(Provincial Galatia)라고 불렸습니다. 그러나 갈라디아서가 어느 쪽을 대상으로 보내진 것인지 해석 면에서는 다행히도 전혀 차이가 없습니다.

전문 신학자가 아닌 우리는 본 서신이 그저 갈라디아를 향해서 기록되었다고 생각하면 됩니다. 원래의 갈라디아, 즉 소아시아 중부 지역은 사도 바울이 2차 전도여행 때 방문한 곳입니다. 남부 갈라디아, 즉 속주 갈라디아는 1차, 2차, 3차 전도여행 때 지나갔습니다. 그러므로 저는 '속주 갈라디아를 향해 쓴 것이 아닐까' 라고 생각해 봅니다.

그러면 이제 왜 기록했느냐를 봅시다. 갈라디아서 4장 14절을 보면 바울이 갈라디아에 가서 복음을 증거하였을 때 성령의 능력의 역사가 있었고, 갈라디아 성도들은 바울을 하나님의 천사와 같이 영접하였습니다.

우리가 처음 믿을 때 반드시 첫사랑이 있을 수밖에 없습니다. 허무한 육체로 살던 내가 살아 계신 하나님의 성령을 영접하게 되었는데 아무런 감동도, 아무런 첫사랑의 뜨거움도 없었다고 한다면 한 번쯤 믿음을 점검해 보아야 합니다. 내 믿음은 사람에게서 난 것은 아닌지, 사람들이 예수에 대해서 자꾸 가르쳐 주니까, 가만 듣고 보니까 참 그럴 듯해서 내가 동의해 주고 내가 믿어 주는 믿음은 아닌가 하고 말입니다.

만약 믿음이 나에게서 난 것이라면 능력이 메말라 갑니다. 교회에 출석하는 것마저도 늘 힘들어할 것입니다. 내가 애쓰고 수고하여 주일 성수하고, 헌금하고, 봉사하느라 무척 노력해야 합니다. 하나님과 그의 사랑에 붙들림받은 기쁨보다는 의무감이나 혹은 저주에 대한 불안감 때문에 믿으려고 애쓰게 되는 것입니다.

바울이 갈라디아에 복음을 전하였을 때 사랑의 하나님을 만나는 뜨거운 첫사랑과 성령의 능력의 역사가 열렬한 반응으로 나타났습니다. 살아 계신 하나님을 믿는데 왜 능력과 이적의 역사가 나타나지 않겠습니까? 절대로 그럴 수 없습니다. 부흥회라든지 신학적으로 건강하지 못한 모임들을 통해서 하나님의 이적과 기사가 남용되어 왔기 때문에 이적과 기사를 말하면 거부 반응이 많이 있습니다. 그러나 죽을 수밖에 없고 육체로 끝날 수밖에 없던 허무한 내 인생과 내 삶과 내 심령과 내 육체에 살아 계신 하나님이 임하셨는데 어떻게 이적과 기사가 나타나지 않는다는 것입니까? 그 자체가 잘못된 것입니다.

증거가 있어야 합니다. 증거가 없는데 무엇을 붙들고 큰 소리를 치며, 무엇을 붙들고 증인이 되며, 무엇을 붙잡고 "예수님이 살아 계신다"라고 말할 수 있습니까? 교리를 이야기하는 것입니까? 이론을 말하는 것입니까? 아닙니다. 우리는 증거를 가진 사람들입니다. 예수님께서는 "오직 성령이 너희에게 임하시면 너희가 권능을 받고 예루살렘과 온 유대와 사마리아와 땅 끝까지 이르러 내 증인이 되리라"(행 1:8)고 말씀하셨습니다. 증인은 증거를 가진 사람입니다. 증거를 가지지 않는 증인이 어떻게 있을 수 있겠습니까?

갈라디아 성도들이 복음을 능력의 역사 가운데 받아들여서 갈라디아 땅에도 이제 새 생명의 싹이 움트기 시작했습니다. 그후 바울이 떠난 후에 율법주의자들이 나타나서 바울은 사도가 아니기 때문에 잘못 가르친 것이며, 너희가 믿는다면 율법을 지켜야 된다, 의를 이루어야 한다는 등 잘못된 복음, 변질된 복음을 전한 것입니다. 이러한 율법주의자들의 잘못된 가르침으로 말미암아 갈라디아 교회는 상당히 잘못된 쪽으로 기울어져 갔습니다. 사람들이 그들의 가르침을 가만히 들어보니까 그럴 듯했기 때문입니다. 사람의 것은 항상 그럴 듯합니다. 하나님의 것은 그럴 듯하지 않습니다. 어떻게 그런 일이 있을 수 있을까 싶은 것입니다.

저는 성도님들의 삶에 그럴 듯한 일이 일어나는 것이 아니라, 도무지 나로서는 이런 일이 일어날 수 없다, 하나님이 아니고서는 어떻게 내 생애가, 내 가정이 이렇게 변할 수 있느냐라는, 하나님으로 말미암아 나타나는 역사가 일어나기를 주님의 이름으로 축원합니다. 그럴 듯합니다. "아! 맞아, 할례가 하나님 백성의 표식인데 같은 값이면 다홍치마라고 받아서 나쁠 것이 무엇이 있느냐, 또 할례를 받으면 율법주의자들에게 핍박도 안 받고 다 좋지 않느냐"라는 식으로 갈라디아 교회 전체가 기울어지는 상황에서 사도 바울이 이 교회에 편지를 보낸 것입니다.

감정적 솔직함과 직선적인 표현

갈라디아서의 특징은 감정적으로 솔직하고 직선적인 표현입니다.

"어리석도다! 갈라디아 사람들아! 예수 그리스도께서 십자가에 못박히신 것이 너희 눈앞에 밝히 보이거늘 누가 너희를 꾀더냐!"(갈 3:1), "내가 너희에게 참된 말을 하므로 원수가 되었느냐!"(갈 4:16), "내가 이제라도 너희와 함께 있어 내 음성을 변하려 함은 너희를 대하여 의심이 있음이라"(갈 4:20), "형제들아 내가 너희와 같이 되었은즉 너희도 나와 같이 되기를 구하노라 너희가 내게 해롭게 하지 아니하였느니라"(갈 4:12).

이처럼 감정적으로 토해 내는 듯한 책이 바로 갈라디아서입니다. 점잖게 교리를 설명하는 책이 아닙니다. 점잖게 구원의

도를 설명하는 것이 아니라 바울의 피 묻은 심령을 우리에게 쏟아붓는 것입니다.

저는 우리 모두가 감정을 돌리거나 회피해서 표현하지 않고 솔직하면서도 진솔하게 표현할 수 있는 용기가 있기를 원합니다. "알아서 짐작해 주세요!"라고 상대방에게 기대한다면 결코 건강한 관계를 이루지 못합니다. 정직은 언제나 최선의 길임이 감정과 관계에도 적용되는 것입니다. 왜 우리가 정직하게 의사를 교통하지 못합니까? 그것은 내가 언제나 선해야 된다는 의식에 과도하게 사로잡혀 있기 때문입니다.

우리는 '하나님같이' 될 수 없습니다. 그러므로 상대에게 아픔이 되어도 내가 싫을 때는 "싫습니다!"라고 솔직하게 말하는 것이 유익을 이룹니다. 사실은 그 솔직함이 상대에 대한 정직한 존중입니다. 속 다르고 겉 다른 모습은 겉으로는 존중인 것 같지만 사실은 기만이 될 때가 많습니다. 하나님의 공동체가 우리 가운데 이루어지기 위해서는 감정적인 솔직함이 필요합니다. 우리는 서로간에 너무 뒤로 숨기는 데 아주 숙련되어 있습니다. 기가 막히게 숙련되어 있어서 피차간에 뻔히 보이는데도 그렇게 속이고 살고 있을 때가 많습니다.

우리는 갈라디아서를 나누는 동안에 감정적으로 솔직하고 직선적인 표현들을 많이 보게 될 것입니다. 갈라디아서가 그런 면에서도 우리를 자유케 할 줄 믿습니다.

함께 생각해 보는 질문

당신의 믿음은 하나님으로부터 난 것입니까?
갈라디아서로 들어가는 함께 생각해 보는 질문은 "당신의 믿음은 하나님으로부터 난 것입니까? 사람으로부터 난 것입니까?"입니다. 바울은 갈라디아서를 시작하자마자 "사람들에게서 난 것도 아니요 사람으로 말미암은 것도 아니요"(갈 1:1)라는 선언으로 시작하는데 이 말은 갈라디아서 여섯 장 전체의 핵심입니다. 이 말을 다른 말로 한다면 "당신은 그리스도의 비밀을 가지고 있습니까?"입니다.

예수 그리스도를 믿는 것이 좋아 보여서, 내가 성경을 믿고, 내가 어떻게 해서든지 성경 말씀대로 살려고 노력하는 것이 되어서는 안 됩니다. 믿음은 배움의 문제가 아닙니다. 믿음은 깨달음의 문제가 아닙니다. 더구나 믿음은 앎이나 모름의 문제가 아닙니다. 이러한 것은 물론 부수적으로 따라올 수가 있지만 믿음에는 훨씬 더 원천적인 차원이 있습니다. 그 비밀을 같이 찾아봅시다.

복음의 비밀은 바로 살아 계신 하나님께서 폐하고 죽을 수밖에 없는 내 생명 안에 들어오셨다는 것입니다. 이것이 복음입니다. 내가 아무리 알고, 깨닫고, 노력하고, 수고하고, 의로워도 내게서 나온 것은 내가 폐해질 때 다 폐해질 수밖에 없습니다. 폐해지지 않는 것은 하나님의 것뿐입니다.

복음은 내가 예수를 발견했다거나 내가 하나님의 도를 깨달았다거나 하는 것이 아닙니다. 복음이란 내가 버림받을 수밖에 없을 때, 내가 아직 죄인 되었을 때, 내가 본질상 진노의 자녀일 때, 나를 구원하시기 위해서 살아 계신 하나님께서 내 생명 안에 임하셨다는 것입니다. 그런데 우리는 이러한 복음을 잘 모릅니다. 우리와 함께하기를 원하시는 하나님, 육신으로 오신 하나님을 너무 알지 못합니다.

구약을 살펴보십시오. 에덴에서 아담과 하와가 죄를 짓고 쫓겨날 때 하나님이 함께 추방됩니다. 우리 하나님은 추방되신 하나님(exiled God)이십니다. 또한 광야에서는 자기의 택한 백성과 함께하시고 싶어서 백성들이 움직일 때 늘 그 앞에서 불기둥과 구름기둥으로 인도하시던 하나님입니다.

하나님은 또 성막을 지어서 성막의 작은 방, 그 피비린내가 진동하는 곳, 우리가 들어가면 몇 분도 견딜 수 없는 창문 하나 없고 캄캄한 방인 지성소에 거하셨습니다. 하나님께서 왜 그러셨습니까? 자기 백성과 함께 계시고 싶었기 때문입니다. 그래서 요한복음을 보면 "말씀이 육신이 되어 우리 가운데 거하시매"(요 1:14)라는 말씀이 있습니다. 여기서 "거하시매"라는 것은 '성막을 치셨다(tabernacled)'라는 뜻입니다. 그렇게도 함께하고 싶어하시는 하나님을 하나님의 백성들이 알지 못하기 때문에 나사렛 예수를 이 땅에 보내셨습니다. 그리고 그 가운데 거하시면서 "내가 이것을 원했노라"고 하셨습니다. 주님께서는 "나의 임재가 너의 생명과 심령 속에 이루어지는 영적 성전을 내가 원했지 언제 내가 돌로 된 성전을 원했느냐? 내가 어떻게 돌로 된 성전에 붙들려 있겠느냐"라고 말씀하시는 것입니다.

스데반이 왜 순교했습니까? 스데반이 자기를 비난하는 사람들 앞에서 이스라엘 역사를 다 이야기하면서 "보라 우리 조상들이 언제 돌로 지은 성전이 있는 거룩한 땅에서 하나님을 만난 적이 있느냐, 모세가 이방 땅 시내 산에서 하나님을 만나지 아니했느냐? 아브라함이 이방 땅 메소포타미아에서 하나님을 만나지 아니했느냐, 우리 조상 중에 누구도 거룩한 땅에서 하나님을 만난 적이 없는데 너희는 어떻게 해서 거룩한 땅에 있는 돌로 된 거룩한 성전을 붙들고 있느냐? 하늘이 하나님의 보좌요 땅이 하나님의 발등상인데 하나님이 사람의 손으로 지은 집에 거하시겠느냐"고 증거하였습니다. 이 말 때문에 스데반은 순교하였습니다.

　하나님께서는 우리에게 오셔서 우리의 생명이 되셨습니다. 그리고 하나님께서는 폐할 수밖에 없고 저주받을 수밖에 없는 우리의 생명 안에 하나님의 유업을 다시 회복시키셨습니다. 하나님께서 이루신 모든 것을 우리로 하여금 누리도록 하시는 이 유업의 영광이 복음의 비밀입니다. 이러한 비밀이 어떻게 내게서 나올 수 있습니까? 내 눈은 그것을 볼 수도 알 수도 없습니다.

　바울이 성도를 위해서 "지혜와 계시의 정신을 너희에게 주사……너희 마음 눈을 밝히사……믿는 우리에게 베푸신 능력의 지극히 크심이 어떤 것을 너희로 알게 하시기를 구하노라"(엡 1:17~19)라고 하는 이유가 그것입니다. 바로 이것이 복음 안에 있는 비밀입니다. 다른 것이 아닙니다. 살아 계신 하나님께서 멸망할 수밖에 없는 나를 구원하시기 위하여 죄인 된 내게 오시어 임하사 나의 생명이 되시고 나와 하나 되어 주심, 이것을 믿는 것이 바로 믿음의 출발입니다. 내가 깨닫고, 내가 무엇을 믿고, 내가 교리에 동의해 주는 그런 것이 아니라는 것입니다. 나사렛 예수라는 육체 가운데 임하신 하나님이신 그리스도의 비밀을 당신은 가지고 있습니까?

　예수, 예수, 예수! 놀라운 이름입니다. 그런데 오늘날 우리는 예수를 바로 알지 못합니다. 오늘날 교회가 예수를 똑바로 증거하지 못합니다. 그래서 무엇을 믿거나 어디 가서 도를 닦거나 다 비슷한 것으로 압니다. 예수님이 누구십니까? 예수라는 육체 안에 나타난 하나님 속에서 무엇을 보십니까? 예수님은 "자기 백성을 저희 죄에서 구원할 자이심이라(마 1:21)"라는 말입니다.

이 땅에서의 모든 아픔과 절망과 어두움과 상처가 왜 생겼습니까? 죄의 결과입니다. 그런데 이러한 모든 죄가 육체로 오신 예수 그리스도의 십자가의 보혈로 속량함을 받았습니다. 우리는 죄와 죄의 결과인 저주에서 자유함을 받고 또한 저주에서 복으로 옮겨진 생명이 되었습니다. 할렐루야! 이것은 예수님 없이는 결코 이루어질 수 없습니다. 예수님 안에 나타난 하나님의 무조건적인 사랑의 결과입니다. 오직 십자가의 하나님을 만날 때에만 내게 임하는 은혜인 것입니다. 하나님께서 예수님 안에서 우리를 위하여 어떤 일을 행하셨는지 심령 속에 깊이 새기시기를 주님의 이름으로 축원합니다.

예수님은 종교 창시자가 아닙니다. 예수님은 종교 지도자도 아닙니다. 예수님은 육체 가운데 거하시는 살아 계신 하나님의 비밀입니다. "이 비밀은 만세와 만대로부터 옴으로 감추었던 것인데 이제는 그의 성도들에게 나타났고 하나님이 그들로 하여금 이 비밀의 영광이 이방인 가운데 어떻게 풍성한 것을 알게 하려 하심이라 이 비밀은 너희 안에 계신 그리스도시니 곧 영광의 소망이니라"(골 1:26~27)고 했습니다. 문제는 예수님이 이 비밀로 보이느냐 하는 것입니다. 어떻게 죽을 수밖에 없는 죄인이 영원하고 거룩하신 하나님을 누리며 살 수 있는가 하는 그 비밀입니다.

당신은 그리스도의 비밀을 누리고 있습니까?

사도 바울은 이러한 절박함으로 갈라디아 성도들에게 피를 토해 내는 것 같은 심령으로 글을 보냈습니다. 갈라디아 성도들에게 무엇을 조금 더 이해시키려는 것이 아닙니다. 그것도 좋지만 더 좋은 것이 있다는 이야기가 아닙니다. 이것은 죽고 사는 문제요, 성령이냐 육체냐의 문제요, 복이냐 저주냐의 문제요, 유업자가 되느냐 멸망이냐의 문제입니다. 사도 바울은 이러한 갈림길에서 절박하고 안타까운 마음으로 갈라디아서를 쓰고 있는 것입니다.

성령이냐 육체냐

생명은 속에서부터 나오는 것입니다. 속에서부터 시작되는 것이 생명의 특징입니다. 나무의 뿌리가 물을 빨아들이면 진액이 뿌리에서부터 속으로 올라옵니다. 돈은 밖에서부터 옵니다. 권력도 바깥에서부터 옵니다. 이런 것들은 생명을 유지하는 데 필요한 것은 될 수 있지만 그 자체가 결단코 생명이 되지는 못합니다. 그러므로 육체의 것으로는 생명의 역사가 이루어지지 않습니다.

예수님께서는 "살리는 것은 영이니 육은 무익하니라. 내가 너희에게 이른 말이 영이요 생명이라"(요 6:63)라고 말씀하십니다. 크리스마스 트리를 아무리 멋있게 장식해 놓고 천만 불, 억만 불을 들여도 살아 있는 솔방울 달린 소나무보다 못합니다. 솔방울은 떨어지면 수많은 나무들을 길러내고 이것이 또 계속해서 소나무를 길러내어 대대에 이릅니다. 그러나 아무리 많은 돈을 들여서 만든 크리스마스 트리라고 해도 시절이 지나면 버림을 받습니다. 생명이냐 사망이냐, 성령이냐 육체냐의 문제입니다.

아이를 보십시오. 아이는 자라면서 머리가 먼저 크고 배부터 나옵니다. 창자부터 자라나기 때문입니다. 만약에 겉부터 자라면 어떻게 되겠습니까? 창자가 뒤죽박죽이 되어 버립니다. 그래서 예수님께서도 "나를 믿는 자는 성경에 이름과 같이 그 배에서 생수의 강이 흘러나리라"(요 7:38)라고 말씀하셨습니다. 생명은 겉의 문제가 아니라 속에서부터 나오는 것입니다. 교회에 나오느냐 안 나오느냐의 문제가 아닙니다. 얼마나 열심히 무엇을 하느냐, 얼마나 성경을 잘 아느냐 하는 문제가 아닙니다. 내 속에 살아 계신 하나님께서 계시며 역사하고 계시냐 하는 문제입니다.

그래서 사도 바울은 다음과 같이 강조합니다.

"너희가 이같이 어리석으냐 성령으로 시작하였다가 이제는 육체로 마치겠느냐"(갈 3:3), "자기의 육체를 위하여 심는 자는 육체로부터 썩어진 것을 거두고 성령을 위하여 심는 자는 성령으로부터 영생을 거두리라"(갈 6:8).

복이냐 저주냐

무엇이 저주인가를 알아야 합니다. 제 후배 중에 공인회계사(CPA)가 있는데, 언젠가 같이 대화를 나누는 중에 그가 말하기를 '못 해먹겠다'는 것이었습니다. 그냥 세탁소나 했으면 좋겠다고 했습니다. 왜 그러느냐고 물으니 한국 사람들 때문에 미치겠다는 것입니다. 자기에게 와서 무조건 세금을 안 내게 해달라고 한다는 것입니다. 세금을 절약하고 싶어하지 않는 사람은 없겠지만 이것이 어느 정도여야 되는데 억지가 대단하답니다. 더욱 기가 막히는 것은 어디에 가서 무슨 이상한 소리를 들었는지, 내지 않아도 되는 세금을 당신이 잘못하여 내게 되었다면서 소란을 피운다고 합니다. 이러한 일들이 한두 번도 아니고 너무 자주 당하니까 CPA를 못 해먹겠다는 것입니다.

그래서 이렇게 말해 주었습니다. "생각을 해보게. 자네가 만약 턱도 없고, 말도 되지 않는 고집을 부리는 사람들에게 회계정리나 해주어서 먹고 산다고 생각하면 자네는 평생 먹고 살기 위해서 CPA 노릇 하는 것밖에 안 되지. 그러나 자네가 '하나님께서 나에게 좋은 은사를 주셔서 정말 저렇게 힘들고 미성숙한 사람들까지 섬기게 하시는구나'라고 생각하면 그러한 순간순간 가운데에서 나 자신을 누리고 내가 자라는 '나의 시간'으로 누리게 되는 것 아닌가"라고 말입니다. 그러므로 복은 주어진 순간순간을 감사함으로 누리는 것이고, 저주는 주어진 순간순간을 억지로 사는 것입니다.

인생을 '무엇을 먹을까 무엇을 마실까'를 위해서 염려하며 살면 저주의 삶이 됩니다. 그러나 "하나님께서 이 놀라운 기회들을 주시사 인생의 아름다운 경험으로 누리게 하셨도다!" 하면 복된 삶이 됩니다. 저주냐 복이냐가 여기서 갈리는 것을 알아야 합니다. 그런데 이러한 복된 삶은 인간에게서 나올 수 없습니다. 인간이란 나에게 잘해 주거나 내가 편할 때만 상대방에게 잘해 줄 수 있습니다.

내가 힘들고 어려울 때 오히려 발을 씻기고 섬길 수 있는 기회를 주신 하나님을 기뻐하면서 사는 것은 하나님의 생명, 즉 그리스도의 마음이 내게 임하지 않고는 일어나지 않는 것입니다. 그리스도께서 임하시기 전까지의 내 생명은 저주이지 복이 아닙니다. 그래서 "그리스도께서 우리를 위하여 저주를 받은 바 되사 율법의 저주에서 우리를 속량하셨으니"(갈 3:13)라고 하는 것입니다. 예수 안에 있을 때만이 복이 됩니다.

유업자가 되느냐 멸망이냐

갈라디아서에 의하면 삶의 가장 큰 문제는 '종 노릇 한다는 것입니다. 종 노릇이 무엇입니까? 종 노릇이란 '내가 살고 나서 뒤를 돌아보면서 결코 이렇게 살고 싶지 않았는데' 하는 삶입니다. 그렇게 살고 싶지 않았는데 할 수 없이 억지로 살았으니 바로 종 노릇 했다는 것입니다.

내가 40이 되고 50이 되고 60이 되어서 삶을 돌이켜 보니 '결코 이렇게 살고 싶지 않았는데, 이러한 인생의 자리에 도착하고 싶지는 않았는데' 라는 삶을 살았다면 종 노릇 한 것입니다. 이러한 삶은 어떠한 모양으로 살았어도 종 노릇 한 것입니다. 사도 바울은 "그러나 너희가 그때에는 하나님을 알지 못하여 본질상 하나님이 아닌 자들에게 종 노릇 하였더니"(갈 4:8)라고 말하고 있습니다. 따라서 갈라디아서의 핵심은 "그리스도께서 우리로 자유케 하려고 자유를 주셨으니 그러므로 굳세게 서서 다시는 종의 멍에를 메지 말라"(갈 5:1)라는 것입니다.

그러므로 자유한 사람만이 하나님의 유업자가 되는데 자유함이 무엇입니까? 무슨 일을 하든지 내가 그것이 즐거워서 자원하는 심령으로 하는 것입니다. 따라서 "너희가 그리스도께 속한 자면 곧 아브라함의 자손이요 약속대로 유업을 이을 자니라"(갈 3:29)라는 말씀처럼 그리스도께 속하면 자유함과 유업을 받습니다.

자유한 삶, 즉 유업자의 삶에 관해서는 다음 강해에서 좀 더 재미있게 말씀드리겠습니다. 성령이냐 육체냐, 복이냐 저주냐, 멸망이냐 유업자냐 어느 쪽의 삶을 사느냐는 내가 그리스도 안에 있느냐 밖에 있느냐에 의해서 결정되는 것입니다.

전체 내용 이해

은혜로 말미암은 믿음(1:6~2:21)

갈라디아서의 첫 번째 주제는 은혜로 말미암은 믿음입니다. "하나님의 은혜 때문에 믿음이 생기는 것이지, 내가 믿습니다! 라고 해서 생기는 것이 아니다" 라는 내용입니다. 바울은 갈라디아서 안에서 주로 자기 간증을 하고 있습니다. 갈라디아서는 바울이라는 한 사람이 만난 하나님을 가장 잘 만날 수 있고, 볼 수 있고, 만질 수 있으며, 누릴 수 있는 책입니다.

믿음은 나의 노력에 의해 얻어지는 것이 아니라 오직 하나님이 주신 은혜의 선물입니다. 나의 노력이 아니라는 것은 나의 수고가 아니라는 것입니다. 나의 수고가 되면 나의 의가 됩니다. 나의 의가 되면 내가 그것을 인정받을 때는 교만해지고 그것을 인정받지 못할 때는 분노가 생깁니다. 그래서 내게서 나온 것으로는 내 생각과 나의 한계를 절대로 넘어설 수가 없습니다. 그러므로 이러한 사람은 하나님에 대해서도 또 인간에 대해서도 불신이 있습니다. 즉 '실제적인 불신자(practical unbeliever)' 입니다. 실제적으로는 하나님을 믿지 않습니다. "하나님! 하나님!" 하지만 믿지 않습니다. "주여! 주여!" 하지만 자신을 놓지 않습니다.

제가 집회 가서 있었던 일입니다. 집회 시간 전 식사자리에서 한 분이 "믿는 사람이 속이지 않고 사업하기는 참 힘들어요."라고 말하였습니다. 그 말을 듣고 저는 안타까웠습니다. 분위기 때문에 뭐라고 말할 수는 없었지만 '아니, 믿는 사람이 사업을 하면 하나님이 지혜를 몇 배로 주실 것이요, 필요한 사람을 만나게 할 것이요, 잘못 가도 하나님이 바로 인도할 것이요, 바른 기회와 바른 때에 바른 사람을 만나게 할 것이고, 지혜와 명철을 더하여 주실 것인데 왜 하나님을 믿는 사람이 공공연하게 불신을 선언하는가!' 라고 생각했습니다.

식사를 마치고 교회에 가서 집회를 시작하는데 그분이 대표 기도자였습니다. 그리고 기도를 '전능하신 하나님' 으로 시작하는 것이었습니다. 전능은 무슨 전능입니까, 조금 전에 말한 바와 같이 '비즈니스에는 무기력한 하나님' 이렇게 기도해야 하지 않습니까? 왜 이런 일이 일어납니까? 믿음이 나에게서 나왔기 때문에 내 지혜와 내 경험과 내 판단과 내 한계를 넘어서지 못합니다. 항상 그 안에만 있습니다. 살아 계신 하나님의 능력을 체험하지 못하니까 "믿어도 별수 없더라! 믿는다고 밥 먹여 주냐?" 이런 이야기들이 아주 자연스럽게 얼굴 빛도 변하지 않고 나옵니다.

믿음은 하나님의 은혜입니다. 은혜란 거저 주신 선물입니다. 즉 공짜입니다. 그렇지만 공짜인 것만 알고 있으면 잘못 생각하는 것입니다. 공짜라는 그 말 속에 무엇이 들어 있느냐가 중요합니다. 선물은 공짜이기에 받는 이의 존재 가치를 결정하는 것입니다. 내가 어떤 선물을 받느냐가 내가 어떤 존재인가, 어떤 가치를 지닌 존재인가를 결정합니다. 여자 분들이 남자들에게 비싼 보석을 받으면 기뻐하는 이유가 바로 선물을 통해서 자신의 존재 가치를 인정받기 때문입니다. 보석 자체가 무엇이 그렇게 중요하습니까? 돌 하나 있으나 없으나 별 차이가 없습니다. 그러나 비싼 선물은 나의 존재 가치를 비싸게 인정하는 행위이기에 중요한 것입니다. 싸구려로 보는 사람에게 비싼 선물을 할 수 있습니까? 선물은 존재 가치를 결정합니다.

하나님은 우리에게 은혜로 무엇을 주셨습니까? 하나님 자신을 주셨습니다. 그것이 바로 내 가치를 선포하고 있습니다. 그러기 때문에 은혜를 받은 사람의 제일 첫번째 특징은 자기 존귀함의 회복입니다. 자기 존귀함이 소성됩니다. 이렇게 되면 문제는 끝납니다. 자기를 존귀하게 보는 사람은 비천하게 살지 않습니다. 자기를 존귀하게 보는 사람은 비천한 생각을 허락하지 않습니다. 자기를 존귀하게 보는 사람은 비천한 말을 함부로 하지 않습니다. 존귀함이 회복될 때 자유하는 마음이 생기고 자유로워지기 시작합니다. 나의 연약함과 부족함을 열어 보일 수 있습니다. 왜입니까? 하나님이 주신 존귀함이 나에게 있기 때문입니다.

그리고 자유함이 있을 때 모두를 사랑할 수 있습니다. 나를 존귀하게 여기는 사람은 다른 사람도 존귀하게 여겨 줍니다. 그러므로 아버지의 자녀 된 자존감과 성령님을 누리는 자유한 마음과 십자가의 사랑으로 다른 사람을 섬길 때 성부, 성자, 성령, 삼위일체의 역사가 함께 쏟아부어집니다. 하나님께서 나에게 은혜로 하나님 자신을 주셨기 때문입니다. 할렐루야! 이것이 믿음입니다.

하나님의 자녀(3:1~5:12)

다음으로 "갈라디아서는 어떻게 하나님의 자녀가 되는 것인가, 믿음은 어떻게 출발하는 것인가?"라는 질문을 다루고 있습니다. 즉 누가 하나님의 자녀냐는 것입니다. 만약 혈통으로 하나님의 자녀가 되는 것이라면 아브라함의 여종인 하갈의 자식도 하나님의 백성이 되어야 합니다. 그러나 그렇지 않습니다. 하나님의 자녀는 성령으로 되는 것입니다.

사도 요한은 이 문제를 가지고 씨름했던 인물입니다. 그래서 요한복음에서 영접하는 자는 하나님의 자녀가 되는 권세를 받았지만 이는 혈통으로나 육정으로나 사람의 뜻으로 나지 아니하고"(요 1:13)라고 선언하고 있습니다. 그리고 복음의 비밀을 요한복음 1장 14절에서 "말씀이 육신이 되어"라고 선포합니다. 즉, 내가 무엇을 하거나 깨닫거나 하는 것이 아니라, 나에게서 시작한 출발이 아니라 하나님이 육체 속에 오셔서 거하심으로 시작되는 것입니다. 우리 안에 오신 하나님, 즉 성령님을 영접함으로 하나님의 자녀가 되는 것입니다.

그런데 우리가 종종 혼동하는 것은 하나님을 영접하였는데 왜 능력이 나타나지 않는가 하는 것입니다. 그것은 하나님은 인격이시고 생명이시기 때문입니다. 인격과 생명의 특징은 성숙한 만큼 누리는 것입니다. 여기서 성숙은 자기 비움입니다. 그래서 내가 비워지는 만큼 내 안에 계신 하나님과 그의 능력을 누리게 되는 것입니다.

제가 목회 초기에는 목회를 잘할 수 있다고 생각했습니다. 그리고 제가 할 수 없는 것이 나타나면 굉장히 불안해지고 혹시라도 그러한 일을 성도들이 알게 될까 속으로는 불안해하면서도 겉으로는 "아, 문제없어!"라고 말하곤 했습니다. 그리고 어느 날부터 내 자신이 너무 불쌍하게 느껴지기 시작했습니다. 그래서 하나님 앞에 수도 없이 기도했습니다. "하나님께서 저에게 복 주시지 않으면 저는 마른 막대기보다 못하고 당나귀 턱뼈보다도 못합니다. 하나님 없이 제가 무엇을 할 수 있습니까!"라고 말입니다.

성도님들이 예배를 드리기 위해서 들어오시면 앞에 서 있는 저는 마음속으로 이렇게 기도를 했습니다. "성도님들 중에 어느 한 분이라도 내가 변화시킬 수 있는 분은 없습니다. 제가 복을 줄 수 있는 분도 없습니다. 또 어려운 가정이 있는데 그 가정이 정말 아름다워지고 믿음의 용기를 얻었으면 좋겠습니다. 그러나 하나님께서 긍휼히 여겨 주시지 않으면 제가 그 가정을 위해서 할 수 있는 것은 아무것도 없습니다. 저는 제가 목회를 잘할 수 있을 것으로 생각했습니다. 그런데 하나님, 제가 할 수 있는 일이 아무것도 없군요. 저는 당나귀 턱뼈보다도 못합니다!" 이러한 고백을 하는데 이상하게도 저의 마음이 편해집니다.

올해는 목회 기도를 많이 받으시라고 성도 여러분에게 권합니다. 전에는 목회 기도를 받기 위해 성도님들이 많이 나오시면 '왜 이렇게 많이 나오실까'라고 생각했었지만, 이제는 제 허리가 끊어지는 것 같아도 더 해드리고 싶습니다. 기도하는 것이 무엇입니까? 제가 성도님들에게 해드릴 수 있는 것이 아무것도 없으니까 하나님께 구하는 것이 아닙니까? '육체로는 안 된다! 율법으로는 안 된다!' 이것이 놀라운 복입니다. 나와 나의 노력으로 안 되기에 하나님의 은혜가 임했다는 것입니다.

믿음은 나를 하나님 편으로 변화시키는 능력입니다. 믿음은 하나님을 내 편으로 만드는 수단이 아닙니다. 하나님께서 모든 것을 이미 나를 위하여(for me) 이루어 놓으셨습니다. 어떻게? 하나님께서 내 편에서 나를 위해서 죽으셨기 때문입니다. 그러므로 믿음은 내 편으로 만드는 것이 아니라 나를 하나님 편으로 변화시키는 능력입니다.

하나님의 은혜가 내게 임하면 나의 비천한 생각이 하나님의 생각을 닮아 가기 시작하고, 비천한 가슴을 가지고 있던 내가 하나님의 가슴을 누리기 시작합니다. 땅의 것밖에 보지 못하던 내가 하나님 나라의 비전을 꿈꾸기 시작합니다. 내가 하나님을 닮아 가는 역사가 믿음입니다. 갈라디아서의 핵심인 은혜를 잘 이해해야 합니다. 은혜는 물건이 아닙니다. 내가 구해서 받을 수 있는 것이 아닙니다. 그래서 무조건 "은혜를 주시옵소서"라고 기도할 수 없습니다. 물건도 아니고 개념도 아니며 교리도 아니고 하나님이 주시는 가장 중요한 것도 아닙니다.

죄인 된 우리를 위하여 하나님 자신을 우리에게 주신 것이 바로 은혜입니다. 이해가 되십니까? 하나님에게 받을 수 있는 어떤 것이 아니라 은혜 자체가 하나님이시며 하나님이 우리를 위하여 주신 그 모든 사건 자체가 은혜라는 것입니다. 그러므로 예수 그리스도를 영접한 사람들은 이미 하나님의 은혜 속에 있는 사람들입니다. 이것을 아셨다면 이제는 '달라, 달라' 하지 마시고 자신과 모든 것을 내게 주신 하나님을 누리는 '누림'을 즐기시기 바랍니다.

은혜는 '자기포기와 누림' 입니다. 은혜로 말미암은 믿음 안에 있게 되면 우리는 비로소 나의 생각, 나의 판단, 나의 방법, 나의 수단, 이것이 다 허무한 것이라고 고백하면서 나의 수단을 포기하고 하나님께서 이미 이루신 일들을 누리기 시작합니다. 내가 무엇인가 만들려고 하는 생각을 포기하고 하나님께서 이루신 일을 누리기 시작합니다. 하나님과 하나님이 이미 이루신 일을 누리는 만큼 나에게서 살아 계신 하나님의 능력이 나타납니다. 권능이 나타나는 것입니다. 이것이 그리스도의 비밀입니다.

그래서 요한복음은 그리스도인이 가지고 있는 능력의 비밀을 우리에게 가르쳐 주고 있습니다.

"영접하는 자 곧 그 이름을 믿는 자들에게는 하나님의 자녀가 되는 권세를 주셨으니"(요1:12).

즉 우리가 스스로 무엇을 함으로 이루는 것이 아니라 하나님께서 이루신 일을 믿음으로 받아 누리는 것입니다. 예수님께서는 이것을 우리에게 반복적으로 주지시켜 주시고 있습니다.

"예수께서 이르시되 나의 양식은 나를 보내신 이의 뜻을 행하며 그의 일을 온전히 이루는 이것이니라"(요 4:34).

"아들이 아버지의 하시는 일을 보지 않고는 아무것도 스스로 할 수 없나니 아버지께서 행하시는 그것을 아들도 그와 같이 행하느니라"(요 5:19).

"내가 하늘로서 내려온 것은 내 뜻을 행하려 함이 아니요 나를 보내신 이의 뜻을 행하려 함이니라"(요 6:38~39).

"내 아버지께서 오게 하여 주지 아니하시면 누구든지 내게 올 수 없다 하였노라 하시니라"(요 6:65).

"내가 스스로 온 것이 아니로라"(요 7:28).

"내가 너희를 대하여 말하고 판단할 것이 많으나 나를 보내신 이가 참되시매 내가 그에게 들은 그것을 세상에게 말하노라"(요 8:26).

"너희는 그를 알지 못하되 나는 아노니 만일 내가 알지 못 한다 하면 나도 너희같이 거짓말쟁이가 되리라 나는 그를 알고 또 그의 말씀을 지키노라"(요 8:55).

요한복음에서 이러한 말씀을 다 뽑으면 설교 노트가 몇 페이지씩 늘어납니다. 한 마디로 요약하면 예수님이 '나는 스스로 아무것도 할 수 없다'라는 것입니다. 예수님께서 스스로 아무것도 할 수 없다면 시쳇말로, 끝난 것입니다. 그런데도 우리 중에 '나는 스스로 무엇인가 할 수 있다'라고 생각한다면 미련하고 어리석은 사람입니다. 우리는 아무것도 할 수 없습니다. 생명도 복도 영광도 어떤 존귀함도 나에게서는 결코 나올 수 없습니다. 이것이 깊게 느껴지기 시작할 때 십자가를 붙잡는 심령이 되어 통회하는 기도, 영과 혼과 관절과 골수가 쪼개어지는 기도가 우리에게서 나오는 것입니다.

자유한 삶(유업자의 삶)(5:13~6:10)

유업자의 삶은 무엇입니까? 한마디로 사랑의 삶입니다. 사랑으로 서로 종 노릇 하는 삶입니다. 갈라디아서 5장 13절을 보면 "형제들아 너희가 자유를 위하여 부르심을 입었으니 그러나 그 자유로 육체의 기회를 삼지 말고 오직 사랑으로 서로 종 노릇 하라"라고 되어 있습니다.

우리가 서로 사랑으로 종 노릇 하기 위해서는 자유함이 있어야 하는데 이 자유함이란 과연 무엇일까요? 자유함은 하나님과 하나님이 이루신 일을 누리는 것입니다. 다시 말하면 하나님과 하나님이 이루신 일을 누린다는 것은 하나님의 능력을 누린다는 말입니다. 하나님의 능력을 누릴 때만이 자유로워집니다. 능력 없이는 자유함을 누릴 수 없습니다.

자, 그러면 이 능력을 누림에 있어서 제일 오해하는 일이 무엇입니까? 많은 사람들이 '능력' 하면, 손을 들 때에 사람이 뒤로 넘어지고, 안수만 하면 사람들의 병이 낫는다거나 하는 것을 생각합니다. 물론 그것들은 능력의 한 모습이 될 수 있습니다. 그러나 하나님께서는 그러한 능력보다는 훨씬 참되고 강한 능력을 우리에게 주기를 원하십니다. 그것은 영적 능력입니다. 영성이란 존재의 뿌리가 되는 근원적 성질입니다. 영적인 능력을 받으면 삶의 뿌리가 든든하게 됩니다. 이것이 바로 온전한 복입니다.

보약을 먹으면 일시적으로 건강해집니다. 그것은 어디까지나 일시적일 뿐 온전하게 건강해지는 것이 아닙니다. 그러나 내 심령에 평안과 기름짐이 있으면 육체적인 건강은 따라서 적당하고 아름답게 누리게 되어 있습니다. 심령이 든든할 때 누리는 건강이 온전한 건강입니다. 돈을 벌면 복이 될 수도 있고 저주가 될 수도 있습니다. 돈 때문에 교만해지고 돈 때문에 타락해지는 사람이 수도 없이 많이 있습니다. 돈 때문에 가정이 깨어지는 일도 비일비재합니다. 그런데 만약 삶의 뿌리가 든든하다면 돈이 생긴다고 저주가 되겠습니까? 재물이 온전하게 되는 것은 영적인 복이 있을 때입니다.

명예도 마찬가지입니다. 명예 때문에 교만해지고 명예 때문에 어리석어지는 사람들이 얼마나 많습니까? 그런데 내 심령에 영적인 능력이 부어지고 내 인격의 중심이 건강하고 든든해지면 그 명예는 고귀한 명예로 누려집니다. 영적인 능력이 내게 임할 때 모든 것이 온전해지기 시작합니다. 이러한 것이 보이십니까? 온전한 복을 누리시기를 주의 이름으로 축원합니다.

자유함에서 이루어지는 심판

예수님께서 "저를 믿는 자는 심판을 받지 아니하는 것이요 믿지 아니하는 자는 하나님의 독생자의 이름을 믿지 아니하므로 벌써 심판을 받은 것이니라"(요 3:18)라고 말씀하셨습니다. 예수님을 영접할 수도 있고 영접하지 않을 수도 있는 자유 그 자체가 심판이 된다는 것입니다. 선택할 수 있는 자유에서 심판이 나타납니다.

제가 '자유'라는 말을 많이 사용하니까 성도님들이 잘못 이해하실 때가 있는 것 같습니다. 여러분, 자유에서 심판이 이루어진다는 것을 기억하십시오. 예를 들면 제가 이렇게 말했습니다. "예수 믿고 구원받은 후에 평생토록 예배 한 번 안 드려도 그것 때문에 하나님께서 우리를 복 주시지 않거나 조금이라도 덜 사랑하지 않습니다!" 그것은 분명한 진실입니다. "구원을 받고 평생토록 헌금을 1달러도 안 해도 하나님께서 그것 때문에 복을 덜 주시거나 덜 사랑하지 않는다는 것입니다. 만약 그러한 행위 때문에 덜 복 주고 덜 사랑하는 하나님이라면 우리가 힘을 합쳐 싸워야 합니다. 그런 하나님을 믿으면 어떻게 됩니까?"라고까지 제가 표현했습니다.

여기에 저의 말을 들은 A라는 사람과 B라는 사람이 있습니다. A라는 사람은 이렇게 생각합니다. '오! 예배를 드리지 않아도 되는구나, 헌금을 안 해도 되는구나'라고 말입니다. 그리고 그때부터 1년에 한 번씩만 예배와 헌금을 드리기로 작정했습니다. 그 사람이 그렇게 생각하는 순간 지금까지 그가 하나님께 드려 왔던 예배는 어떤 예배입니까? 하나님을 사랑해서 드린 예배입니까? 아닙니다. 혹시라도 예배를 드리지 않으면 저주를 받을까 하는 강박관념에서 나온 것입니다. 신령과 진정으로 드린 예배가 아닙니다.

동일한 이야기를 들은 B라는 사람은 이렇게 생각합니다. '그거야 당연한 이야기지, 예배를 드리지 않는다고 하나님이 왜 나를 저주해, 내가 예배를 안 드린다고 하나님이 날 저주할까봐 겁이 나서 예배를 드리는 것이 아니지, 난 그저 하나님이 좋아서, 하나님 앞에 나오는 것이 기뻐서 드릴 뿐이야' 하며 그 말에 상관없이 더욱더 하나님께 자원하는 심령으로 예배를 드립니다. 그러면 B가 드린 예배는 진짜 예배입니까? 가짜 예배입니까? 두말할 필요 없이 진짜 예배입니다.

자유가 주어져야만 가짜가 드러납니다. 가짜가 가짜로 드러나야 회개하고 돌아와서 구원을 받게 됩니다. 사도행전 2장에서 성령이 임할 때 말씀을 증거하자 그 말씀을 들은 사람들이 어떻게 되었습니까? 가슴을 치고 통회하며 회개하고 돌아왔다고 했습니다. 왜? 자기들이 지금까지 성전에서 드렸던 예배가 다 가짜였기 때문입니다. 제가 "자유하십시오! 자유하십시오!"라고 하니까 마음대로 하는 것이 자유라고 생각합니다. 마음대로 하면 더 불안해집니다. 자유에서 심판이 이루어집니다. 누가 나에게 시키겠습니까? 누가 나에게 무엇을 하도록 만들겠습니까? 하나님께서는 우리가 단 한 번을 하나님 앞에 나오더라도 자원하는 심령으로 나오기를 원하십니다. 왜냐하면 하나님 나라는 자원하는 심령이 없이는 절대로 이루어질 수 없기 때문입니다.

갈라디아서의 핵심은 은혜의 복음과 자유입니다. 은혜의 복음이 우리에게 증거되면 믿음의 출발이 시작되고 믿음으로 말미암아 자유하는 삶을 누립니다. 그리고 자유한 삶을 누리는 사람만이 사랑의 섬김을 할 수 있습니다.

갈라디아서에는 엄청난 능력의 증거가 숨겨져 있습니다. 갈라디아서를 통해서 여러분 모두가 능력의 삶으로 나아오시기를 주님의 이름으로 축원합니다.

갈|라|디|아|서|강|해(상권)

제2강
자기 몸을 드리셨으니

갈라디아서 1장 1~5절

사람들에게서 난 것도 아니요 사람으로 말미암은 것도 아니요 오직 예수 그리스도와 및 죽은 자 가운데서 그리스도를 살리신 하나님 아버지로 말미암아 사도된 바울은 함께 있는 모든 형제로 더불어 갈라디아 여러 교회들에게 우리 하나님 아버지와 주 예수 그리스도로 좇아 은혜와 평강이 있기를 원하노라 그리스도께서 하나님 곧 우리 아버지의 뜻을 따라 이 악한 세대에서 우리를 건지시려고 우리 죄를 위하여 자기 몸을 드리셨으니 영광이 저에게 세세토록 있을지어다 아멘

본문의 내용

본문은 갈라디아서를 여는 서두로서 당시 헬라 문화의 관습

대로 송신자, 수신자, 인사의 순으로 되어 있습니다.

송신자

송신자는 "바울은 함께 있는 모든 형제로 더불어"에서 보여주듯이 사도 바울과 그의 형제들입니다. 바울은 자신과 그 형제들을 소개하기 위하여 "사람들에게서 난 것도 아니요 사람으로 말미암은 것도 아니요 오직 예수 그리스도와 및 죽은 자 가운데서 그리스도를 살리신 하나님 아버지로 말미암아 사도된 바울은"이라는 긴 형용사구를 사용했습니다. 우리는 '구원은 사람의 행위, 즉 율법을 지키는 것으로 이루어질 수 없음'을 강조하는 바울의 안타까운 심정을 이 송신자 소개에서부터 알 수 있습니다.

우리에게서 난 것은 아무리 아름다워도, 아무리 선하여도 우리 자신의 한계에 속한 것입니다. 우리 한계 안에 속한 것이 우리를 초월케 할 수 없습니다. 육체의 허무한 본성과 이기의 죄성으로 나를 끊임없이 옭아매어 "오호라 나는 곤고한 사람이로다 이 사망의 몸에서 누가 나를 건져 내랴"(롬 7:24)라는 탄식과 같이 나를 온전히 자유케 하지 못합니다. 내가 결코 살고 싶지 않았던 삶으로 몰아가는 내 안에 역사하는 이 '죄의 법'(롬 7:23)에서 나를 온전히 자유케 할 수 있는 것은 나의 밖에서 임하는 초월적 능력이 아니고는 불가능합니다.

그러나 여기에 주의해야 될 문제가 있습니다. 내 밖에서 임하는 능력이 내게 '타자적(otherness)'이라면 그 초월은 내가 누릴 수 있는 것이 될 수 없습니다. 마치 시골 소녀가 운좋게 왕궁에 초대되었으나 자신은 전혀 왕궁에 어울리지 않기 때문에(never belonged) 그 좋은 왕궁 안에서 안절부절하며 오히려 시골집보다 못한 것처럼 느끼는 것이나 마찬가지입니다. 하나님으로부터 임했지만 이 초월적 능력이 내 것이 되어야만 내 것으로 누릴 수 있는 것입니다. 하나님은 이 문제를 사랑으로 해결하셨습니다.

진정한 사랑이 임하면 자신 속에 있던 하나님의 형상이 피어납니다. 이것은 나의 노력이나 공로로 인한 것이 아니며 이제까지 그 어떤 때보다 더욱 온전한 나를 체험합니다. 참사랑은 내게 임하여 그 사랑 자체는 나를 위하여 죽어 녹아져 버리고 내 안에 있는 참된 나를 살려 냅니다.

하나님이 내게 임하셨는데 내 안에 사는 것은 하나님이 아니라 내가 살게 되는 이 기이한 사랑의 신비를 사도 바울은 갈라디아서 2장 20절에서 다음과 같이 고백합니다.

"내가 그리스도와 함께 십자가에 못박혔나니 그런즉 이제는 내가 산 것이 아니요 오직 내 안에 그리스도께서 사신 것이라 이제 내가 육체 가운데 사는 것은 나를 사랑하사 나를 위하여 자기 몸을 버리신 하나님의 아들을 믿는 믿음 안에서 사는 것이라."

바울은 최고의 노력으로 살았습니다. 그러나 그가 사는 것은 그의 노력이나 결단이 아니요 죄인 중의 괴수인 그를 사로잡은 주님의 사랑에 붙들림받아 사는 것입니다. 이것이 참능력입니다. 어머니가 비타민 먹고 운동 많이 할 때에 능력이 생기는 것이 아니고 자식을 사랑하는 사랑에 붙들릴 때 그 안에서 능력이 나오는 것과 같습니다. 복음의 능력은 이와 같은 것입니다. 이것을 가슴에 담아 두고 다음 내용을 살펴보겠습니다.

수신자와 인사와 찬송

수신자는 갈라디아 여러 교회들이며, 인사는 "은혜와 평강이 있기를 원하노라"입니다. 여기에서도 역시 중요한 것은 은혜와 평강을 수식하는 형용사구입니다. 그냥 은혜와 평강이 아니라 "주 예수 그리스도로 좇아"라는 은혜와 평강입니다. 이 인사 속에는 '다른 은혜와 평강은 진정한 은혜와 평강이 못 된다'는 뜻이 숨어 있습니다.

그리스도로 인한 은혜와 평강이 아니면 잠시 동안은 은혜와 평강으로 보이지만 그것이 우리의 삶에 참된 안식, 영원한 평강(샬롬)을 주지는 못한다는 바울의 선명하고 꿋꿋한 중심이 느껴집니다. 저는 제 자신을 점검해 봅니다. 그리스도로 좇아오지 않는 목회 성공, 교회 부흥, 헌금 증대를 나는 과연 돌같이 볼 수 있을까 하고 말입니다. 솔직히 저는 어디로 좇아 왔든 간에 성공과 부흥만 되면 좋아할 것 같아서 부끄러워집니다.

인사 후에는 찬송이 나옵니다. 찬송의 내용은 "영광이 저에게 세세토록 있을지어다"입니다. 영광이 저에게, 즉 그리스도에게 세세토록 있어야 하는 이유는 하나님 아버지의 뜻을 따랐기 때문이라고 선언하고 있습니다. 그 뜻을 따른 내용이 무엇입니까? 그리스도께서 우리 죄를 위하여 자기 몸을 드리셨다는 것입니다. 이것은 너무나 놀라운 이야기입니다.

자기 몸을 드리신 이유가 무엇입니까? 이 악한 세대에서 우리를 건지시기 위함입니다. 성경에서 악한 세대라는 것은 종말론적 개념입니다. 즉 악한 세대는 '오는 세대'와 대조되는 개념으로 사용됩니다. 성경에서 오는 세대란 하나님의 은총과 영광 안에서 모든 심령들이 자기 안에 있는 선함과 의의 소원을 마음껏 누리는 세대입니다. 어둠도 눈물도 고통도 없는 빛의 세대입니다. 따라서 악한 세대라는 것은 내가 진정으로 살고 싶은 나의 소원과는 반대로 살게 되는 세대입니다. '내가 사실은 이렇게 살고 싶은 것이 아니었는데 살고 나서 보니 내가 살고 싶은 대로 살지 않았다' 는 것입니다. 왜 그렇습니까? 이 세대의 근원적 구조가 악하기 때문입니다. 그러므로 무엇을 해도 그 결과는 악이 되고 맙니다.

이 악한 세대 안에서는 무엇을 해도 악이 되는 예를 보겠습니다. A라는 청년이 열심히 공부하여 N이라는 회사에 취직하여 기쁨으로 일했습니다. 그 N이라는 회사는 제3세계에 많은 공장들과 계약을 해서 물건을 수입하고 있었습니다. 그런데 나중에 알고 보니 그 공장들은 근로 환경과 조건이 노동법을 준수하지 않고 있었고 많은 임금 착취가 있는 공장들이었습니다. A라는 청년은 결코 그러한 임금 착취나 불법적인 미성년자 노동에 동의하고픈 마음이 없었지만 그의 삶은 간접적으로 임금 착취와 노동 학대에 참여한 것입니다.

미국에 사는 우리는 양치질하는 동안 수돗물을 콸콸 틀어 놓는 반면에 세계 인구 1/5 이상은 태어나서 죽을 때까지 맑은 물을 한 번도 마셔 보지도 못하고 죽습니다. 이것은 개인적 차원에서도 사실입니다. 이 사회체제 안에 속한 사람은 부부간에 사랑을 할 때에도 구조적 가치 안에서 사랑을 합니다. 남편이 돈을 벌기 때문에 사랑받는 사회에서는 어떤 남편도 진정한 사랑을 체험할 수 없습니다. 아내가 성적, 사회적 가치 때문에 사랑받는 문화 속에서는 어떤 아내도 진정한 사랑을 받을 수 없습니다. 심지어 자녀까지도 사회 경제적 가치를 통해 사랑하게 됩니다. 이것이 '악한 세대' 입니다.

사랑받기 위해 몸부림쳐서 자신의 사회 경제적, 문화 정치적 가치를 높입니다. 그렇게 해서 사랑을 받지만, 그러나 자신이 사랑받는 것은 정말 자신 그 자체가 사랑받는 것이 아니라는 것을 알기 때문에 절망, 즉 죽음에 이르는 병에 이를 수밖에 없습니다. 몸부림쳐서 최선을 다해 살고도 기다리는 것은 저주밖에 없는 삶입니다. 모두가 저주 아래 놓여 있습니다. 이 삶을 성경은 "종신토록 수고하고 땀 흘리지만 가시덤불과 엉겅퀴만 거두는 삶"이라고 부릅니다. 또 "헛되고 헛되며 헛되고 헛되니 모든 것이 헛되도다"라고 말합니다.

오늘 본문은 그리스도께서 이 저주의 악한 세대에서 우리를 건지셨다고 담대히 선언하고 있습니다. 어떻게 건지셨습니까? 자기 몸을 우리의 죄를 위하여 드리심으로 우리를 이 악한 세대의 저주에서 건지셨습니다. 할렐루야! 우리를 죄의 저주에서 건지신 그 놀라운 복음의 능력이 그리스도께서 자신을 아버지의 뜻을 따라 드리심으로 이루어졌습니다.

여기에 두 가지 질문이 떠오릅니다. "첫째, 자신을 드리신 것이 어떻게 우리를 죄와 저주에서 건지는 것이 되었는가? 둘째, 우리를 죄와 저주에서 완전히 건지셨다면 그러면 어떻게 우리는 그 능력을 온전히 누릴 수 있는가?"입니다. 이 두 가지의 질문을 품고 다음의 질문으로 들어갑니다.

함께 생각해 보는 질문

자신을 누리십니까?

우리 삶의 문제는 내가 나를 싫어한다는 데에 있습니다. 내가 나를 부끄러워합니다. 내가 나를 자랑스러워하지 못합니다. 내가 나인 것이 불만입니다. 이 말을 바꾸어 말하면 살고 나서

'내가 이렇게 살고 싶었던 것은 아니었는데' 하는 것입니다. '이런 내가 되고 싶었던 것은 결코 아니었다' 라는 것입니다. 모든 허위와 위선과 교만과 죄악들이 다 여기에서 나옵니다. 내가 나인 것이 행복한 사람은 다투지 않으며 시기하지 않으며 악을 생각하지 않습니다.

왜 우리는 우리 자신을 사랑하지 못합니까? 잘 생각해 봅시다. 내가 나인 것이 떳떳하고 자랑스럽지 못한 것은 내가 원하는 삶을 살지 못했기 때문입니다. 왜 우리는 자신을 누리지 못하고 있습니까? 내가 나를 버리면 누가 나를 대신해 살 수 있습니까? 즉, 내가 누리지 못하는 삶이 누구에게 가치가 될 수 있겠습니까?

복음의 능력

사도 바울은 입만 열면 "복음은 능력! 복음은 능력"이라 외쳤습니다. 그래서 "십자가의 도가 멸망하는 자들에게는 미련한 것이요 구원을 얻는 우리에게는 하나님의 능력이라"(고전 1:18), "유대인은 표적을 구하고 헬라인은 지혜를 찾으나 우리는 십자가에 못박힌 그리스도를 전하니 유대인에게는 거리끼는 것이요 이방인에게는 미련한 것이로되 오직 부르심을 입은 자들에게는 유대인이나 헬라인이나 그리스도는 하나님의 능력이요 하나님의 지혜니라"(고전 1:22~24), "내가 너희 중에서 예수 그리스도와 그의 십자가에 못박히신 것 외에는 아무것도 알지 아니하기로 작정하였음이라"(고전 2:2)고 했습니다.

그 말은 '아무것도 몰라도 된다, 나는 예수 그리스도와 그 십자가만을 알면 모든 것을 감당할 수 있고, 모든 것을 할 수 있고, 모든 것에 살 수 있고, 모든 것에 패하지 아니하고, 모든 것에 담대할 수 있고, 어떤 것 앞에도 내가 비겁해지지 않고, 굴하지 않고, 타협하지 않을 것이다. 나는 오직 예수 그리스도와 그의 십자가에 못박힌 것만을 알면 된다' 는 것입니다. 할렐루야!

바울은 계속 선포하고 있습니다.

"내가 복음을 부끄러워하지 아니하노니 이 복음은 모든 믿는 자에게 구원을 주시는 하나님의 능력이 됨이라"(롬 1:16).

또 바울은 이렇게 말합니다.

"우리가 아직 죄인 되었을 때에 그리스도께서 우리를 위하여 죽으심으로 하나님께서 우리에게 대한 자기의 사랑을 확증하셨느니라"(롬 5:8).

복음은 '그리스도께서 나를 위하여 십자가에서 죽으셨다' 는 것입니다. 그가 죽으신 것은 나를 온전히 사랑하셨기 때문입니다. 자, 잘 보십시오! 내 평생의 모든 불안감, 절망감, 두려움과 수치가 어디로부터 왔습니까? 내가 나로 피어나지 못하도록 나를 스스로 소외시키고 좌절시키는 모든 이유는 내가 원하던 사랑을 받지 못했기 때문입니다. 내가 원했던 사랑이 무엇입니까? 바로 내가 온전히 성숙할 때까지 나의 미성숙과 부족을 그대로 믿어 주고 바라고 사랑해 주는 완전한 사랑이 아닙니까? 그리스도 안에서 우리는 처음으로 이 완전한 사랑을 받은 것이며 이 사랑 속에서 살고 있는 것입니다.

그러므로 이 사랑을 믿을 때 내 안의 나, 즉 하나님이 창조해 놓으신 하나님의 형상으로서의 나는 자라나고 피어나고 열매를 맺기 시작하는 것입니다. 나의 나 됨으로 피어나게 하는 능력, 나를 짓눌렀던 저주의 권세가 깨어지게 하는 능력, 바로 이 능력이 복음의 능력입니다. 할렐루야!

성도를 위하여 드리는 바울의 기도

그래서 사도 바울은 다음과 같이 기도합니다.

"우리 주 예수 그리스도의 하나님 영광의 아버지께서 지혜와 계시의 정신을 너희에게 주사 하나님을 알게 하시고 너희 마음 눈을 밝히사 그의 부르심의 소망이 무엇이며 성도 안에서 그 기업의 영광의 풍성이 무엇이며 그의 힘의 강력으로 역사하심을 따라 믿는 우리에게 베푸신 능력의 지극히 크심이 어떤 것을 너희로 알게 하시기를 구하노라"(엡 1:17~19).

사도 바울은 성도들을 위하여 ① 지혜로 계시의 정신을 주시고, ② 마음 눈을 밝히시고, ③ 우리에게 베푸신 능력의 지극히 크심을 알기를 간구하고 있습니다. 한 마디로 눈이 열려서 하나님께서 우리에게 베푸신 능력의 크심을 알기를 원한다는 것입니다. 이 기도는 복음의 능력을 체험한 기도입니다. 배우거나 들어서 하는 기도로는 이런 기도가 나올 수 없습니다.

복음의 능력을 체험하면 삶의 원천적 문제가 해결되어 버립니다. 내가 나로 만족하고, 내가 나로 기뻐할 수 있는 것은 돈을 좀더 벌거나 출세를 좀더 하거나 그러한 가변적 차원을 훨씬 넘어섭니다. 내가 나임을 기뻐할 때에 모든 거짓과 미혹의 권세는 내 앞에 설 자리가 없어집니다. 돌로 떡을 만들어 사람들의 추앙을 받아야 할 필요도, 성전 꼭대기에서 뛰어내려도 다치지 않도록 천사의 수종받는 권능을 과시할 필요도, 천하 열국의 권세를 내 손에 쥐어야 할 필요도 없어집니다.

나를 속일 수 있는 것이 없으니 나는 항상 나로 살아갈 수 있습니다. 이것은 내가 원하는 대로 살지 못하고 "오호라 나는 곤고한 사람이로다"라고 외치는 삶의 종지부입니다. 내가 나일 수 있는 능력, 나의 나 됨(I am who I am)을 외칠 수 있는 능력은 복음을 통해서만 나옵니다. 그래서 사도 바울은 나의 '나 된 것은 오직 하나님의 은혜(by the grace of God, I am who I am)'라고 외칩니다.

우리의 문제의 핵심은 돈이 있거나 없거나 이 사회 속에서 어떤 위치가 확보되었거나 안 되었거나 하는 가변적 문제가 아니라 **내가 나를 사랑하지 않는 것**입니다. 이것 때문에 우리는 평생토록 나뭇잎 치마를 만들다 시들어 버리는 삶을 삽니다. 복음은 이러한 우리를 위하여 자기 몸을 드리심으로 우리를 이 저주에서 건지신(여기서 건지다 또는 rescue라는 단어는 물에 빠진 이를 구해 낼 때에 사용되는 단어입니다) 하나님의 사랑 안에서 나를 회복시킵니다. 이제는 내가 나를 기뻐할 뿐 아니라 한 단계 더 나아가서 왜 내가 이 시대에 이러한 모습으로 존재하는지를 깨닫습니다. 그리고 '하나님께서 만세 전부터 나를 택정하셨다, 즉 나의 존재를 섭리하셨다'고 고백할 수 있습니다. 이것은 존재 기쁨의 극치입니다. 이것은 오직 복음의 능력으로만 가능합니다. 세상의 어떤 능력도 이러한 근본적인 생명 문제를 해결할 수 없습니다.

구원의 핵심: 정체성(who I am)

율법주의자와의 논쟁

갈라디아서를 언뜻 읽으면 '바울이 조금 신경질적으로 율법주의자들과 논쟁을 하는 것이 아닌가'라고 느껴집니다. 책 전체를 통해서 집요하게 율법주의자들을 공격하되 저주라는 표현까지도 서슴지 않습니다. 갈라디아서를 이해하기 위한 중요한 부분이 이 율법주의자와의 논쟁입니다.

율법주의자와의 논쟁의 핵심은 "그리스도의 십자가만으로, 그리스도의 죽음만으로 구원은 충분한가?"라는 것입니다. 율법주의자들이란 그리스도께서 죽으심으로 확증된 하나님의 사랑을 반대하는 사람들이 아닙니다. 그것을 당연한 것으로 인정하지만 "그래도 우리가 무엇을 해야지"라고 생각하는 사람들입니다. 이것은 우리를 상당히 혼란스럽게 하는 부분입니다. 그러니까 선명하게 알아야 됩니다. '하나님을 믿으니까 아무것도 하지 말라'는 그러한 이야기가 결코 아님에도 잘못 착각하여 '하나님을 믿어도 내가 할 것은 해야지'라고 생각하면 율법주의자라는 것입니다.

아무것도 하지 말라는 것도 아니고 또 하라는 것도 아니라면 "그러면 어떻게 하라는 말이냐?"라는 질문이 저절로 나올 것입니다. 그런데 그러한 질문이 나오면 이미 잘못된 것입니다. 부모가 자녀를 위해서 희생할 때에, 해야 되기 때문도 아니지만 하지 말아야 하는데도 부모니까 하는 것도 아닙니다. 그렇게 논리적으로 따질 수 없는 훨씬 더 원천적인 것이 있습니다. 굳이 표현한다면 "부모니까요"라고밖에는 말할 수 없습니다. 이것이 사랑의 특징입니다.

사랑을 논리적으로 이해하거나 설명하려면 이미 그 자체가 잘못된 것입니다. 이것이 바로 우리 교회에서 잘 사용하는 '수동적 능동성'입니다. 내가 사랑하려고 의지로 결정해서 사랑하는 것이 아니라 사랑이 나를 사로잡았습니다. 그럼에도 그 사로잡힌 상태에서 내가 내 의지와 노력으로 나타내던 나보다 더 아름답고 가장 순수한 나가 나타나고 누려집니다. 따라서 "은혜를 받았다고 아무것도 하지 않느냐"는 질문 속에는 "나는 은혜를 받지 못했다"는 사실이 내포되어 있는 것입니다.

율법주의의 위험이 바로 여기에 있습니다. 은혜는 부정하지 않지만 그래도 도움이 된다면 우리가 무엇인가 하는 것이 왜 해롭겠느냐는, 완전한 것같이 보이는 논리 속에 은혜의 본질을 부정하는 함정이 들어 있는 것입니다. 바울이 율법주의자들과 이렇게 열정적으로 논쟁하는 것은 결코 자신의 자존심이나 논리를 세우려는 것이 아닙니다. 사도 바울은 율법주의의 무서운 영적 함정에 빠져드는 수많은 영혼들을 안타까워하고 있기에 감정적 열정을 내뿜으면서 은혜의 복음을 외치는 것입니다.

"그리스도만으로 충분한가?"라는 그 말은 "하나님의 은혜에 내가 보태야 될 것이 있는가?"라는 말입니다. 그 말은 "나라는 존재에 내가 창조해야 될 부분이 있는가?"라는 것입니다. "물론 하나님이 날 창조해 주셨지만, 0.1%는 그래도 내가 해야지" 하면 율법주의자가 됩니다. '내가 내 속에서 창조할 것이 나에게는 아무것도 없다'는 것을 깨닫는 순간, 즉 '내가 나에 대하여 전적으로 무기력하고 무능력할 수밖에 없다'는 것을 깨닫는 순간이 전적으로 하나님의 은혜에 붙들림 받는 순간입니다.

남편이 언제 가장 아름다워 보입니까? "내가 당신한테 못해 준 것이 무엇이 있어, 내가 뭐 돈을 못 벌어다 주었냐? 남보다 작은 집에 사느냐, 아이들과 같이 시간을 안 보냈어, 바람을 피웠냐?"고 말하는 남편이 아내가 생각하기에 사랑스럽고 훌륭한 남편일까요? 돈 잘 벌어다 주고, 해달라고 하는 대로 다 해주고, 좋은 것은 다 채워 주는 사람이 좋은 남편일 것 같지 않습니까? 그러나 아내는 그러한 남편과는 절대로 행복하지 않습니다. 그러나 이런 남편이 있습니다. "당신 나와 결혼해서 정말 고생시킨 것밖에 없구려, 나 같은 것 하나 믿고 가족을 떠나서 삶을 나에게 맡겼는데 나는 당신에게 제대로 해준 것 하나도 없어요" 이런 남편에게서 아내는 행복을 느낍니다.
 잘 생각해 봅시다. "나는 죄인이로소이다!" 이것은 보통 고백이 아닙니다. 이 고백은 내 실존의 뿌리와 만나게 된 결과입니다. '내 전체는 100% 허무구나! 나에게는 0.1%도 의의 가능성이 없구나' 하는 내 실존과의 만남, 이러한 깨어짐으로 하나님의 세계가 환하게 열립니다. "놀라운 은총의 세계가 이렇게도 넓었는데 지금까지 나는 누리지 못하고 이 은혜의 바다에 가까이 가보지도 못했구나! 그리스도! 그리스도만으로 충분하고 그리스도만이 모든 것에 모든 것이 되는구나! 내가 그리스도를 알 수 있다면 다른 것은 없어도 좋아! 내게 유익하던 모든 것을 해로 여기고 내가 모든 것을 잃어버리고도 배설물로 여기는 것은 내 주 예수 그리스도를 아는 것이 가장 고상하다. 그리스도를 아는 것이 얼마나 귀한 것인지 그 외에 나는 아무것도 없어도 된다" 하는 사도 바울의 고백이 바로 구원을 만난 심령의 고백입니다.
 이때 구원의 능력, 즉 복음의 능력이 역사합니다. 이 비밀, 즉 내가 제로가 되고 하나님이 전부가 되심으로 내 생명과 삶 전체에 하나님과 그의 능력이 차고 넘치는 이 복음의 비밀을 깨달아야 합니다.

출발점의 신비

 우리의 혼란의 원인은 출발점에 있습니다. 출발점의 문제라고 하는 뜻은 인생의 출발점이 허무에서냐, 하나님의 충만함에서냐는 문제입니다. 하나님을 부정해 버리고 나면 인간 존재의 출발은 항상 허무입니다. 사르트르는 "인간은 자신의 허무를 끝없이 가리는 존재다(man is nothing but secreting his own nothingness)"라고 했습니다. 저는 예수님을 만나기 전에는 사르트르를 굉장히 좋아했습니다. 그런데 나중에 성경을 읽고 보니 이런 말은 성경 속에 다 나오는 것입니다. 알고 보니 사르트르는 신학을 공부한 사람이고 따라서 그가 사용하는 많은 철학 용어는 신학 용어에서 나온 것입니다. 성경을 알고 신학을 하여도 은혜의 비밀을 만나지 못하면 논리의 최고봉을 이루고도 은혜의 신비를 모르는 것, 영어로 표현하면 'miss'한 것입니다.

사르트르의 말이 맞는 말입니다. 인간은 어떤 존재입니까? 벗겨 버리고 나면 아무것도 없는 텅 빈 존재입니다. 그런데 무엇이 있는 척, 계속 양파 껍질 같은 껍질을 만들어 가는 존재입니다. 학력, 경력, 지위, 출신, 배경 등 끊임없이 껍질을 만들어 가는 것입니다. 그런 것들은 본질적으로 자기와 아무 상관이 없는 껍질들입니다. 바로 그것이 성경의 이야기입니다. 성경에서 말하는 삶은 바로 '나뭇잎 치마를 만드는 것' 입니다. 플라톤도 "인간은 밑빠진 독이다(man is a leaky vessel)"라고 했습니다. 아무리 채워도 만족함이 없는 것이 인간입니다. 인간 존재에서 하나님을 제해 버리면 허무밖에 남는 것이 없습니다. 허무에서 출발하여 허무로 몸부림치다가 결국 허무에 떠내려가는 것이 인생입니다.

그러나 성경은 우리의 출발은 어디에서부터인가를 말씀하고 있습니다. 하나님의 충만함과 하나님이 창조하신 모든 충만에서 우리의 존재는 출발됩니다. 우리는 이 출발을 볼 줄 알아야 합니다. 하나님께서는 하나님의 충만함으로 우리를 창조하셨는데 이것도 부족해서 자기의 모든 것을 쏟아부어서 우리를 구속하기까지 하셨습니다. 이러한 사실이 보이기 시작하면 인생이 완전히 새로워집니다. 시시한 것을 가지고 욕심을 내면 안 됩니다.

　복음의 능력과 비밀을 알아야 합니다.

　"이 비밀은 만세와 만대로부터 옴으로 감취었던 것인데 이제는 그의 성도들에게 나타났고 하나님이 그들로 하여금 이 비밀의 영광이 이방인 가운데 어떻게 풍성한 것을 알게 하려 하심이라 이 비밀은 너희 안에 계신 그리스도시니 곧 영광의 소망이니라"(골 1:26~27).

　이 말씀처럼 하나님의 충만에서 우리의 존재는 출발됩니다. 무슨 말씀인지 가슴에 강하게 와 닿아야 합니다. "이 비밀은 너희 안에 계신 그리스도시니"라고 하는 그 우리 안의 그리스도를 만나야 합니다.

　우리의 근원이, 우리의 뿌리가 우리 속에 계신 하나님이십니다. 그런데 하나님을 부인해 버리고 대신에 무엇인가 다른 내 것으로 채우려고 해보아야 '종신토록 땀 흘리고 수고해도 가시덤불만을 거두게' 됩니다. '하나님이 없는 인생은 허무에 굴복하고 썩어짐에 종 노릇 하게 되는 인생'입니다. '밤이 맞도록 수고를 했지만 얻은 것이 없는 삶'이 됩니다. '허공을 치는 주먹질이요, 향방 없는 달리기에 불과한 인생'이 됩니다. 또한 우리의 삶의 한가운데에도 내 존재의 근원이 되시며 내 생명의 뿌리가 되시는 하나님이 계심을 알아야 합니다. 인생은 내 노력의 문제가 아닙니다. 이것을 깨닫는 것은 너무나 복된 일입니다.

　이 광대한 우주와 엄청난 역사 안에서 나의 지식과 경험과 판단은 너무나도 미미합니다. 존재할 가치조차도 없는 것처럼 허무하게까지 느껴집니다. 나의 존재 가치가 이처럼 보잘것없는데도 불구하고 내가 만들고 세울 수 있는 것을 고집하는 것은 한 마디로 어리석음의 극치입니다. 그래서 시편 기자는 "어리석은 자는 그 마음에 이르기를 하나님이 없다 하도다"(시 14:1)라고 적었습니다. 하나님의 지혜를 가진 자, 즉 복음의 능력과 그리스도의 비밀을 만난 사람은 하나님을 떠나서 나 스스로 무엇을 세우는 것이 아니라 나를 창조하시고 나의 근원이 되시는 하나님과 하나가 되어 하나님과 그가 이루신 모든 것을 누립니다. 이것이 생명의 비밀입니다.

내가 누구인가의 핵심은 출발점의 문제입니다. 이 세상은 "너의 출발은 허무이므로 네가 열심히 쌓은 만큼 너는 무엇이 될 것이다"라고 합니다. 그러나 성경은 "너의 출발은 하나님의 사랑이요, 하나님의 충만이요, 하나님의 기뻐하심이니 이것을 누리는 자유를 배우라"고 말씀하고 있습니다. 이것은 세상의 지혜로는 알 수도 없고 말할 수도 없는 것이요, 오직 하나님의 사랑이 우리의 가슴에 빛으로 계시될 때에만 은혜로 나타납니다. 그때 우리는 나의 뿌리, 즉 숨겨졌던 나, 감추어졌던 나, 내가 그렇게도 찾던 나를 발견하게 됩니다. 속지 마십시오. 하나님 안에 있는 나를 만나고 그의 사랑 안에서 모든 비밀과 능력을 누리십시오.

함께 해 보는 정리

구원은 누림입니다

로마서 6장에서 바울은 우리가 그리스도와 합하여 함께 죽고, 장사되고, 부활하였다고 선언한 뒤에 "이와 같이 너희도 너희 자신을 죄에 대하여는 죽은 자요 그리스도 예수 안에서 하나님을 대하여는 산 자로 여길지어다"(11절)라고 권면합니다. 구원은 하나님께서 이루셨습니다. 그러나 하나님이 이루신 구원을 누리는 것은 우리 자신입니다.

하나님께서 우리를 온전히 자유케 하셨습니다. 그러나 하나님이 온전하게 하신 우리의 자유로움은 우리가 스스로 누려야 합니다. 감옥 문을 활짝 열어 주었는데도 죄수가 나가지 않고 감방 안에 그대로 웅크리고만 있다면 어쩔 수 없습니다. 이러한 것이라면 억지로라도 끌어내겠지만 영적인 하나님의 나라는 '스스로의 자원하는 심령'이 없이는 누구도 누리게 할 수 없습니다. 누가 강제로 사랑을 하게 할 수 있습니까? 스스로 자원하지 않는 사랑이 있을 수 없듯이 스스로 누림이 없는 구원도 있을 수 없습니다.

그러면 어떻게 누리는지 생각해 봅시다. 누림의 비밀은 성숙입니다. 성숙한 분량만큼만 누릴 수 있습니다. 세상의 음악이 수없이 많아도 뽕짝밖에는 즐기지 못하는 사람도 있고, 클래식의 심오한 아름다움까지 즐기는 사람도 있습니다. 음악성에서 성숙한 분량만큼 즐기는 것입니다. 더 많이 누리는 유일한 비밀은 더 성숙하는 것입니다. 그리스도의 장성한 분량이 충만하시기를 기도드립니다.

복음의 능력은 생명의 능력입니다

우리는 믿는다 하면서도 실패를 합니다. 우리가 어디에서 실패합니까? 하나님의 생명의 능력을 마술적 능력과 혼돈함으로 실패를 합니다. 하나님께서는 우리의 삶에 어떤 결과를 만드시기 전에 먼저 우리를 세우십니다. 내 생명의 질, 즉 인격이 성숙한 만큼의 열매를 주십니다. 하나님은 내 자신을 그냥 두고 결과만을 조절하는 샤머니즘적인 신이 아니라는 것입니다. 그러므로 복음의 능력은 생명의 능력이요, 그리스도의 비밀은 생명의 비밀임을 알아야 합니다. 그리고 생명은 반드시 자라야 하며 자라는 만큼 풍성하고 건강한 열매를 맺게 됩니다. 이 자람 속에는 두 가지 놀라운 비밀이 있습니다.

첫째는 그렇게도 내게 저주가 되던 옛사람의 소욕, 습관, 죄악들이 새사람으로 자랄 때 거름이 되어 "죄가 더한 곳에 은혜가 더욱 넘쳤나니"(롬 5:20)의 역사를 이룹니다. 죄인 중의 괴수일수록 하나님의 의가 더 크게 나타나며 만삭되어 나지 못한 것 같은 자일수록 하나님의 은총이 더 크게 나타납니다.

둘째는 복음의 능력이 임하여 한 발자국, 두 발자국 그렇게 걸어가서 열 발자국이 되면 그 다음에는 열한 발자국이 아니라 단번에 스무 발자국, 서른 발자국……백 발자국이 됩니다. 그리고 백 발자국에 도달한 사람은 2백 발자국, 3백 발자국으로 진보합니다.

하나님 나라의 비밀에 대하여 예수님께서 마태복음 13장에서 말씀하신 것을 기억하십니까? 가진 자는 더 받아 누리게 되고 없는 자는 있는 것까지도 빼앗긴다고 하셨습니다. 누려야 합니다. 밟아 나가야 합니다. "네 발로 밟는 모든 지경을 너희에게 주리라"는 약속을 믿어야 합니다. 하나님께서 이루신 것을 인정하고 사시기를 바랍니다. 내 안에서부터 하나님의 이루심을 누리면 바깥의 열매는 저절로 맺어져서 풍성하게 누리게 됩니다.

계속 구하고 찾는 자가 누립니다

"내 존재의 출발이 허무가 아니었구나, 하나님께서 나를 사랑하심으로 창조하셨고 사랑하심으로 구속하셨구나" 하는 것을 이제 알았습니다. 자신의 그 충만함에 이르게 하셔서 하나님 자신의 모든 가능성을 나로 하여금 누리기를 원하시는 그 사랑을 우리는 이제 알았습니다. 그런데 나는 그 복을 누리지 못하고 있습니다. 그 누리지 못함이 너무 안타까워서 구하고 찾고 두드리게 됩니다. 그러므로 구한다는 것은 하나님의 사랑을 깨달은 자의 특징입니다. 구하는 사람은 머리로 알던 하나님의 사랑을 삶의 실재로 만나는 변화의 순간(transforming moment)을 만나는 것입니다.

구하는 것의 예로 스키타기를 생각해 봅시다. 스키를 잘 탈 수 있는 비결은 몸의 중심이 속도보다 앞서야 합니다. 몸의 중심이 속도보다 앞서 있으면 몸을 조절할 수 있지만 몸의 중심이 속도보다 쳐지면 속도에 몸이 끌려가 넘어지고 맙니다. 그러나 그 비밀을 알았다고 누릴 수 있는 것은 아닙니다. 누가 누릴 수 있습니까? 그 비밀을 가지고 자꾸 연습해 보는 사람만이 누릴 수 있게 됩니다. 이와 같이 십자가의 비밀, 복음의 능력도 깨달았으면 자꾸 살아보아야 합니다. 넘어져도 또 일어나 살아보면 점점 더 신나게 누리게 됩니다. 이 '살아봄'을 성경은 '구함'이라고 합니다. 성경에서 구하라 할 때는 생각만이 아니라 몸 전체, 삶 전체로 구하라는 것입니다.

지금 우리 교회는 굉장히 위험한 시기에 도달해 있습니다. 왜냐하면 제가 그동안 말씀을 통해서 복음의 비밀을 다 알려 드렸습니다. 그러니까 우리 모두는 복음의 비밀을 들었습니다. 그리고 머리로, 즉 의식적으로 압니다. 머리로 알고는 복음의 비밀을 안다고 생각합니다. 스키를 타는 비결을 들어서 알았다고 스키를 탈 수 있습니까? 아무리 어려운 코스에서도 이론대로 항상 몸의 중심을 달리는 속도보다 앞에 두고서 어떤 순간에도 달리는 속도를 조절할 수 있는 능력이 여러분에게 있습니까? 말처럼 그리 쉽지가 않습니다.

그동안 성도 여러분은 저에게 복음의 모든 비밀을 들어서 다 알고 있습니다. 그런데 누리며 살지도 못하면서 이것이 전부라고 생각하기 쉽다는 것입니다. 그러면 설교를 들어도 다 아는 소리 또 듣는 것 같아집니다. 말씀이 삶을 변화시키는 겸비함을 열매 맺지 못하고 교만의 쓴 뿌리를 길러내게 됩니다. 누림을 다 잃어버립니다.

복음 안에서 영원한 나를 만납니다

사도 바울의 고백을 보십시오. "예수 그리스도의 종 바울은 사도로 부르심을 받아 하나님의 복음을 위하여 택정함을 입었으니"(롬 1:1)라고 했습니다. 그리고 하나님의 작정하신 뜻을 따라 "내 어머니의 태로부터 나를 택정하시고 은혜로 나를 부르신 이가"(갈 1:15), 즉 창세 전부터 그리스도 안에서 우리를 택하신 이가(엡 1:4), "하나님의 약속은 얼마든지 그리스도 안에서 예가 되니……"(고후 1:20)라고 하였습니다.

평생에 찾던 영원한 나를 만난 자는 '너 자신을 하나님같이 세워보라'는 세상 미혹의 권세를 떨쳐 버리고 '아바 아버지' 안에 거하게 됩니다. 아버지 집을 떠난 탕자가 집으로 돌아가게 된 것은 비로소 자기가 아버지의 아들인 것을 깨달았기 때문입니다. 아들인 것을 알면 더 이상 필요한 것이 없습니다. 그래서 예수님은 어떤 권세 앞에서도 유혹받지 않았습니다. 왜 그렇습니까? 예수님께서는 아버지 안에서 십자가의 메시아로 자신이 부르심받은 것을 알고 있었기 때문입니다.

하나님의 아들인 것을 아는 사람은 "사망아 너의 이기는 것이 어디 있느냐 사망아 너의 쏘는 것이 어디 있느냐"(고전 15:55) 하는 승리의 노래를 부를 수 있습니다. 하나님의 사람은 하나님만으로 삽니다. 하나님만으로 살아도 모든 것에 풍족합니다. 아브라함은 하나님을 만나서 갈대아 우르에서, 하란에서, 뿌리박은 터전에서 떠났습니다. 그는 하나님 한 분만으로 살아도 승리했습니다. 이삭, 야곱, 요셉, 모세, 여호수아, 다윗, 다니엘 등의 하나님의 사람은 하나님 한 분만으로 살았습니다. 하나님의 말씀은 이 모든 것을 우리에게 보여 주고 있습니다.

가짜를 주의하십시오

가짜는 무엇입니까? 나의 행위로 나의 의를 이룰 수 있는 줄로 아는 것입니다. 물론 우리는 나를 의롭게 하는 데 100% 전부 나의 행위로 이루는 것이 아니라 1% 정도의 행위로 이룬다고 생각합니다. 이러한 가짜에 주의하라는 것입니다. 진짜는 무엇입니까? 나에게서 일어날 수 있는 것은 내 껍질을 벗는 것인 회개밖에 없습니다. "나는 죄인이로소이다, 나를 불쌍히 여기옵소서" 밖에 없습니다. 그것밖에는 할 말이 없습니다.

시몬 베드로는 주님을 알았을 때 주님의 무릎 아래 엎드려서 "나는 죄인이로소이다"(눅 5:8)라고 고백했습니다. 이러한 고백 외에 우리가 할 것이 무엇이 있습니까? 혹시라도 내가 조금의 의라도, 0.001%의 의라도 세울 수 있다고 생각하면 가짜라는 것입니다. 이 말씀들을 기억하시기를 바랍니다.

"사람이 의롭게 되는 것은 율법의 행위에서 난 것이 아니요"(갈 2:16), "무릇 율법 행위에 속한 자들은 저주 아래 있나니"(갈 3:10), "율법 안에서 의롭다 함을 얻으려 하는 너희는 그리스도에게서 끊어지고 은혜에서 떨어진 자로다"(갈 5:4).

하나님께서 은혜로 이미 이루신 것을 누리는 자가 될수록 나는 겸비해집니다. "정말 하나님의 섭리는 오묘하고 기이하며 나는 허상 중의 허상이었구나!"라고 말합니다. 그러나 이것이 변질되면 마치 내가 자격이 있어서 또는 남보다 나아서 하나님의 은혜를 누리는 듯한 공로주의에 빠지며 가장 거룩한 것이 가장 가증한 것으로 변질될 수 있습니다. 모든 것을 누리나 내가 아니요 오직 하나님이라는 은혜의 신비를 충만히 누리십시오.

사도 바울이 갈라디아서에서 율법주의자들과 그렇게도 격렬히 논쟁하는 이유가 인간적인 문제가 아니라 생명의 복음이 걸린 문제인 것을 이제 느끼실 줄 믿습니다. 하나님께서 이루신 큰 일을 끊임없이 구하고, 구하는 대로 누리시기를 기도합니다.

갈|라|디|아|서|강|해(상권)

제3강
다른 복음은 없나니

갈라디아서 1장 6~10절

그리스도의 은혜로 너희를 부르신 이를 이같이 속히 떠나 다른 복음 좇는 것을 내가 이상히 여기노라 다른 복음은 없나니 다만 어떤 사람들이 너희를 요란케 하여 그리스도의 복음을 변하려 함이라 그러나 우리나 혹 하늘로부터 온 천사라도 우리가 너희에게 전한 복음 외에 다른 복음을 전하면 저주를 받을지어다 우리가 전에 말하였거니와 내가 지금 다시 말하노니 만일 누구든지 너희의 받은 것 외에 다른 복음을 전하면 저주를 받을지어다 이제 내가 사람들에게 좋게 하랴 하나님께 좋게 하랴 사람들에게 기쁨을 구하랴 내가 지금까지 사람의 기쁨을 구하는 것이었더면 그리스도의 종이 아니니라

들어가면서

본문 속에는 상당히 격한 감정이 들어 있습니다. 이 짧은 본

문 속에 "저주를 받을지어다!"라는 표현이 두 번 나오고 "내가 만일 그러했다면 그리스도의 종이 아니다!"라는 표현도 나옵니다. 이렇게 격한 표현이 나올 때는 표현된 문자에만 사로잡히면 본뜻을 놓치고 맙니다. 예를 들면 남편이 아내에게 감정이 격해서 말할 때는 그 격한 말을 듣지 않고 무엇 때문에 저렇게 격해 있을까를 생각할 수 있어야 문제가 해결됩니다. '왜 저렇게 격해져 있을까'라고 생각하면서 본뜻을 이해하는 지혜가 필요합니다. 바울이 격해진 감정 속에서 무엇을 말하고 있는지 본문 속에 숨겨진 내용을 같이 찾아보겠습니다.

본문 속에 숨은 내용

복음을 떠난 것은 하나님을 떠난 것입니다

6절에서 "너희가 어떻게 복음을 떠났느냐" 하지 않고, 그리스도의 은혜로 부르신 하나님을 이같이 속히 떠나다니 참 이상하다 알 수 없는 일이구나!"라고 말하고 있습니다. 복음을 떠났지만 그래도 하나님 안에 있다는 것이 아니라 복음을 떠났으면 하나님을 떠난 것이라고 선언하고 있습니다. 복음을 알면 하나님을 아는 것이고 복음을 모르면 하나님을 모르는 것입니다. 복음을 아는 것은 인식적(cognitive) 앎이 아니라 몸으로 아는 것이요, 몸으로 안다는 말은 능력 그 자체를 아는 것입니다. 복음의 능력을 아는 것이 하나님을 아는 것입니다.

제가 안타깝게 생각하며 두고두고 이해할 수 없는 일은 교회를 건성으로 왔다갔다하는 사람들에 대한 것입니다. 취미생활치고는 조금 이상한 취미라고 생각합니다. 하나님의 교회에 왔으면 살아 계신 하나님의 능력을 만나는 것 외에 다른 어떠한 이유나 목적이 있을 수 없습니다. 교회에 나오면서 왜 살아 계신 하나님의 능력을 만나는 데 관심이 없는지 알 수가 없습니다.

하나님은 살아 계시고 우리의 삶을 치유하기를 원하십니다. 하나님은 우리의 삶을 고치사 건강하고 복되게 하셔서 내 속에 심어 놓으신 하나님의 형상이 활짝 피고 열매 맺기를 원하십니다. 또한 나만이 아니라 모든 이웃 사람들이 우리로 말미암아 복되게 살기를 원하십니다. 이 하나님의 은혜와 능력을 만나기까지 나는 '내 안의 복된 나'를 알지 못합니다.

우리는 참생명의 길을 알지 못하는 자에게 길을 분명히 제시해 줄 수 있어야 합니다. 자기 문제를 스스로 진단도 하지 못하고 평생을 아파하고 힘들어 하며 살면서 복의 근원이 될 수는 없습니다. 자신이 도대체 왜 그렇게 살고 있는지조차도 알지 못하는 사람을 만나면 문제의 근본적인 해결인 복음을 선명하게 제시할 수 있어야 합니다. 그럴 수 있기 위해서는 우리 자신이 먼저 하나님의 능력을 체험해야 합니다.

사도행전 3장을 보면 제구시에 베드로와 요한이 성전에 기도하러 올라갔을 때 성전 미문에 앉아 있는 앉은뱅이를 보았습니다. 그 앉은뱅이는 평생을 먼지를 뒤집어쓰고 성전 앞에 앉아서 어떻게 하면 좀더 처량한 표정을 지어서 한 푼이라도 더 얻어낼까, 어떻게 하면 오늘 매상을 한 푼 더 올릴 수 있을까에 모든 인생을 걸고 살아온 사람입니다. 그러한 사람에게 베드로와 요한이 이렇게 선언했습니다. "은과 금은 내게 없지만." 이 말은 이런 뜻입니다.

"나는 당신이 무엇을 구하는지 압니다. 당신은 지금 나에게 돈을 구하고 있지만 당신에게 줄 은과 금은 나에게 없습니다."

그리고 "내게 있는 것으로 네게 주노니 곧 나사렛 예수 그리스도의 이름으로 걸으라!" 하였습니다. 그 뜻은 "당신에게 필요한 것은 바로 나사렛 예수입니다"라는 것입니다. 왜입니까? 베드로와 요한이 먼저 예수님을 만났기 때문입니다.

'나사렛 예수를 만나기 전까지 나는 나의 인생의 문제가 근본적으로 어디에 있었는지 몰랐습니다. 당신과 같이 힘들고 고달픈 인생을 살았습니다. 그러나 내가 만나 보니까 나의 근본 문제는 돈이 아니었습니다. 나사렛 예수 안에서 나는 내 인생의 문제를 근본적으로 해결받았습니다. 그러므로 당신의 문제 해결도 나사렛 예수에 있습니다'라는 것입니다. "나사렛 예수의 이름으로 걸으라!" 하였을 때 앉은뱅이의 삶의 근본적인 문제가 해결되었습니다. 그를 앉은뱅이 되게 했던 원인으로부터 자유하게 되어 그는 일어났습니다.

근본적인 문제가 해결되고 나면 그 다음에는 시간을 따라 삶은 저절로 열리게 되어 있습니다. 삶의 근본 문제를 해결하지 못하고 방황하는 사람을 만나면 다음과 같이 담대히 말해 줄 수 있어야 합니다.

"당신의 생애는 하나님을 만나야 합니다."

이것은 단지 교회에 나가는 것만으로 되지 않습니다. 예배를 능숙하게 드리는 것으로도 안 됩니다. 살아 계신 하나님을 만나야 합니다. 복음과 복음의 능력을 알지 못하면 하나님을 알지 못하는 것입니다. 전혀 모르고 못 보면서도 교회에는 나와 예배드리는 분들이 있습니다. 얼마나 수고스럽겠습니까? 얼마나 힘들여서 나오고 있습니까? 목회하는 저에게는 인간적으로는 고마운 일입니다만 하나님께는 그렇지 않습니다. 복음을 떠난 것은 하나님을 떠난 것입니다. 그러므로 사도 바울은 복음을 떠난 사람을 향해서 안타까운 심정으로 격한 표현을 사용하면서까지 감정을 토해 내는 것입니다.

유일한 복음은 그리스도의 복음밖에 없습니다
　본문에는 복음이라는 말이 다섯 번 나옵니다. 우리 한글 번역에는 여섯 번 나옵니다만 대명사로 된 부분을 포함해서 여섯 번이 됩니다. 이 복음에는 항상 소유격이 붙어 나옵니다. 그냥 복음이 아니라 그리스도의 복음이라는 것입니다. 즉 복음은 그리스도에 의한 그리스도로 말미암은 기쁜 소식입니다. 그래서 유일한 복음은 그리스도의 복음밖에 없습니다. 다른 것은 복음이 아닙니다. 이 복음이 마음의 확신으로 다가오기를 주님의 이름으로 축원합니다. 이것이 확신으로 다가오는 순간 완전한 자유함을 누리게 됩니다.
　돈이 생기는 것이 복음, 즉 기쁜 소식이 아닙니다. 내 아들이 출세하는 것이 기쁜 소식이 아닙니다. 돈이 생기고 내 아들이 출세하는 일이 생겨도 내가 그리스도의 복음의 능력을 만날 때까지는 삶은 여전히 허무 가운데 있습니다. 여전히 "종신토록 수고하고 땀을 흘려도 가시덤불과 엉겅퀴만을 거두는 삶"입니다. 내가 그리스도 안에 있으면 무엇을 해도 그리스도 안에서 하는 것이기 때문에 복음은 하나하나가 합력하여 영원한 선, 즉 폐하지 않는 생명으로 영글어 가게 합니다.
　이것이 깨달아지는 사람은 세상의 권세로부터, 또 그 미혹으로부터 자유함을 누리게 됩니다. 쓸데없는 불안과 염려로 인생을 떠내려 보내는 일을 하지 않습니다. 복음을 만나지 못하면 자기 무기력증과 자기 허무에 세례를 받고 그것에 감동을 받아서 "내가 교회에 한두 번 나가 봤지만 하나님 믿어 봤자 그게 그거지" 하면서 자기 자신에게 불신으로 세례를 하는 삶을 살게 됩니다.

"다른 복음은 없나니 다만 어떤 사람들이 너희를 요란케 하여 그리스도의 복음을 변하려 함이라"(갈 1:7).

복음의 권위와 능력에 대한 확신이 있습니다

"만약에 우리가 너희에게 전한 복음, 그리스도의 복음 외에 너희에게 다른 것을 전한 사람은 우리가 되었든지 혹 천사라 할지라도 저주를 받을지어다"라는 말이 두 번이나 나옵니다. 사도 바울이 이렇게 격해진 것은 갈라디아 교인들이 바울이 전해 준 복음을 떠나서 다른 가르침을 따랐기 때문입니다.

이것은 사도 바울의 자존심에 관한 문제를 말하는 것이 아닙니다. "내가 너희에게 전해 준 복음에는 우리를 구원하시고 우리를 살리시고 우리를 복되게 하시고 회복하시는 하나님의 모든 것이 들어 있다. 이것을 버리다니, 이것을 버리면 너희가 무엇을 해서 어디서 어떻게 살려고 하느냐? 너와 너희 자녀와 너희 가정의 삶이 무엇으로 복되겠느냐?" 하는 사도 바울의 안타까운 심정이 들어 있습니다. 만약에 그렇게 인도하는 자들이 있다면 천사라 할지라도 저주를 받아야 마땅하다는 것입니다. 복음의 권위와 능력에 대한 이러한 폐할 수 없는 확신이 본문 속에 들어 있습니다.

전적인 하나님의 능력입니다

지금 갈라디아 교회는 할례주의자들과 논쟁하고 있습니다. 할례주의자들이 갈라디아에 와서 갈라디아 교인들이 그리스도를 믿지만 율법대로 할례를 받아야만 한다는 것입니다. 우리는

'복음을 믿지만 할례도 받으면 나쁠 것은 없다' 라고 생각할 수 있습니다. 또 '할례 받고 믿는 것이 할례를 안 받았기 때문에 못 믿는 것보다는 낫지 않느냐' 고 생각할 수도 있습니다. 복음이야 당연히 좋은 것인데 우리가 많이도 아니고 0.1% 정도는 보태서 더 좋게 할 수 있을 것이라 생각합니다. 그러나 복음에 무엇을 보태는 그 순간에 복음의 능력은 사라집니다.

하나님께서는 자기의 백성을 부르사 회복시키시고 치유시키시고 세우셔서 이 세상에 자기의 증인으로 파송하십니다. 그런데 증인은 권능이 있어야 합니다. 권세와 능력이 있어야 증인이 됩니다. 내가 내 문제 속에서 허덕거리는 사람이 다른 사람에게 "예수 믿으시오" 하면 그 사람이 무엇이라 대답하겠습니까? "그 예수 당신이나 열심히 잘 믿으시지요! 당신 앞길이나 잘 챙기시오! 매일 죽는 인상을 가지고 누구를 같이 망하게 하려고 하시오?" 그런 반응밖에 나오지 않을 것입니다.

내 속에 살아 계신 하나님이 역사하고 있고 내 속에 살아 계신 하나님의 생명이 넘쳐나오면 문제 속에 허덕이는 사람을 향해서 "예수 믿으세요" 한 마디면 끝납니다. 사람의 심령을 감동시키는 것은 확신입니다. 영혼에 확신이 있을 때 그 열매로 나타나는 것이 권세와 능력입니다. 그러므로 다른 말이 필요하지 않습니다. "당신 언제까지 그렇게 살려고 그래요? 하나님 꼭 만나야 됩니다" 라는 이 말 한 마디면 되는 것입니다. 증인에게는 권능이 있어야 합니다. 이 권능은 성령이 임할 때 주어집니다. 성령이 우리에게 임하실 때에만 우리는 권능을 받습니다.

성령님의 임하심을 구약적 표현으로 하면 성령의 기름 부음입니다. 이스라엘에서 기름 부음은 하나님의 권세와 능력의 위임입니다. 기름 부음을 받으면 제사장, 선지자, 왕으로서 하나님의 권위를 대행하게 됩니다. 이와 같이 성령의 기름 부음은 인간 안에서 하나님의 권위를 회복시키는 것입니다. 인간에게서 회복되어야 할 권위가 무엇입니까? 창세기 1장의 '다스림의 권위' 입니다. 창세기 1장에서 '하나님은 인간에게 만물을 다스리는 자신의 권세를 위임하셨고, 또 복을 주셨다' 고 말씀합니다. 즉, 인간의 복은 다스림에서 오는 것입니다. 인간이 다스림의 권세를 상실하면 만물 중에서 가장 비참해지는 것입니다.

그러나 인간은 다스림의 권세를 잃어버리고 자기 감정조차도 다스리지 못합니다. 자기 생각에 자기가 억눌려서 온갖 병을 앓고 있는데 무슨 하나님의 증거가 나타나겠습니까? 잃어버린 권세를 회복하는 길은 오직 성령이 임하심으로 기름 부음을 받아 왕으로 회복되는 것입니다. 다스리는 권세와 능력이 회복되면 예루살렘에서 땅 끝까지 증인이 되는 것입니다. 하나님께서 권세와 능력도 주시지 않고 우리들에게 "증인이 되도록 노력해다오. 제발 부탁이니 남는 시간에 내 복음을 전해다오. 제발 부탁이니 너희가 힘써 노력하여 전도 좀 해다오" 하신다는 이야기가 결코 아닙니다.

이렇게 그리스도의 복음은, 스스로 인정과 칭찬을 남에게 구걸하여 왔던 우리의 비천해진 의식을 하나님 앞에 세우고, 그 사랑의 기름 부음으로 우리 자신을 왕 같은 존귀함으로 회복시킵니다. 누구에게서 무엇을 얻으려고 열심히 공부하고 일하고 선하게 되려 노력하는 것이 아닙니다. 하나님께서 자유케 하신 그 자유 안에서 그렇게 하는 것이 나의 기쁨이기 때문에 내가 나의 기쁨을 누릴 뿐입니다. 이 사람은 사람 앞에서도 떳떳함으로 서는 것이며 더 이상 사람의 판단에 연연하지 않고 하나님 앞에 홀로 서게 됩니다.

이러한 권능은 나 자신으로부터는 0.00001%도 나오지 않습니다. 그러므로 '복음에 내가 무엇을 더할 것이 있다' 생각하는 순간 우리는 복음의 순전한 능력을 부인하는 것이 되고 맙니다. 나를 온전히 사랑하시고 죽기까지 하신 그 사랑 안에서 나도 완전히 죽지 않고는 복음의 능력은 체험되지 않습니다. 99% 죽은 것은 죽은 것이 아닙니다. 100% 순도의 은혜를 만났을 때에 비로소 우리는 은혜의 능력에 붙들립니다.

그래서 내가 복음 외에 무엇인가 할 수 있다고 생각하면 절대 능력이 나타나지 않습니다. 복음은 복음 자체가 능력인 것입니다. 사도 바울은 "이제 내가 사람들에게 좋게 하랴", 즉 사람들에게 기쁨을 구하랴, 내가 사람들 눈치 보고 사람들 입장 보고서, 좋은 게 좋은 것 아니냐는 식으로 복음을 전하겠느냐, 그렇다면 나는 그리스도의 종이 아니라는 것입니다. 사람들이 다 싫어해도 할 수 없습니다. 사람들이 다 거북해해도 할 수 없습니다. 내가 전할 것은 오직 그리스도의 복음 외에는 전할 것이 없다는 것입니다. 이 얼마나 담대한 확신입니까?

함께 생각해 보는 질문

복음의 능력을 누리십니까?

능력이라는 말에 주의를 기울이십시오. 사람들은 능력을 모릅니다. 능력을 모르면 평생 힘들게 살 수밖에 없습니다. "내 팔자는 왜 이럴까"라는 말을 많이 하게 됩니다. "다른 사람은 다 잘되는데 나는 왜 이럴까? 행복이라는 것은 삼류 유행가 가사에나 나오는 것이겠지. 나에게 행복이 어디 있어. 사랑? 사랑 같은 소리 하지 마! 사랑이 어디 있어!"라고 말합니다. 이와 같은 자기 불신으로 자기가 자기를 세례하고 그 속에서 불신과 하나 되어서 불신과 함께 죽고 불신과 함께 장사되고 불신과 함께 살아나서 불신으로 무기력하게 사는 것입니다.

재력은 능력이 아닙니다. 재력이 있는데 가슴이 허한 사람이 많이 있습니다. 학력도 능력이 아닙니다. 학력이 있는데 삶이 텅 빈 사람이 수도 없이 많이 있습니다. 권력도 능력이 아닙니다. 이것들은 능력의 도구는 될 수 있습니다. 그러나 그 자체가 결코 능력은 아닙니다. 권력이 있지만 불행한 사람들을 우리 주변에서 얼마든지 볼 수 있습니다. 체력도 능력의 도구는 될 수 있지만 능력은 아닙니다. 능력은 그러한 것보다 훨씬 더 원천적인 것입니다. 만약 마음은 착한데 능력이 없다면 그 속에 원망과 불평이 가득 차 '나는 이렇게 착하게 사는데 사람들은 나를 몰라 준다' 할 것입니다. 기도 많이 하고 성경을 잘 아는데 능력이 없다면 그 사람 안에는 열등의식과 교만이 가득 차 있을 것입니다.

그러면 도대체 능력이 무엇입니까? 쉽게 말하면 문제를 해결할 수 있는 힘입니다. 삶에 어떤 문제가 있든지 그 문제를 해결하고 넘어설 수 있는 힘을 능력이라 합니다. 이것을 신학적으로 표현하면 구원할 수 있는 힘을 말합니다. 성경에서 구원이 무엇입니까? 성경에서 구원은 모든 나쁜 것이 좋아지는 것입니다. 병이 나은 것이 구원입니다. 적이 쳐들어왔을 때 성을 지키는 것이 구원입니다. 전쟁에서 승리한 것도 구원입니다. 성경을 읽어 보십시오. 전부 구원받았다고 표현합니다.

구원은 모든 나쁜 것이 좋아지는 것을 말합니다. 모든 나쁜 것이 좋아지는 중심에 무엇이 들어 있습니까? 영적으로 죽었던 우리가 살아나는 것입니다. 영적으로 죽었던 우리가 영적으로 살아나면서, 죽었던 우리의 뿌리가 살아나고 그 삶의 모든 것이 싱싱해지기 시작하고 열매가 저절로 시절을 좇아 맺히는 것입니다. 나무가 노력해서 열매를 맺는 것이 아니듯 나의 노력이 아니라 영적으로 다시 살아나면 자연스런 결과로 열매를 맺습니다.

그러므로 나쁜 것이 좋아지는 것 속에는 무엇이 들어 있습니까? 하나님과 나의 관계가 회복된 후 알게 된 살아 계신 하나님과의 만남이 있고, 내 힘으로 살려고 했던 피곤하던 삶이 하나님의 사랑에 사로잡히는 붙들림 받은 삶이 있는 것입니다. 그렇게 되면 '하나님이 내 안에, 내가 하나님 안에' 있게 됩니다. 하나님의 이름이 내 이름이 되고, 내 이름이 하나님의 이름이 됩니다. 어려움을 당할 때면 전에는 그 어려움이 두려움이 되었지만, 이제 내가 하나님 안에 있기 때문에 두려움은 여전히 있지만 믿음으로 말미암아 내가 그 두려움에 사로잡히지 않습니다. 할렐루야!

능력은 신학적으로 말하면 구원할 수 있는 힘입니다. 이 능력 속에는 두 가지의 모습이 있습니다.

능력 : 나의 됨(I am who I am)

나의 나 됨의 용납

능력이 없으면 항상 눈치 보고 남이 원하는 대로 자기를 맞추려고 매일 나뭇잎 치마만 만들다가 인생이 끝나는 것입니다. '허무에 굴복하고 썩어짐에 종 노릇' 하는 삶을 삽니다. 능력의 출발은 어디에 있습니까? 자기가 자기일 수 있는 것입니다.

어떤 상황 앞에서도 나의 나 됨을 지킬 수 있는 것이 바로 능력입니다. 가짜 능력에 속으면 안 됩니다. 참된 능력 없이 병을 고친다든지, 이적과 기사가 일어나면 문제가 됩니다. 성경은 이적과 기사로 가득 차 있습니다. 살아 계신 하나님께서는 이적과 기사를 행하시는 분입니다.

저 역시 살아 계신 하나님께서 이적과 기사를 성도 여러분에게 나타내시기를 바라고 또한 믿습니다. 그러나 일어나는 이적과 기사로 인하여 다른 사람에게 잘난 것으로 보이게 한다든지 내가 이런 이적과 기사를 받거나 행함으로 내가 다른 사람보다 특별하다고 생각하는 사람들이 있습니다. 거기에 넘어가면 이미 사단의 미혹에 넘어간 것입니다. 왜 그렇습니까? 하나님의 능력의 중심은 나의 나 됨에 있기 때문입니다. 그러므로 이적과 기사가 나를 통하여 나타나도 교만할 것도 없고 안 나타나도 열등의식에 사로잡힐 필요가 없습니다. 하나님 안에서 모든 것을 누리고 즐길 뿐입니다.

지금 이 시대는 거짓된 이적과 능력이 많이 나타나는 시대입니다. 여러분들은 이렇게 교회에 열심히 다니느라고 바깥에서 일어나는 일을 모르시지만 미국의 80년대 이후 최대 산업이 신흥종교입니다. 각종 종교 현상을 가지고 사람을 미혹합니다. 별일이 다 일어납니다. 사람 몸이 뜨기도 하고 사람 몸에서 금빛 광채, 붉은빛 광채를 내기도 합니다. 거기에 사람들이 몰려가고 전 재산을 바치고 가정이 깨지는 일이 도처에서 벌어지고 있습니다.

그리스도인들은 능력의 본체를 알아야 합니다. 하나님의 사랑의 능력이 내게 임하면 내가 나의 나 된 것을 용납하기 시작합니다. 나의 나 된 것을 용납하기 시작한 사람은 자라나기 시작합니다. 자라남에 따라 점점 풍성한 하나님의 능력을 누리는 것이지 마술처럼 나는 변하지 않으면서, 나는 하나님 안에서 나 됨이 없으면서, 뚝딱 하면 무슨 능력이 갑자기 나타나는 것이 아닙니다. 기독교 안에서도 그러한 이적과 능력들이 많이 행해지고 있기 때문에 여러분들은 그리스도를 바로 알아야 합니다. 그래서 바울은 "그리스도의 복음을 떠나면 천사라도 저주를 받을지어다!"라고 하였습니다. 그리스도의 복음과 능력을 아는 성도 여러분이 되시기를 주님의 이름으로 축원합니다.

나의 나 됨을 누릴 수 있는 사람만이 너를 너로 세워 줄 수 있습니다. 여기에서 능력의 열매를 맛보는 것입니다. 그래서 반드시 그리스도의 능력이 임한 사람은 이웃을 세워 줄 수 있습니다. 아내를 세워 줄 수 있는 남편이 되시기를 주님의 이름으로 축원합니다. 남편을 세워 줄 수 있는 아내가 되시기를 주님의 이름으로 축원합니다. 자녀를 세워 줄 수 있는 복된 부모가 되시기를 주님의 이름으로 축원합니다. 이러할 때 사는 맛이 납니다. 나로 말미암아 다른 사람이 세움을 받을 때 내 존재의 의미와 내 삶의 가치를 누리는 것입니다. 성도 여러분의 가슴에는 그리스도의 십자가 사랑의 역사만이 충만하시기를 주님의 이름으로 축원합니다.

여왕이 되십시오

뚱뚱하고 평범한 흑인 여성으로 미국인의 사랑을 한 몸에 받고 있는 방송인 오프라 윈프리는 파란만장한 인생을 살아온 여성으로 유명합니다. 미혼모의 딸로 태어나 성폭행을 당하는 등 끊임없는 불행 속에서 자랐습니다. 하지만 그녀는 자신의 과거를 부끄러워하지 않고 스스로를 특별한 존재로 여기며 당당히 세상에 맞서 성공을 이루어 냈습니다. 그녀는 1993년 스펠먼 여자대학 졸업식에 초청받아 감동적인 연설로 뜨거운 박수를 받았습니다.

여러분! 여왕이 되십시오. 용감하게 평범함을 넘어서야 합니다. 개척자가 되십시오. 지도자가 되십시오. 어떤 고통이 닥쳐도 삶을 껴안을 줄 알고, 두려움 없이 도전할 수 있는 사람이 되십시오. 진실을 찾는 사람이 되십시오. 사랑하는 마음으로 자신을 지배하는 사람이 되십시오.
여왕이 되십시오. 부드러운 여자가 되십시오. 계속 새로운 아이디어를 낳고 여자임을 기뻐할 줄 아는 여자가 되십시오. 여러분이 자신의 특별함을 망각해 버린 특징 없는 여자가 되어 시간을 낭비하지 않도록 기도드리겠습니다. 우리는 하나님의 딸들입니다. 온 세상 사람들에게 사랑하는 법을 가르쳐 주기 위해 세상에 왔습니다. 과거에 무슨 일을 겪었는지는 아무런 문제가 되지 않습니다. 어디 출신인지도, 부모님이 어떤 사람인지도 문제가 되지 않습니다. 그런 것은 전혀 상관없습니다. 문제는 여러분이 어떤 사랑을 선택할 것인지, 직장이든 가정이든 여러분이 세상에 공헌하고자 하는 분야에서 어떻게 그 사랑을 표현할 것인가 하는 것입니다. 여왕이 되십시오. 여러분! 하나님의 사랑 안에서 하나님 형상으로 자신을 귀하게 여기십시오.

바로 이것이 나의 나 됨을 용납하고 하나님 안에서 가능성을 향해 믿음과 사랑의 날개를 펼치는 자에게 약속된 복이요 영광입니다.

능력은 감출 수가 없습니다

'능력이 많다' 혹은 '능력이 적다'라고 말하는 것은 오해를 일으킬 수 있는 표현입니다. 왜냐하면 능력이란 있으면 있는 것이고 없으면 없는 것이기 때문입니다. 개울물이 되었든 강물이 되었든 물은 항상 흐릅니다. 강물은 힘이 강해서 흐르고 개울물은 힘이 약해서 흐르지 못하는 것이 아닙니다. 어른이면 잘 살고 갓난아이면 잘 못 삽니까? 갓난아이는 사는 능력이 미성숙하지만 그래도 100%의 생명으로 사는 것과 같이 개울물은 그 나름대로 100%로 흐르고 있습니다. 개울물을 아무리 막아도 그 물은 아래쪽으로 흐르고자 합니다.

물이 흐르듯이 그리스도의 생명이 있는 사람이라면 갓 태어난 그리스도인이든지, 태어나서 훈련받고 양육받고 성숙해진 그리스도인이든지, 그 흐르는 생명의 줄기에 있어서 양적인 차이가 있을지는 모르지만 흐른다고 하는 점에서는 똑같습니다. 그러므로 이렇게 생각하면 착각입니다. 내가 믿음이 있기는 있는데, 내가 그리스도를 믿기는 믿는데, 하나님의 생명이 내 속에 있기는 있는데 약해서 능력이 나타나지 않는다고 말입니다.

예수님께서 제자들에게 이렇게 말씀하셨습니다.

"저가 이 작은 자 중에 하나를 실족게 할진대 차라리 연자맷돌을 그 목에 매이우고 바다에 던지우는 것이 나으리라"(눅 17:2).

그리고는 "만일 하루 일곱 번이라도 네게 죄를 얻고 일곱 번 네게 돌아와 내가 회개하노라 하거든 너는 용서하라"(눅 17:4) 하셨습니다. 그러자 베드로가 "우리에게 믿음을 더하소서!"라고 응답했습니다. "주님, 그것이 좋다는 것을 왜 모르겠습니까? 그러나 너무 믿음이 작아서 그렇게 살지 못합니다. 믿음을 더 주시면 내가 그렇게 살겠습니다"라는 것입니다. 예수님께서 어떻게 답변하십니까?

"너희에게 겨자씨 한 알만한 믿음이 있었더면 이 뽕나무더러 뿌리가 뽑혀 바다에 심기우라 하였을 것이요 그것이 너희에게 순종하였으리라"(눅 17:6).

'믿음이 있으면 그 믿음으로 살라'는 것입니다. 살아지지 않는다면 믿음이 없는 것입니다. '나는 살아지지 않는데 믿음은 있어, 나중에 조건이 좋아지면, 환경이 좋아지면 그때는 믿음대로 살리라'는 사람들이 있습니다. 천만의 말씀입니다. 생명은 그렇지 않습니다. 갓난아이가 '야! 내가 지금 해보아야 무엇을 하겠는가, 지금은 살 수가 없고 가만히 있다가 나중에 살자' 이렇게 생각하는 것을 본 적이 있습니까? 갓난아이는 눈도 열심히 반짝반짝하며 보려고 하고 손도 폈다 오므렸다 합니다. 소리가 나면 귀를 기울이기도 합니다. 이와 같이 모든 생명은 스스로 가지고 있는 최선으로 살도록 되어 있습니다.

생명의 역사를 보아야 합니다. 이 시대는 미혹의 시대이기 때문에 우리가 우리를 스스로 속입니다. "내가 지금 교회를 몇 년째 나가는데 이것이 믿는 것이 아니면 무엇이냐? 이것이 구원받은 것이 아니면 무엇이냐? 살아 계신 하나님을 만난 것이 아니면 무엇이냐?"라고 말합니다. 그렇게 설득할 필요가 없습니다. 살아 있는 사람이 "이것이 산 것이 아니냐?"라고 말하는 사람은 없습니다. 살아 있으면 살아 있는 것이고 죽어 있으면 죽어 있는 것입니다.

능력은 있으면 나타나게 되어 있습니다. 능력은 감출 수가 없습니다. 예배도 마찬가지입니다. 무엇을 위해 교회에 오십니까? 예배드리러, 예배 보러 오십니까? 하나님이 그 정성에 감동하십니까? 우리가 예배를 안 드리면 하나님이 하나님 안 되십니까? 우리가 예배를 드리는 이유는 메마른 우리 삶이 하나님의 임재의 능력을 체험하기 위한 것 외에 다른 무엇이 있을 수 없습니다. 예배 안에서 하나님의 임재를 체험하는 사람의 예배는 막을 수가 없습니다. 순교할지라도 그는 예배드릴 수밖에 없습니다. 왕의 명령이 다니엘의 예배를 결코 막을 수 없었습니다. 예배를 사정에 따라 드리고 드리지 못하는 신앙이라면 예배에 임하는 하나님의 능력을 체험하기를 구하십시오. 예배를 결코 하나님을 향한 '나의 종교 행위'로 전락시키지 마십시오. 예배는 사랑의 만남입니다.

　나의 능력은 항상 소모되고 기진되며 세상 가운데서 다시 무기력해지고 절망이 다시 들어올 수밖에 없습니다. 하나님 안에서 할 수 있다는 것보다 할 수 없을 것 같은 세상의 무게가 나를 자꾸 엄습합니다. 그러나 예배드리기 위해 나오면, 살아계신 하나님 앞에 나오면 그 임재의 능력 때문에 불신의 역사가 깨어지고 절망의 역사가 깨어지고 왠지 모르게 내 가슴이 뜨거워집니다. 그렇게 되면 다시 한 번 살 수 있는 것 같고 다시 한번 세상을 향해 나아갈 수 있는 것 같은 그런 능력의 기름 부음이 임합니다. 그것이 예배드리는 이유요, 즐거움입니다.

　찬양을 부르는데 잘 부르느냐, 못 부르느냐는 중요한 관점이 아닙니다. 찬양 속에 능력이 있어야 합니다. 우리는 기도할 때에 유려한 문장으로 말을 잘합니다. 그러면 어떻다는 것입니까? 기도 속에 능력이 흘러야 합니다. 억제할 수 없는 뜨끈뜨끈한 가슴의 고백, 가슴에서 가슴으로 전달되는 확신의 고백, 무엇인가 영혼을 사로잡는 그런 능력이 없다면 기도가 무슨 소용이 있습니까?

설교도 마찬가지입니다. 설교를 잘하느냐 못하느냐가 무슨 문제입니까? 저를 항상 미치게 만드는 설교가 있습니다. 그것은 맞는 말만 하는 설교입니다. "2 더하기 2는 4입니다" 식의 설교입니다. "해는 동쪽에서 뜹니다. 봄 다음에는 여름이 옵니다. 예수 믿으십시오. 기도하십시오. 성경 읽으십시오." 누가 몰라서 못하는 것이 아니지 않습니까? 그런 것 배우기 위해 우리가 여기에 와 있습니까? 아닙니다. 문제는 능력입니다. 말씀의 선포, 복음의 선포에는 능력이 있어야 합니다. 무엇인가 우리를 앉은 자리에서 벌떡 세워 일으킬 것 같은 능력입니다. 무엇인가 식어 버린 심정이 다시 뜨겁게 불타오르는 능력입니다.

엠마오로 가는 두 제자가 "주께서 말씀을 풀어서 먹였을 때에 우리의 가슴이 뜨겁지 아니했느냐" 하는 것 같은 능력이 있어야 합니다. 다시 한 번 사랑으로 불타올라야 합니다. 그러니까 가만히 생각해 보십시오. 역사적으로 능력이 있는 설교는 별로 잘하는 설교가 아니었습니다. 성도들이 저한테 "목사님 설교를 참 잘하십니다" 하시면 굉장히 당혹스럽습니다. 그리고 '나는 언제 잘하는 설교가 아닌 능력 있는 설교를 할까' 하고 안타까워집니다.

능력의 원천을 아십시오

우리는 모두 능력을 받고 싶어합니다. 능력을 받고 싶어하지 않는 사람이 어디 있습니까? 돈에서 능력이 나오는 줄 알고 그렇게 몸부림을 치듯 돈 버는 일에 몰두하고 있습니다. 여러분, 10년 이상 속은 사람은 바보입니다. 돈에서 능력이 나오는 줄 알고 그만큼 돌아다녀서 안 되는 것을 알았으면 그만해야 합니다. 10년을 속았으면 그만해야지 또 속으면 바보입니다.

돈이 능력이 될 수도 있습니다. 언제입니까? 그 돈의 소유가 그리스도 안에 있을 때입니다.

능력의 원천은 '하나님의 말씀'입니다. 잘 생각해 보십시오. 팔레스타인에서 학교도 한번 제대로 다녀보지 못했던 어부들 몇 사람이 거대한 로마를 뒤집어 버렸습니다. 무슨 능력이 었습니까? 예수님께서 약속하시기를, "오순절 성령이 임하실 때 내가 너희에게 말한 것 모든 것을 알게 하시리라" 하셨습니다. 성령이 임하실 때 바로 성경이 깨달아졌습니다. 말씀이 가는 곳마다 생명과 삶과 역사를 새롭게 하셨습니다. 그래서 사도행전은 선교의 한 단락이 마감될 때마다 "주의 말씀이 더욱 흥왕하여 가니라" 하고 선포하는 것입니다. 말씀이 중단된 적이 있었습니까? 지금까지 중단된 적이 없습니다. 전 세계로 번져서 오늘날도 세계 곳곳에 전해지고 있습니다. 말씀이 곧 능력입니다.

말씀이 이룬 역사

오늘날 교회가 성경을 아는 수준은 안타까운 면이 적지 않습니다. 교회가 성경을 잘 알지 못합니다. 성경을 터무니없이 해석할 때도 종종 있습니다. 이 성경의 역사가 온 세계를 뒤덮었는데, 2천 년의 역사가 말씀의 능력을 이렇게 명백히 보여 주고 있는데도 오늘날 교회가 성경을 아는 수준은 참으로 미흡합니다. 돈으로 역사가 이루어졌습니까? 똑똑한 천재들이 역사를 이루었습니까? 아닙니다. 말씀입니다. 오늘의 세계를 '서구화된 세계(westernized world)'라고 부릅니다. 서구화된 세계의 뿌리는 기독교입니다. 그래서 옥스퍼드의 역사가 아놀드 토인비는 "사도 바울을 싣고 간 배는 유럽을 싣고 간 배"였다고 말합니다.

　말씀을 아는 것이 이렇게 부족한데도 이만한 역사가 이루어 졌다면 말씀을 제대로 만나면 어떤 역사가 이루어지겠습니까? 구약은 무슨 이야기를 하고 있습니까? 아브라함, 이삭, 야곱, 요셉, 모세, 여호수아 모두가 하나님의 언약의 말씀을 만난 사람들입니다. 이들은 말씀의 언약에 자기를 던져 버리고 사로잡혔던 사람들이었습니다. 바로 그러한 사람들이 역사를 만든다는 것입니다. 신약의 역사도 마찬가지입니다. 베드로, 바울의 신약시대와 어거스틴, 루터, 칼빈 등 교회사 시대에 있었던 말씀에 붙들린 사람들이 역사를 이루어 간다는 것입니다. 예수를 이만큼 믿었으면 깨달음이 있어야 합니다. 역사를 만든 이 말씀을 제쳐두고 어디에서 능력을 받겠습니까? 성경을 모르면 인생 전체를 놓친 것입니다. 복음의 능력을 반드시 만나시기를 주의 이름으로 축원합니다.

　제가 목회를 12년 정도 해보니까 교회 안에는 이상한 사람들이 있는 것을 알게 되었습니다. 본인이 혹시 그 사람이 아닌지 잘 점검해 보시기를 바랍니다. 이런 사람들입니다. 다른 사람들은 능력을 받습니다. 다른 사람들은 말씀과 기도와 예배에서 능력 받고 삶 자체가 변해 갑니다. 모습이 변하고 가정생활이 변해 갑니다. 그런데 자기는 이렇게 말합니다.

　"저렇게 열심을 내고 돌아다니는 것은 어리석어서 그런 것이고, 나는 똑똑하여 적당히 다니면서 절대 변하지 않는다."

　뜨겁고 은혜에 잠기는 사람을 보면 저렇게 해보아야 아무것도 아닌데 아직 잘 몰라서 저러는 것으로 알고 있습니다. 그러나 자기는 자기 자리를 지키는 것조차 힘들어합니다. 그런데 능력 받는 사람을 보고는 어리석다 하고 자기는 똑똑해서 안

변한다고 생각합니다. 무슨 말씀인지 아시겠습니까? 교회 안에는 믿기지 않게도 이러한 어리석음이 있습니다.

성경은 능력의 원천

성경이 무슨 이야기입니까? 말씀의 능력으로 사는 사람들의 전기입니다. '여기 착한 사람들이 이렇게 있었다'고 적고 있는 것이 아닙니다. '여기 지식이 많은 사람들이 이렇게 있었다'가 아닙니다. '여기 권력이 있는 사람들이 있었다'도 아닙니다. 그런 이야기를 하는 것이 아닙니다. 말씀의 능력에 붙들린 사람들이 어떻게 하나님의 역사를 만들어 왔는가에 대한 증거가 바로 성경입니다.

말씀의 능력에 붙들려 버린 사람들, 잘 보십시오, 바울이 이런 기도를 합니다. 성도를 위하여 기도하는데 이런 기도를 합니다.

"그의 힘의 강력으로 역사하심을 따라 믿는 우리에게 베푸신 능력의 지극히 크심이 어떤 것을 너희로 알게 하시기를 구하노라"(엡 1:19).

말씀 속에 역사하시는 하나님의 능력이 얼마나 크고 위대한지 그냥 능력이 아닌 "그의 힘의 강력으로 역사하심을 따라"라는 표현을 사용하고 있습니다. 이것은 문장을 멋있게 만들고자 하는 것이 아닌 그 능력의 크심을 우리에게 알게 하기 위한 표현입니다. 이렇게 기도하는 사람은 그 능력을 체험한 사람입니다. 체험을 했기 때문에 능력을 가지지 않은 사람을 향하여 안타깝게 말하고 있는 것입니다.

안 가진 사람은 할 말이 없습니다. 안 가진 사람에게 온갖 말을 해도 소용이 없습니다. 안 가졌으면 구해야 합니다. 다른 이유나 말은 다 무용합니다. "가진 사람은 어떻게 저것을 가졌을까? 주여! 나도 구하나이다. 주여! 나도 찾나이다. 주여! 나도 사모하나이다." 그 말밖에 할 말이 없습니다. 교회 왔다갔다 하면서 다른 것을 찾을 것도, 다른 말을 할 것도 없습니다. 오직 복음의 능력과 그리스도의 비밀을 체험하시기를 주님의 이름으로 축원합니다.

함께 해보는 정리

하나님은 우리가 온전히 누릴 때까지 역사하십니다

나를 위해 자기 몸을 버리신 그리스도를 내가 만났을 때 하나님에 대한 인식이 새로워집니다. 그 하나님은 내가 잘못하지 않는가를 지켜보다가 벌이나 주는 그런 하나님이 아닙니다. 그리스도 안에서 만나는 하나님은 인간을 복되게 창조하셨고 인간이 복됨을 누릴 수 있도록 모든 것을 이루셨습니다. 우리가 그것을 온전히 누릴 때까지 자기 자신을 우리를 위하여 주기를 아까워하지 않는 하나님을 그리스도 안에서 만난다는 것입니다.

그러므로 '그리스도를 만났는데 나는 기쁨이 없다, 그리스도를 만났는데 내 삶에는 소망이 없다, 그리스도를 만났는데 내 삶에는 능력이 없다' 는 말을 할 수 없습니다. 이는 모순된 말입니다. 그리스도를 만난 사람에게는 반드시 능력의 역사가 나타나게 되어 있습니다.

이 시대는 경건의 모양은 있으나 경건의 능력은 없는 시대이기 때문에 성도 여러분은 주의해서 우리 스스로 믿음 안에 있는가를 시험해 보고 확증해보아야 합니다. 우리 스스로 돌아보는 지혜가 있어야 합니다. "그리스도 안에서 인간을 복되게 창조하셨고 그 인간이 복됨을 누릴 때까지 쉬지 않으시는 하나님을 듣지 못하였느냐? 알지 못하였느냐?"고 했습니다. 땅끝까지 창조하신 여호와 너희 하나님은 졸지도 않으시고 주무시지도 않으시고 피곤한 자에게 힘을 주시고 무능한 자에게는 능력을 주신다고 선포합니다. 할렐루야! 이것은 놀라운 은혜입니다.

세상에 태어난 인생은 다 이런 생각을 가지고 있습니다. 이 세상은 너무나 거대하고 이 거대한 세상을 살아가기에 나는 너무나 부족하고 무능한 점이 많고 다른 사람에 비하면 잘난 것이 아무것도 없다는 것입니다. 그렇게 생각하면 삶은 평생 어려워지게 되어 있습니다. 자기 스스로 자기는 안 된다고 판단하고 저주하며 결정해 놓았는데 무엇이 그에게서 열매를 맺을 수 있겠습니까? 그리스도를 만나는 순간 하나님은 나를 영광스럽게 창조하셨고 나에게 영광스러운 은혜를 부어 주셨으며, 영광스러운 사랑으로 지금도 나를 사랑하시되 끝까지 나를 사랑하시는 것을 깨닫게 됩니다. 그 확신 안에서 그리스도의 이름으로 나아가는데 무엇이 두렵겠습니까? 놀라운 전환이 이루어지는 것입니다.

하나님의 일은 예는 예, 아니오는 아니오 하는 것입니다

예인 것을 예라고 할 수 있는 것은 용기요 능력의 시작입니다. 우리는 자칫 다음과 같은 잘못된 생각을 가지기 쉽습니다. '이때까지의 나를 볼 때 나는 저주받은 것 같습니다. 이때까지의 나를 볼 때 다른 사람에게는 좋은 일이 일어나지만, 나에게는 절대로 좋은 일이 일어나지 않을 것입니다. 다른 사람은 새로워지고, 변화되고, 은혜 받고, 능력 받아도, 나는 안 될 것입니다.' 그러한 생각을 하는 사람이 그 다음부터는 어떤 일을 하겠습니까? "능력 받는 것, 그런 것은 있지도 않아!" 하고 부인합니다.

왜 그렇게 말합니까? 능력은 주어지지만 내가 못 받을 것을 생각하면 상처가 되기 때문입니다. 무슨 말인지 이해가 가십니까? 능력을 못 받을까봐 걱정이 되어서 능력 받기를 미리 부인하는 성도들이 많습니다. 그러나 오직 그리스도 안에는 모든 것을 할 수 있는 능력이 반드시 있으며 구하는 자는 반드시 받습니다. 그러므로 하나님의 일은 "예"인 것을 예라고 인정하는 것에서 시작됩니다.

하나님의 일을 하라고 하는 것은 자기 직업이나 생업을 버리고 선교지에 나가라고 하는 것이 아닙니다. 선교지에 나가는 것도 하나님 일이 아닐 수 있고 자기 영업을 하는 것이 하나님 일이 될 수도 있습니다. 언제 그렇습니까? 하나님 안에서 하나님의 사람으로 살아가느냐 그렇지 않으냐 하는 문제입니다. 따라서 하나님의 일은 형태나 형식의 문제가 아니라 본질의 문제입니다.

하나님의 일은 또 아닌 것을 아니라고 하는 것입니다. 내가 할 수 있는 것은 아무것도 없습니다. 오직 내가 할 수 있는 것은 아닌 것을 아니라고 하는 것입니다. 세상에 대해서 아닌 것은 아니라고 해야 합니다. 그것은 포기하거나 중단하라는 것이 아닙니다. 순수하게 있는 그대로 인정하라는 것입니다.

세상은 나에게 이렇게 말합니다. "공부 열심히 해라! 공부 열심히 해야 출세한다! 공부 열심히 해야 행복하다"라고 합니다. 그러나 하나님 안에서는 공부는 필요하고 좋은 것이지만 공부가 행복의 필요충분 조건은 아니다, 행복은 더 원천적인 것이라고 사실 그대로 말하는 것입니다. 돈을 많이 벌어야 행복한 것이 아닙니다. 돈 많이 번 것 때문에 망한 가정이 얼마나 많은지 모릅니다. 저의 짧은 목회생활 가운데 돈 때문에 문제가 되어서 상담을 받은 가정이 수십 가정이 됩니다. 세상은 나를 보고 '돈이 있어야 행복하다'고 합니다. 그러나 성경은 돈으로 행복한 것이 아니라고 분명히 증거합니다.

그리스도인들이 열심히 돈을 법니다. 그러나 돈을 버는 일 자체 속에서 하나님이 허락하신 것을 즐기고 누리는 것이지 자신이 인정받기 위해 돈 버는 것이 아니라는 것입니다. 기도하면 기도하는 것입니다. 기도해서 사람들에게 믿음을 보이려고 해서는 안 됩니다. 그것이 바로 하나님의 일입니다. 우리의 유일한 일은 하나님과 하나님께서 이루신 일을 누리는 것입니다. 그것이 바로 참된 나, 즉 하나님의 나를 누리는 것입니다.

복음의 능력을 아는 것은 문자적인 설명을 아는 것이 아닙니다

우리 교회 성도 여러분은 특별히 주의하시기를 바랍니다. 제가 말씀 묵상을 열심히 해서 여러분들에게 가르쳐드리면 듣고 그냥 아는 것으로 그칩니다. 제가 진수성찬에 대해서 말씀을 드렸다고 합시다. 그러나 여러분이 먹지 않으면 아무 소용이 없습니다. 어떤 약이 있습니다. 한 알씩 먹게 되면 10년씩 젊어진다고 설명을 해드렸습니다. 어떻게 만들며 재료는 어떻고 효과는 어떻고 몸 안에서 어떻게 작용한다는 것을 다 말해드려서 이제 다 이해하여도 먹기 전에는 성도 여러분은 그 약과 아무 상관이 없습니다.

복음의 능력은 문자적으로 설명을 들어서 아는 것이 아니니다. 복음의 능력은 만나야 아는 것입니다. 하나님의 나라는 말에 있지 아니하고 오직 능력에 있습니다. 살아 계신 그리스도를 만나고 능력 있는 삶을 사시기를 축원합니다. 지금까지의 목회생활에 있어서 안타까운 것은, 저의 목회 에너지의 상당 부분을 그냥 교회에 와서도 하나님의 일을 보지 못하고 사람의 일 때문에 시험에 든 사람들의 상한 마음을 달래드리는 일에 사용한 것입니다. 우리 교회의 열두 돌 후에도 목회를 계속 그런 식으로 해나간다면 저나 여러분에게 불행한 일이 될 것입니다.

저의 목회 에너지 100%가 하나님의 이름으로 담대히 나아가서 이 땅을 아름답게 하는 그런 성도들을 세우는 일에 쏟아 부어지기를 원합니다. 동시에 성도들의 신앙 에너지 100%가 자신이 복되고 이 땅을 축복하는 성도로 세움받는 일에 사용되기를 바랍니다.

이민교회는 하나님의 일을 하는 데 시간을 너무 지체하였습니다. 계속 주저앉아 있으면 38년 된 병자가 되는 것입니다. 이민자의 삶 속에 얼마나 힘들고 아픈 일이 많습니까? "일어나 걸어라" 하는 하나님의 역사를 선포하여 가정을 회복시키고 심령을 치유하여서 한인 이민자들을 하나님의 뜻으로 세우는 교회가 되어야 하겠습니다.

복음을 만날 때 중요한 일이 한 가지 이루어집니다. 마귀의 저주 아래에 있던 삶이 하나님 나라의 자녀로 옮겨지는 것입니다. 복음을 만날 때까지 나를 위하여 죽으신 하나님, 나를 복되게 창조하시고 나를 복되게 세우시기 위해서 자기의 모든 것을 쏟아부으신 하나님을 알지 못하고 하나님의 은총 밖에서 고아와 같이 유리 방황합니다. 그러나 복음을 만나면서 나를 사랑하시는 하나님을 만나고 그 사랑 안에 거합니다. 그 사랑을 모를 때에는 내 안에 있는 두려움과 상처와 절망 가운데 거했습니다. 그리고 그것이 나에게 저주가 되었습니다. 내가 세상 안에 있을 때에는 무엇을 하여도 두려움과 아픔으로 열매 맺었지만, 하나님의 사랑 안에 있으면 무엇을 해도 순전한 기쁨으로 하기 때문에 모든 것이 선이 됩니다.

그러므로 우리가 착하게 사느냐 착하게 살지 않느냐의 문제가 아니라는 것입니다. 우리가 율법을 얼마나 지키느냐 아니냐가 아닙니다. 우리의 삶이 얼마나 윤리적이냐 아니냐가 아닙니다. 그리스도 안에 있지 않으면 아무리 착해도 의가 되지 않고 죄가 됩니다. 그리스도 안에 있으면 말썽을 피워도 의가 됩니다. 그래서 요한일서 3장 8절에서 다음과 같이 말씀하고 있습니다.

"하나님의 아들이 나타나신 것은 마귀의 일을 멸하려 하심이니라"

그리스도께서 우리의 가슴에 나타날 때까지 마귀는 우리 가운데에서 권세를 행사합니다. 이 세상에서 마귀의 권세가 깨어지는 곳은 예수 그리스도의 십자가밖에 없습니다. 아무리 도를 많이 닦고 지식이 많아도, 아무리 권력이 많아도 그것으로는 마귀의 권세가 깨어지지 않습니다. 그리스도 안에 나타나신 하나님의 사랑을 만날 때 우리를 속이고 종 노릇 하게 만들었던 마귀의 권세가 깨어집니다. 자유함을 누리시기를 주의 이름으로 축원합니다. 따라서 복음을 떠나는 것은 하나님의 은혜를 떠나는 것입니다.

"그리스도의 은혜로 너희를 부르신 이를 이같이 속히 떠나 다른 복음 좇는 것을 내가 이상히 여기노라"(갈 1:6).

복음의 유일성이 능력입니다

교회에 와서 하나님의 은혜를 받고 하나님의 말씀을 깨닫습니다. 그러나 그 깨달음은 내가 능력이 있어서 깨닫는 것이 아니라 하나님이 깨달을 수 있는 은혜를 주실 때 깨달을 수 있습니다. 그러므로 내가 할 수 있는 말은 "주여! 나는 은혜 받기에 합당치 못합니다. 주님! 나는 깨달을 수 있는 존재가 아닙니다" 하는 고백밖에 없습니다. 하나님을 만나면 "주여! 나를 떠나소서! 나는 죄인이로소이다" 라는 말밖에 할 말이 없습니다.

교회에 와서 자기가 무엇을 할 수 있다고 한다든지, 무엇을 하고 있다든지, 무엇을 하는 것처럼 느껴진다든지 하면 이러한 것은 자신의 능력 안에 있는 것입니다. 그러나 자기의 능력으로 무엇을 하는데 무슨 능력이 나타나겠습니까? 내가 나의 능력으로 무엇을 하는 것이 아니라 하나님의 능력에 100% 붙들림을 받아야 능력이 나타납니다.

복음의 능력이 능력으로 되지 못할 때는 언제입니까? 교회사 2000년을 보면 복음이 교회법 아래 들어간다든지, 교회 전통 때문에, 교회 이해관계, 혹은 시대상황 때문에 타협해 버릴 때입니다. 복음은 시대에 따른 상황에 대해 능동적인 대처를 할 수 있는 능력을 가지고 있습니다. 그것은 교회가 시대에 맞추어 타협하는 것과 다릅니다. 어떤 사람이 상황에 맞추어 재빨리 변해 버리는 것과 그 안에 자유함이 있어서 누구를 만나든지, 어린 아이든지 대통령이든지 자유함을 가지고 교통할 수 있는 것과는 다릅니다.

사도 바울과 같이 "유대인에게는 유대인과 같이 헬라인에게는 헬라인과 같이 율법이 있는 자에게는 율법이 있는 자와 같이 율법이 없는 자에게는 율법이 없는 자와 같이" 대처하는 것과, 사람 눈치 살피느라 카멜레온과 같이 변하는 것과는 다릅니다. 복음 속에는 능동적으로 그 시대에 대처하는 능력이 있습니다.

　복음의 능력이 능력 되지 못할 때는 복음의 유일성(전체성)이 타협될 때입니다. 복음이 전부입니다. 이는 사랑의 특성과도 같습니다. 사랑은 순도가 100%일 때 참사랑입니다. 만약 어떤 남편이 아내에게 너무나 잘해 준다고 합시다. 얼마나 잘해 주는지 감탄할 정도입니다. 그런데 그 남편에게 아내 외에 다른 여자가 있다고 하면 그것은 가짜보다 더 나쁩니다. 99.9%로 되는 것이 아닙니다. 복음은 100%가 되어야 합니다. 사랑은 100%가 되어야 합니다.

　복음은 하나님의 사랑이 우리에게 나타나신 것입니다. 복음에 무엇을 보탤 생각을 해서는 안 됩니다. 복음의 능력을 만나시기를 주님의 이름으로 축원합니다. 혹시라도 우리 중에 신앙생활을 해주느라고, 주일날 예배드려 주느라고, 헌금해 주느라고 수고하는 사람이 있다면 "Thank you for no thank you"입니다. 한 사람이 와도, 열 사람이 모여도 100% 복음에 사로잡힌 사람이 모이면 역사를 만듭니다.

　불순물이 끼어들면 더 안 좋아집니다. 숫자로 하나님의 역사가 이루어지지 않습니다. 오늘날 교회는 이것을 모릅니다. 13억이 넘는 크리스천을 가지고도 다른 종교를 라이벌로 생각하고 있습니다. 살아 계신 하나님을 모신 사람들이 다른 종교를 라이벌로 생각할 수 있습니까? 있을 수 없는 일입니다. 오히려 불쌍히 여기고 그리스도의 사랑으로 더욱 품어 주고 싶은 마음을 가져야 하지 않겠습니까? 복음의 유일성이 타협되거나 그 주체성이 부인될 때 교회는 정치성, 경제성, 문화성

등이 섞이게 되어 생명의 복음이 종교로 전락되고 맙니다. 복음을 만나십시오.

저는 성도들에게 '믿으라고' 설득하는 사람이 아닙니다. 믿고 싶다고 믿어지는 것이 아닙니다. 믿음은 하나님의 선물입니다. 선물을 받기 위해서는 우리가 할 수 있는 일이 한 가지 밖에 없습니다. 사모하고 구하는 것입니다. '기쁜 소식'은 사모하고 구하는 자에게 값없이 주어진다는 약속입니다. 모든 예배 하나하나가, 모든 기도 하나하나가 목마른 사모함으로 드려져야 합니다. 교회에서 왜 양육과 훈련과 세미나를 하겠습니까? 성도들을 초청하는 것은 하나님이 복되게 창조하신 모든 것을 다시 복으로 회복하게 하기 위해서입니다. 사모하고 구하여서 복음의 능력을 반드시 만나는 삶이 되시기를 주님의 이름으로 축원합니다.

하나님을 사랑하는 사람의 명제는 단 하나입니다. 그것은 은혜를 받아야 된다는 것입니다. 은혜 받기 전까지는 사랑을 모르며, 사랑받기 전까지는 자유를 모르며, 자유하기 전까지는 능력과 복을 모릅니다.

갈|라|디|아|서|강|해(상권)

제4강
은혜로 나를 부르신 이

갈라디아서 1장 11~24절

형제들아 내가 너희에게 알게 하노니 내가 전한 복음이 사람의 뜻을 따라 된 것이 아니라 이는 내가 사람에게서 받은 것도 아니요 배운 것도 아니요 오직 예수 그리스도의 계시로 말미암은 것이라 내가 이전에 유대교에 있을 때에 행한 일을 너희가 들었거니와 하나님의 교회를 심히 핍박하여 잔해하고 내가 내 동족 중 여러 연갑자보다 유대교를 지나치게 믿어 내 조상의 유전에 대하여 더욱 열심이 있었으나 그러나 내 어머니의 태로부터 나를 택정하시고 은혜로 나를 부르신 이가 그 아들을 이방에 전하기 위하여 그를 내 속에 나타내시기를 기뻐하실 때에 내가 곧 혈육과 의논하지 아니하고 또 나보다 먼저 사도 된 자들을 만나려고 예루살렘으로 가지 아니하고 오직 아라비아로 갔다가 다시 다메섹으로 돌아갔노라 그후 삼 년 만에 내가 게바를 심방하려고 예루살렘에 올라가서 저와 함께 십오 일을 유할새 주의 형제 야고보 외에 다른 사도들을 보지 못하였노라 보라 내가 너희에게 쓰는 것은 하나님 앞에서 거짓말이 아니로라 그후에 내가 수리아와 길리기아 지방에 이르렀으나 유대에 그리스도 안에 있는 교회들이 나를 얼굴로 알지 못하고 다만 우리를 핍박하던 자가 전에 잔해하던 그 믿음을 지금 전한다 함을 듣고 나로 말미암아 영광을 하나님께 돌리니라

바울의 간증

본문 말씀은 바울의 간증입니다. 1장 11~12절은 간증의 이유, 13~17절은 간증의 내용, 18~24절은 간증의 결과, 즉 간증 이후의 삶의 진행에 대하여 설명하고 있습니다. 오늘 말씀은 첫째는 간증 자체, 둘째는 생각을 돕는 질문, 그리고 마지막으로 함께 정리하는 순으로 나누겠습니다.

먼저 사도 바울은 "내가 전한 복음이 사람의 뜻을 따라 된 것이 아니라 이는 내가 사람에게서 받은 것도 아니요 배운 것도 아니요"라고 했습니다. 우리는 이 말씀에 따라서 우리의 신앙을 점검해 보아야 하겠습니다. "내가 가진 신앙이 사람에게서 받고 사람에게서 배운 것은 아닌가?" 하고 말입니다. 물론 신앙이 사람으로부터 오는 것이지 사람으로부터 오지 않는 신앙이 어디 있겠습니까? 그러나 사람에게서 배운 것이 사람에게 속한 것으로 끝나기도 하고, 사람을 넘어서 하나님께 속한 것이 되기도 합니다.

또 바울은 자신이 전하는 복음이 사람에게 속한 것이 아니라 오직 예수 그리스도의 계시로 말미암은 것이라고 했습니다. 그렇다면 내 신앙이 사람에게서 나거나 듣거나 배운 것이 아니라 그리스도의 계시로 된 것이어야 하는데, 도대체 계시란 무엇입니까?

종교가 아닙니다

사도 바울의 간증의 내용(13~17절)은 먼저 자신이 유대교에 있으면서 교회를 핍박하던 자라는 것입니다. 그 핍박의 이유는 '내가 이전에 유대교에 있을 때'라고 하는 것처럼 자신이 유대교라는 종교 안에 있었기 때문이었습니다.

오늘날 많은 사람들이 기독교라는 종교 안에 있습니다. 그러나 인간이 만든 종교는 우리의 삶에 구원도 능력도 되지 못합니다. 사람은 마음을 존귀하고 선하게 사용할 때에 자기 자신의 가치를 느낍니다. 비록 그렇게 살지는 못하여도 예배 때에 좋은 말씀을 듣고 삶에서, 할 수 없는 것은 어쩔 수 없다 할지라도, 될 수 있는 대로 좋은 일을 하면서 살면 좋은 것이 아닌가라고 생각합니다. 물론 그것은 좋은 것이지, 나쁜 것은 아닙니다. 혹 그러한 분이 있다면 바울의 간증을 주의 깊게 살펴 보십시오.

바울이 "내 속에 자기를 나타내시기를 기뻐하신다"라고 고백한 것과 같이 살아 계신 하나님이 내 안에 오신 후 주어지는 자유와 해방과 능력을 맛보고 알고 누릴 수 있어야 합니다. 그것은 오직 하나님께서 내게 임하실 때에 일어나는 일입니다. 주일날 예배에 출석하고 가능한 한 선한 마음을 가지고 살면 몸과 마음의 건강을 약간은 얻을 수 있을 것입니다. 그러나 그렇게 사는 것이 내 삶의 문제를 궁극적으로 해결하는 자유함과 해방과 죄사함을 누리게 하지는 못합니다.

골로새서 1장 26~27절을 보면 우리 안에 계신 놀라운 소망이 있습니다.

"이 비밀은 만세와 만대로부터 옴으로 감취었던 것인데 이제는 그의 성도들에게 나타났고 하나님이 그들로 하여금 이 비밀의 영광이 이방인 가운데 어떻게 풍성한 것을 알게 하려 하심이라 이 비밀은 너희 안에 계신 그리스도시니 곧 영광의 소망이니라."

다시 말하면 만세와 만대로부터 옴으로 감취었던 비밀이 있는데 그 비밀은 너희 안에 계신 그리스도니 곧 영광의 소망이 라는 말씀입니다. 내 노력과 내 깨달음의 종교가 아니라 살아 계신 하나님께서 내 안에 오셔야만 합니다. 내 속에 자기를 나타내기를 기뻐하시는 하나님을 영접하고, 그 하나님의 영역이 내 안에서 자라갈수록 내 안의 자유와 능력도 자라갑니다.

이러한 새 삶은 나를 버리는 것이 아닙니다. 하나님께서 내 안에 임하시면 '옛사람 나'를 버리고 하나님이 좋아하시는 '새사람 나'만을 만드시는 것이 아닙니다. 나도 버리고 싶은 '옛사람 나'를 하나님께서 받으시고 품으셔서 그 '옛사람 나' 속에 있는 모든 가능성을 영광스럽게 피어나게 하십니다.

우리가 기억할 것은 바울은 끝까지 유대인으로 살았던 사람이라는 것입니다. 바울은 유대인임을 버리지 아니하였습니다. 그는 유대인과 유대 종교인으로서 그리스도를 만나자 유대 종교 안의 피어나지 못했던 모든 소망이 피어났습니다. 즉, 그리스도의 생명으로 충만해진 새로운 하나님의 사람이 되었습니다. 그는 자신이 종교인이던 때를 다음과 같이 표현합니다.

"유대교에 있을 때에 행한 일을 너희가 들었거니와 하나님의 교회를 심히 핍박하여 잔해하고 내가 내 동족 중 여러 연갑자보다 유대교를 지나치게 믿어"(갈 1:13~14).

혹시 우리 중에 기독교를 지나치게 믿는 사람은 없습니까? 지나치게 기독교를 믿어 세상에서의 삶과 가정을 돌보는 것은 하나님의 일이 아닌 것처럼 생각하지는 않습니까? 하나님께서 채워 주시는 만족함이 아니라 자기 스스로 열중하여 광신적으로 교회에 다니면서 내 속의 허함을 종교로 채우는 이들은 없습니까? 그러한 사람들의 특징은 조금 그렇게 하다가 인내와 의지가 얼마나 굳세느냐에 따라서 일정 기간이 지나면 해보아도 별볼일이 없다고 하면서 정반대 쪽으로 나가 버립니다. 그리고 아주 김빠지고 맥빠진 상태로 돌아갔다가 나중에 마음에 부담이 되면 다시 회개했다고 하면서 이쪽저쪽, 좌우로 왔다갔다합니다. 그런 사람들은 굉장히 피곤한 삶을 삽니다. 이와 같이 믿는 것이 피곤하신 분들은 살아 계신 하나님의 능력이 우리에게 어떻게 임하시며 어떻게 살아서 역사하시는지 말씀을 통해서 꼭 만나시기를 바랍니다.

　살아 계신 하나님께서 바울에게 임하셨을 때 바울로 하여금 종교를 버리게 한 것이 아니라 그 종교가 실제로 추구하였던 그 삶의 본질 안으로 바울을 인도하신 것입니다. 살아 계신 하나님을 만난 것은 한 종교에서 또 다른 종교로의 이동이 아니라 헛되게 가졌던 그 삶의 본질이 회복되는 것입니다.

하나님의 임하심입니다

　바울은 "지나치게 믿어……더욱 열심히 하였다"고 했습니다. 유대교 종교생활의 도가 지나쳤던 나를 하나님께서 부르셨다는 고백입니다. 바울의 간증은 그가 다메섹에 올라갈 때 무슨 일이 일어났느냐를 말하는 것이 아닙니다(not what happened).

　만약에 저에게 바울과 같은 일이 일어났다면 저는 이렇게 했을 것입니다. 다메섹에 올라갈 때 유대인이 최고로 여기는 하나님의 영광(쉐키나)이 내게 임하였다는 것을 많은 사람들에게 강조했을 것입니다. 어쩌면 아주 겸손한 태도로 조심스럽게 "하나님의 영광이 내게 임하였다" 할 것입니다. 사람들의 간증을 들어보면 대개 자신에게 무슨 일이 어떻게 일어났는지를 장황하게 설명합니다. 그러한 간증 속에는 반드시 자신도 모르게 자신의 자랑이 강조되어 있습니다.

바울은 자신에게 무슨 일이 있어났는가를 결코 이야기하고 있지 않습니다. 또는 내가 무엇을 느꼈는가(nor what I have felt), 즉 내가 하나님의 영광이 임할 때 내 심령이 어떻게 되었는가와 같은 이야기도 전혀 없습니다. 그러나 바울은 하나님께서 내 안에서 무엇을 행하셨는가(but what God has done)를 말하고 있습니다. 바울은 갈라디아서 1장 15절과 16절에서 이렇게 표현하고 있습니다.

"그러나 내 어머니의 태로부터 나를 택정하시고 은혜로 나를 부르신 이가 그 아들을 이방에 전하기 위하여 그를 내 속에 나타내시기를 기뻐하실 때에."

이 말씀은 한 마디 한 마디마다 한 권씩의 신학서적이 될 수 있는 표현들입니다. 제가 사도 바울의 말을 읽어드릴 때 말씀 한 마디 한 마디가 여러분의 가슴에 와닿는다면 여러분은 그 말씀을 분명히 이해하시는 것입니다.

예를 들면 요즘 <뉴욕 타임즈>에는 북한 문제로 인하여 한국 관련 기사가 많이 나옵니다. 신문에서 다른 나라의 여러 사건들은 읽어도 지나쳐 버립니다. 그리고 읽을 때는 무슨 내용이었는지를 이해하지만 신문을 접자마자 다 잊어버립니다. 그러나 한국에 관한 기사는 가슴으로 알기 때문에 기사를 읽을 때 가슴에 와닿습니다. 어떻게 보면 그 기사를 쓴 기자보다 훨씬 더 잘 이해합니다. 기사의 내용을 넘어선 단계에서 이해할 뿐만 아니라 가슴으로 느끼게 됩니다.

이와 같이 이미 알고 있는 것은 그 내용의 실재성이 가슴으로 느껴집니다. 모르면 단어의 나열에 불과합니다. 다시 한 번 15절과 16절을 읽어 보겠습니다.

"그러나 내 어머니의 태로부터 나를 택정하시고 은혜로 나를 부르신 이가 그 아들을 이방에 전하기 위하여 그를 내 속에 나타내시기를 기뻐하실 때에."

 이 말씀이 무슨 말인지 가슴으로 느껴지면 감격의 눈물이 흐를 수밖에 없을 것입니다. 이 말이 단순히 단어로만 여겨진다면 아무 감격이 없을 것입니다. 하지만 느낌이 없다고 하더라도 걱정할 필요는 없습니다. 구하고 찾고 두드리는 자에게 하나님은 반드시 만나 주십니다. "하나님! 내가 하나님을 만나기를 원합니다" 하고 간절히 찾는 사람을 하나님은 결코 외면하지 않으십니다.

 내 속에 나타난 구원은 사람에게서 받은 것이 아니요, 사람에게서 배운 것이 아니요, 사람에게서 말미암은 것도 아닙니다. 나를 태초부터 만드시고 내 생명의 참아버지가 되시고 유일한 참사랑이 되시며, 정죄하지 않으시고 반드시 만나 주시고 사랑해 주시는 하나님을 만날 때까지 내 생명과 내 인생에는 결코 구원의 빛이 밝혀지지 않습니다. 구원의 의미를 우리들이 지금까지 교회에서 배운 교리적이고 신학적으로만 해석하면 너무나 제한됩니다.

> 내 생명이 자유해지고
> 내 생명이 하나님의 평강과 안식 속에 거하기 시작하면
> 두려움과 수치감으로 살던 내가
> 이제는 연약함에도 불구하고
> 심령과 삶의 담대함으로 살아가기 시작합니다.
> 이것은 내 가슴에 하나님께서 오시기까지
> 결코 이루어지지 않습니다.
> "당신을 내 안에 나타내시기를 기뻐하시는 구원의 하나님!

내 가슴이 당신을 사모합니다."
나는 당신으로 목말라합니다.

참사랑이신 구원의 하나님을 만나게 되는 것이 사람에게서 난 것이 아니라는 말은 사람과 상관이 없다는 이원론적인 말이 아닙니다. 분명히 복음은 사람을 통해서 왔습니다. 이전에 사람을 통해서 받았을 때는 사람밖에는 보지 못하였습니다. 그러나 내 눈이 열리고 보니까 그 사람 뒤에 하나님이 계시다는 것을 알게 됩니다. 구원의 하나님께서 그렇게도 나에게 나타내기를 원하심을 보며 알게 된다는 것입니다.

시작은 홀로서기입니다

"또 나보다 먼저 사도 된 자들을 만나려고 예루살렘으로 가지 아니하고 오직 아라비아로 갔다가"(갈 1:17).

유대인이 가지는 일생일대의 소원은 하나님의 영광을 만나는 것입니다. 사도행전 7장을 보면 아브라함이 하란에 있을 때, 모세가 호렙 산에 있을 때 하나님께서 자기를 나타내셨다고 하였습니다. 사도 바울이 바로 그 하나님의 영광을 만났습니다.

만약 제가 바울과 같이 하나님의 영광을 만났다면 예루살렘으로 바로 올라갔을 것입니다. 예루살렘으로 올라가서는 많은 사람들에게 먼저 부지런히 간증을 할 것입니다. 만나는 사람마다 간증을 할 것입니다. 드디어 모세와 아브라함과 사무엘과 다윗과 선지자들에게 임했던 하나님의 권능이 내게도 임했음을 어떻게 하든지 자꾸 나타냈을 것입니다. 그 다음에 베드로, 요한, 야고보를 보면서 "저들이 고기나 잡을 줄 알았지 무엇을 할 줄 알겠는가? 어쩌다 운이 좋아서 예수님이 갈릴리에 계시는 바람에 오다가다 걸렸지. 저들이 무슨 자격이 있느냐? 나는 가말리엘 문하가 아니냐?" 하면서 큰소리쳤을 것입니다.

바울이 속했던 가말리엘 문하는 유대교 전통에서 선지자를 제외하고는 당대 최고의 권위를 나타냅니다. 그 당시에 문하에 있다는 것은 소수의 제자를 평생을 두고서 가르치는 것을 말합니다. 유대인들은 가말리엘을 선지자의 맥을 이은 정통으로 인정했습니다. 그래서 유대인에게 있어서는 가말리엘 문하에 있었다는 말 한 마디면 그 권위에 완전히 굴복하게 되어 있습니다. 만약 저 같았으면 유대인들이 그렇게도 소원하는 영광의 주님을 만난 것을 자랑삼아 날마다 믿는 자의 수가 더해 가는 예루살렘 교회에 올라가서 내가 그 교회의 담임목사를 맡는 것이 당연하다고 생각했을 것입니다.

그러나 바울은 예루살렘으로 올라가지 않고 아라비아로 갔습니다. 그곳에서 하나님 앞에 홀로 섰습니다. 하나님 앞에 홀로 설 때 어떤 일이 일어납니까? 바로 회개와 겸비함이 일어납니다. 우리는 예수님을 처음 만나면 그분이 하나님의 존귀하심으로 나를 창조하셨다는 것과, 내가 그 존귀함을 누리도록 하기 위하여 자기와 자기 자신의 모든 것을 아낌없이 나에게 내어 주셨음을 깨닫게 됩니다. 따라서 주님의 그 사랑 앞에서 나의 허위와 위선을 비로소 만납니다.

참사랑을 만나기 전에는 사람들을 내 뜻대로 움직이고 내가 원하는 대로 나를 보도록 조종하려 합니다. 보이려고 합니다. 그러나 절대로 그러한 일은 일어나지 않습니다. 나이가 40이 넘어서도 내가 조종하는 대로 사람들이 나를 보아 줄 것이라고 생각하는 사람은 어리석은 자 중에 어리석은 자입니다. 이렇게 말할 수 있는 것은 제가 그러했기 때문입니다. 머리가 좋을수록 아주 교묘하게 속일 수 있다고 생각합니다. 사람들에게 자기가 원하는 이미지, 즉 허상과 우상을 만들어 내는 데 평생을 다 소비합니다. 허상과 우상을 만들기 위해서 동원할 수 있는 모든 것을 동원합니다. 지식, 경험, 종교, 사상, 철학을 동원합니다. 저는 속이는 자의 길을 누구보다도 철저하게 가 보았던 사람입니다. 따라서 누구보다도 그 허무의 정체와 그 결국을 속속들이 압니다.

사도 바울이 말한 "내 어머니의 태로부터 나를 택정하시고 은혜로 나를 부르신 이가 그 아들을 이방에 전하기 위하여 그를 내 속에 나타내시기를 기뻐하실 때에"라는 표현은 하나님을 만난 자가 아니면 할 수가 없습니다. 이것은 배워서 할 수 있는 표현이 아닙니다. 이것은 하나님을 만난 자요 하나님의 가슴을 가진 자의 표현입니다.

하나님의 영광을 만나면 태초부터 나를 기다려 오신 하나님, 내가 하나님을 몰랐을 때에도 나를 사랑하신 하나님의 가슴과 만납니다. 그리고 우리의 만남은 우연이 아님을 깨닫게 됩니다. 사도 바울의 고백은 바로 그 하나님을 만났을 때 흘러나온 고백입니다. 그 고백이 가슴에 흐를 때 허무한 세상 것들은 쓰러지고 사랑의 하나님만이 부각(close-up)됩니다. 그 시간이 우리로 하여금 하나님 앞에 홀로 서게 합니다.

하나님 앞에 홀로 서게 되면 내가 아무것도 아닌데 얼마나 겹겹이 감싸 온 존재인가를 알게 됩니다. 그래서 바울은 하나님의 영광을 체험함으로써 너무나 멋지고 완벽하게 자신을 드러낼 수 있었지만 그 모든 것을 뒤로하고서 하나님 앞에 홀로 섰습니다. 홀로 서서 회개와 겸비의 시간을 가졌습니다.

하나님 앞에 홀로 서게 되면 내가 얼마나 못된 사기꾼인지를 알게 됩니다.

'내가 얼마나 허무한 인간인가? 내가 얼마나 텅빈 인간인가? 내 삶이 얼마나 가난한가? 내 삶이 얼마나 메마른가? 아무것도 아닌 내가 얼마나 가식적으로 무엇인가 있는 것처럼 살아왔던가? 내가 아무것도 아닌데 얼마나 겹겹이 감싸 온 존재인가?'

드디어 통곡의 울음이 나오기 시작합니다. 베드로의 통곡의 울음이 터지기 시작하고 겸비해지기 시작합니다. 그리고, 편안해집니다.

신앙생활의 문제가 어디에 있는지 아십니까? 처음 예수 믿고 나서부터 하나님 앞에 홀로 섬이 없으면 사람들 앞에서 먼저 허상과 이미지를 만들기 시작합니다. 사람들 앞에서 아는 척해야 하고, 된 척하며, 믿는 척해야만 합니다. 거짓으로 자꾸 꾸미다 보면 진짜 자신이 그런 줄 알고 착각하게 됩니다. 거짓말을 익숙하게 하는 사람은 그 거짓말을 자기가 믿습니다. 그렇게 되면 그것은 정말로 비극의 시작이 됩니다. 그래서 결국은 사기극이 되고 맙니다. 사람들 앞에서는 얼마나 멋이 있는지 모릅니다. 그러나 혼자 있을 때는 어떻게 됩니까? 그 심령 속에는 무엇이 돌아가고 있겠습니까?

하나님의 영광을 만났어도 훈련은 받아야 합니다

바울은 예루살렘으로 가지 않고 아라비아로 갔습니다. 간증의 결과가 18~24절에 나옵니다. 사도 바울이 아라비아에서 3년을 보내고 난 후 예루살렘으로 올라갔습니다. 예루살렘에 올라가서는 주의 형제 야고보 외에는 아무 사도도 만나지 않았다고 하였습니다. 왜 이 말을 합니까? 사람들이 사도 바울을 보고 이렇게 말할 수 있기 때문입니다.

"당신이 무슨 사도냐? 당신은 예수님과 같이 지낸 적이 없었고 당신이 지금 예수 그리스도의 부활을 증거하는 것은 어디서 듣고 하는 말이 아니냐? 사도들에게 배운 것이 아니냐?"

주의 형제 야고보는 예수님이 십자가에 못박히실 때까지는 예수님을 믿지 않았던 사람입니다. 어떻게 믿겠습니까? 어릴 때부터 같은 집에서 자라면서 형제들간에 다투기도 하면서 살았을 것입니다. 그런데 어느 날 갑자기 그 형이 자기가 메시아라고 하는 것입니다. 다니엘서에서 말하는 '인자'가 자신이라고 하는 형을 어떻게 받아들일 수 있습니까? 예수님이 돌아가실 때까지 동생 야고보는 믿지 않았습니다. 야고보는 부활하신 주님을 만나고서야 예수님을 믿었습니다.

사도행전 8장을 보면 예루살렘 교회에 핍박이 임해서 모든 사람이 다 흩어졌다고 하였습니다. 이때 사도들도 남아 있다가 한 사람씩 흩어져 나갔습니다. 그러나 마지막으로 남은 사람이 주의 형제 야고보입니다. 초대교회의 전승에 의하면 "내가 주님이 살아 있을 때에도 주님을 부정하였는데 주님 돌아가셨는데도 부정할 수 없다" 하면서 모두가 피난하였을 때 예루살렘 교회를 끝까지 지키다가 주후 62년경에 순교했다고 합니다. 바울이 그 주의 형제 야고보 외에는 만난 적이 없다고 하였습니다. 20절을 보면 사도 바울 자신의 간증이 "하나님 앞에서 거짓말이 아니로다" 라고 확증합니다.

바울은 그후 길리기아와 수리아로 갔습니다. 수리아의 수도인 안디옥과 길리기아의 수도인 다소로 갔습니다. 그곳에 올라가서는 10년 동안 하나님으로부터 현장 실습을 받습니다. 길리기아에서 예수 그리스도가 하나님의 아들임을 증거하였습니다. 그런데 바울이 복음을 증거한 후 열매가 있었습니까? 열매가 없었습니다.

복음을 증거하였더니 유대인들이 바울을 죽이려고 하였습니다. 그래서 바울이 놀라서 광주리를 타고 도망합니다. 이러한 바울의 모습을 빌립보 성도들에게 "나의 간절한 기대와 소망을 따라 아무 일에든지 부끄럽지 아니하고 오직 전과 같이 이제도 온전히 담대하여 살든지 죽든지 내 몸에서 그리스도가 존귀히 되게 하려 하나니"(빌 1:20)라는 말을 할 때의 바울과는 약간의 차이가 있습니다. 또한 "결박과 환난이 나를 기다린다 하시나 나의 달려갈 길과 주 예수께 받은 사명 곧 하나님의 은혜의 복음 증거하는 일을 마치려 함에는 나의 생명을 조금도 귀한 것으로 여기지 아니하노라"(행 20:23~24) 하는 바울과도 차이가 있습니다.

하나님께서 바울을 10년간 현장에서 실습시킨 후에 그를 세우신 것입니다. 이때부터 바울이 증거하는 곳에는 성령의 능력과 큰 확신이 가득 차게 되었습니다. 이 훈련 후에 바울이 가는 곳은 하나님께서 임하시는 곳이 되고 '교회'라는 열매가 맺어졌습니다. 바울은 이 10년 동안의 훈련 기간을 통해 온전히 붙들림 받은 삶으로 세움받게 됩니다. 그리고 간증의 결과로서 24절에 "나로 말미암아 영광을 하나님께 돌리니라" 하였습니다.

함께 생각해 보는 질문

은혜의 비밀을 아십니까?
우리의 삶에 왜 힘이 없습니까? 살아 계신 하나님을 영접했는데, 하나님이 내 안에 계신데, 하나님의 역사와 권능이 왜 나에게 나타나지 않습니까? 하나님의 은혜의 비밀을 체험하지 못했기 때문입니다. 간단한 것입니다. 은혜! 은혜가 무엇인지 모릅니다. 은혜의 비밀을 알지 못합니다.

성경을 기가 막히게 잘 가르치는 사람이 은혜의 비밀을 모를 수가 있습니다. 실제 그러한 사람들을 종종 만납니다. 성경 안에도 그런 사람이 있습니다. 아볼로가 바로 그런 사람입니다. 사도 바울이 아볼로가 그리스도를 가르친 에베소와 그 위에 있는 지방으로 다녔습니다. 그곳에 있는 사람들은 아볼로에게 성경을 배웠습니다. 아볼로는 바울보다 성경을 훨씬 잘 가르치는 사람이었습니다. 그는 성경은 잘 아는데 말씀의 능력이 없었습니다. 그래서 사도 바울이 에베소 성도들에게 이렇게 묻습니다. "너희가 믿을 때에 성령을 받았느냐?" 말씀이 지식(information)으로 임했느냐, 아니면 네 삶을 새롭게 하는 능력(transformation)으로 임했느냐는 질문입니다. "네가 무엇을 이해한 것이냐 아니면 하나님의 사랑에 붙들림을 받았느냐"는 것입니다. 성도 여러분, 은혜의 비밀을 알고 있습니까?

하나님의 은혜가 내게 임하면 평안과 위로가 임합니다.
독기와 분기가 사그라집니다.
정죄가 없어집니다.
왠지 기분이 좋습니다. 자꾸 너그러워집니다.

내 안의 독기와 분기가 안 빠지면 겉으로는 멋있게 보이지만 무엇인가 일이 터지면 폭발해 버립니다. 슬픔, 허무, 절망이 사라져야 합니다. 내 자신이 아무리 도를 닦아도 이러한 것은 없어지지 않습니다. 잠시 잠재울 수는 있습니다. 이것이 없어지는 것은 나를 정죄하지 않고 받아 주시는 하나님의 사랑을 만날 때입니다. 사랑 안에 들어가면 분기와 독기가 녹아져 버립니다. 받아야 할 모든 위로가 임하기 시작합니다. 그렇게도 무기력하게 느껴지던 내 자신이 이상하게 열정으로 빛나기 시작합니다.

그런데 은혜가 무엇입니까? 은혜는 예배드리고 기분이 좋아지는 것입니까? 기도를 많이 하고 기분이 좋아지는 것입니까? 그리스도인들이 은혜를 그런 식으로 이해하기 때문에 뜬구름 잡는 이야기를 하는 사람들로 치부당합니다. 속이 뻔히 보이는데 "이러이러한 은혜를 받았네! 무엇이 되었네! 그러니까 당신도 믿어라!" 합니다. 그런 사람들은 너나 잘 믿으라는 소리를 듣기가 십상입니다.

은혜가 무엇입니까? 사도 바울은 우주와 역사를 인도하고 계시는 하나님의 경륜을 만난 것이 은혜라고 합니다. 하나님의 경륜을 만나면 하나님께서 아브라함을 왜 부르셨는지, 이스라엘 백성을 왜 세우셨는지, 왜 수많은 선지자들이 외쳤는지를 눈앞에 밝히 보기 시작하는 것입니다.

신약성경을 읽어 보면 '경륜'이라는 말이 얼마나 많이 나오는지 모릅니다. 이 단어를 많이 읽었지만 다 지나쳐 버립니다. 그 뜻을 모르기 때문에 지나쳐 버립니다. 뜻을 안다면 하나님의 가슴이 나에게 느껴집니다. 하나님의 경륜을 내 속에서 만나고 그 경륜 안에서 나를 발견하며 내가 어머니 뱃속에서 단세포 DNA로 정착되는 순간, 더 나아가서는 창세 전부터 나를 향하고 계신 하나님의 계획을 보는 순간 내가 나를 만들려는 모든 허무한 몸부림에서 자유함을 얻습니다. 즉 하나님의 '경륜'과 하나님의 경륜 안의 '나'를 발견하는 것이 바로 '은혜의 비밀' 입니다.

창세 전부터 나를 향하고 계신 하나님의 계획을 보는 순간 내가 나를 만들려는 모든 허무한 몸부림에서 자유함을 얻습니다.

    은혜의 비밀을 발견하는 순간에
    엎치락덮치락하는 삶의 고난과 갈등과 교만과 열등의식이
    잠잠해지기 시작합니다.
    그리고 평안해지기 시작합니다.
    더 이상 경쟁적으로 살지 않습니다.
    내가 나 된 것을 누리는 것만으로도 시간이 짧습니다.
    남하고 시시비비할 필요가 없어집니다.
    그 사람은 그 사람의 길을
    나는 나의 길을 갑니다.
    다른 사람을 축복하기 시작합니다.
    내가 나인 것이 대견스러워지기 시작합니다.

은혜의 비밀을 만난 순간에 세상에 있는 사람들이 갈등하는 것은 아직 하나님의 은혜를 만나지 못해서인 것을 이해하게 됩니다. 그리고 아직 하나님의 은혜를 보지 못해서임을 압니다. 은혜의 비밀을 많은 말로 설명할 필요가 없습니다. 말한다고 알 리가 없습니다. 말한다고 깨달아진다면 이보다 더 좋을 것이 없을 것입니다. 그러나 하나님의 은혜를 만날 때까지 기다릴 수밖에 없습니다. 그냥 한 마디쯤은 던져줄 필요가 있을지 모르겠습니다. 방향은 '저쪽'이라고. 그 이상은 말로 해도 도움이 되지 않습니다. 모든 것이 은혜의 비밀을 만날 때만이 가능합니다.

'비밀'이라는 말이 신약성경에 얼마나 많이 나오는지 모릅니다. 그리고 '경륜'이라는 말과 '계시'라는 말이 무수하게 나옵니다. 그런데 우리는 이러한 말을 다 스쳐 지나갑니다. 왜 그렇습니까? 은혜의 비밀을 만나지 못했기 때문입니다.

함께 해보는 정리

바울의 전환(conversion)은 그의 개인적 경험이며 우리 모두를 위한 모델이 아닙니다

우리가 혹시라도 다메섹 도상에서 하나님의 영광을 만난 바울을 나의 모델로 삼아서 나도 그러한 일이 일어나야 한다고 생각한다면 엉뚱한 곳으로 가게 됩니다. 사건의 모양은 그렇게 나타나지 않아도 됩니다. 중요한 것은 본질입니다. 본질은 그 사건이 어떤 모양으로 일어났느냐가 아닌 하나님의 경륜이 무엇이며 하나님의 경륜 안에서 자기가 누구인가를 만난 것입니다. 이러한 본질을 아는 것이 중요합니다.

바울이 다메섹 도상을 가다가 하나님의 영광을 만났고 빛이 비취고 음성이 들렸다는 것이 본질이 아니라는 것입니다. 왜 그렇습니까? 사도 바울의 고백을 보십시오.

"그를 내 속에 나타내시기를 기뻐하실 때에 내가 곧 혈육(any human)과 의논하지 아니하고"(갈 1:16).

그가 체험한 사건에 대하여 혈육, 즉 사람들과 의논하지 않았다는 것은 모든 사람의 모델이 아닌 개인적인 경험이라는 것입니다. 하나님의 경륜과 경륜 안에서 나를 만나는 것은 중요하지만 바울의 다메섹 사건의 형태가 나에게 중요하거나 반드시 일어나야 하는 것은 아닙니다.

생각해 보시기 바랍니다. 바울의 개종(사실 개종이 아닌 전환임)은 영향력 면에 있어서 콘스탄틴의 개종보다 몇천 배를 능가하는 것이었습니다. 콘스탄틴은 로마제국의 황제로서 자신이 먼저 기독교로 개종하고 로마제국 자체를 기독교로 바꾸어 버렸습니다. 그러한 콘스탄틴에게 있었던 개종의 영향력이 사도 바울에게 있었던 개종의 영향력보다 발뒤꿈치도 못 미친다는 것입니다. 오히려 콘스탄틴의 개종은 교회를 어둡게 하였던 일이 수도 없이 많이 있습니다. 바울의 개종은 얼마나 놀라운 것인지 모릅니다. 바울의 개종으로 인하여 전 세계의 모든 어두운 역사를 복음으로 비추었으며 지금도 그 생명 역사는 계속되고 있습니다. 하나님의 경륜과 그 경륜 안에서 자기를 발견하는 것은 이토록 중요합니다.

바울의 전환은 '헷가닥'이 아닙니다

어떤 이들은 거듭남을 설명할 때 본래의 내가 완전히 부정되는 '헷가닥'이라는 말을 잘 사용합니다. 그러나 거듭남은 헷가닥이 아닙니다. 바울의 전환도 헷가닥이 아닙니다. 바울은 예수님을 만나기 전에도 열정이 있는 사람이었고 열심과 순결과 사명감이 넘쳐 하나님을 사랑하고 민족을 사랑하는 사람이었습니다. 예수님을 만난 다음에도 똑같았습니다. 우리는 이 점에 대하여 잘못 이해하고 있습니다. 바울이 예수님을 만나기 전에는 깡패 두목이었는데 예수를 만난 순간 천사 같은 성자가 되었다고 생각합니다. 이러한 이상하게 변질된 이미지, 즉 이원론적인 이미지가 때로는 우리를 아주 잘못 생각하게 만듭니다.

마약중독자가 깡패 생활을 하다가 예수를 믿게 되면 교회에서 굉장한 일이라 여기면서 간증을 시킵니다. 잘 아셔야 합니다. 깡패는 예수를 믿어도 그 속은 여전히 깡패입니다. 하나님을 만났으면 철저하게 회개하고 홀로 서서 바르게 훈련을 받아야 합니다. 훈련으로 새 습관과 태도가 정립되기 전까지는 여전히 옛사람의 생각과 습관이 그를 지배하고 있습니다. 그 안에 하나님의 생명이 온전히 나타날 때까지는 여전히 깡패 생각을 하고 깡패짓 하면서 삽니다. 겉으로는 자신을 약간 감출 수 있지만 여전히 그 속은 깡패입니다. 사기꾼이 예수를 믿어도 여전히 그 속은 사기꾼입니다. 도둑이 예수를 믿어도 여전히 그 속은 도둑입니다. 예수를 믿으면 그 속에 새 역사는 시작되지만 마술같이 순간적으로 마귀가 천사가 되는 것이 아닙니다.

바울의 전환은 헷가닥, 즉 자기 부정이 아니라 총체적인 자기 긍정입니다. 퍼즐의 완성과도 같습니다. 예수를 만나게 되면 내가 어디에서 헤매고 다녔는지, 내가 왜 허무로 살고 있었는지 주님의 계시의 빛 가운데 그대로 드러납니다.

사도 바울이 예수님을 만나기 전까지 예수님의 죽음과 부활을 몰랐습니까? 그는 소문으로 알았습니다. 몰랐다가 알게 된 것이 아닙니다. 죽음과 부활을 소문으로 알았는데 그것이 그리스도의 사랑의 빛 안에서 새롭게 조명된 것입니다. 예수 그리스도를 만나면 옛것은 다 부정되어 없어지고 하나님께서 새로운 나를 내 속에 집어넣어 주시는 것이 아닙니다.

예수님을 만나게 되면 지금까지 하나를 이루지 못했던 나, 살면서 내 안의 갈등과 내 안의 횡포에 시들어 가던 나에게 "아하!" 하고 깨닫게 되는 순간이 있습니다. 모든 흩어졌던 조각들이 한 개의 잘 조화된 그림으로 나타납니다. 왜 내가 있는지, 왜 그토록 아프고 험한 길들이 내게 있었는지 보입니다. 내가 보이면 눈물이 흘러나옵니다. 그리고 그 눈물 속에서 웃을 수 있게 되고 나를 괴롭혔던 그 모든 정죄가 물러간 것을 알게 됩니다. 이제 뜨거운 확신이 가슴을 채웁니다. 이제는 자유하다는 것을 가슴으로 압니다.

사도 바울에게 이러한 전환의 순간이 임한 것은 그가 예수님을 만나기 전에도 그것을 찾았던 신실한 사람이기에 이루어진 것입니다. 진리에 대한 목마름 하나 없이 자기 자신 하나도 책임지지 못하는 방탕하고 무기력한 삶을 살다가 예수만 믿으면, 감정적 희열이나 좀 느끼고서 이제는 다 된 것처럼 삶이 헷가닥 되었다,라고 하는 것은 유치한 코미디에 불과합니다. 그런 사람은 예수님을 만나게 되면 이제부터라도 진지하게 자신을 돌아보고 허무한 과거를 아파하고 애통하며 생명의 삶을 추구해야 합니다. 먼저 자신을 쳐서 말씀에 복종시키면서 날마다 스스로 죽는 아픔이 없는 헷가닥의 선포가 오늘의 신앙을 값싼 신앙으로 전락시키고 있습니다.

많은 사람들이 거듭남에 대한 본질적인 이해도 없이 갑작스런 헷가닥, 즉 값없는 전환과 고난 없는 새 삶을 선전해서 사람을 모으려고 합니다. 그래서 연예인이 믿었다든지, 흉악범이 믿었다든지 하면 검증도 없이 무조건 간증을 시킵니다. 한 마디로 교회의 선전 도구로 사용하는 것입니다.

뉴욕에서도 그러한 일들이 수도 없이 많았습니다. 마약하다가 돌아선 사람을 각 교회에서 불러서 간증을 시키곤 했습니다. 그것을 가지고 안 믿는 사람들을 끌어 모으려고 하였습니다. 복음의 능력을 알지 못하니까 그런 자극제를 동원하는 것입니다. 그런데 그러한 사람들은 자신이 간증할 때 많은 사람들이 "아멘" 하니까 자신이 무엇이 된 줄로 착각합니다. 결국 어떻게 되었습니까? 거듭남에 대한 본질적인 이해도 없고 근본 뿌리가 없으니 조금만 올라가도 넘어집니다. 넘어질 때는 하나님의 영광을 더 크게 가립니다. 이런 일들이 뉴욕에서만 해도 한두 번 일어난 것이 아닙니다.

바울의 전환은 총체적인 자기 긍정인 퍼즐의 완성입니다. 더 이상 허무에 떠내려가고 더 이상 허무에 굴복하는 삶이 아니라 하나님 안에서 나는 누구이며 나는 어디로 가는지를 압니다. 처음에는 비틀거릴지 몰라도 한 발자국씩 옮길 때마다 힘이 생기기 시작합니다. 마귀가 더 이상 열등의식이나 수치감으로 나를 공격하지 못합니다. 마귀가 공격하면 흔들릴 수 있습니다. 그러나 이제는 담대히 말할 수 있습니다. "예수의 이름으로 명하노니 너를 속이는 권세는 물러갈지어다" 하고 담대하게 선언할 수 있습니다.

하나님의 은혜를 체험한 사람은 하나님 외에 다른 것은 더 이상 중요하지 않습니다. 하나님의 은혜를 체험한 사람은, "내가 나에게 유익하던 모든 것을 해로 여길 뿐만 아니라 모든 것을 잃어버리고도 내가 그리스도를 위하여 배설물로 여기는 것은 내 주 그리스도를 아는 것이 내게 가장 고상함이라"고 고백합니다(빌 3:7~8). 여기서 고상이라는 말은 가장 최고의 가치를 둔다는 것입니다. 내가 그리스도를 만나고 그리스도를 아는 것이 전부인 것입니다.

하나님의 은혜의 비밀을 만난 사람은 하나님 아닌 것은 전부 다 상대화되어 버립니다. 그것 때문에 열등의식을 갖게 되거나 그것 때문에 경쟁의식을 가지지 않습니다. '내가 지금은 패배

했지만, 너는 지금 나를 멸시하지만, 내가 언젠가는 너에게 나를 보여 주겠다' 하는 내 가슴의 허무한 거품들이 다 가라앉습니다. 드디어 내 속에 은혜와 평강이 임하기 시작합니다.

우리는 예수를 믿게 되면 이상하게도 과거의 것은 쓸데없고 버려지는 것으로 압니다. 하나님을 만나면 버릴 것이 아무것도 없습니다. 하나님께서 오히려 쓸모없이 살아온 내 삶을 다 주워 담아서 새롭고 아름답게 하시기 때문에 내가 버리고 멸시했던 내 과거까지도 이제는 사랑으로 끌어안는 통전적 자기긍정이 일어납니다. 그것이 바로 거듭남입니다.

바울의 전환은 개인적인 사건이 아니라 하나님의 경륜의 비밀과의 연결입니다

사적이고 개인적인 개종은 성경적이지도 않을 뿐더러 거듭남도 아닙니다. 내가 예수 그리스도를 만났다는 말은 내가 이제 종교적인 개종을 했다는 말이 아닙니다. 그러한 개종은 성경 안에 없습니다. 우리는 다음과 같이 생각하기 쉽습니다. "일단 예수를 믿었으니 죽으면 천당 가는 것은 보장되었고 그 다음에는 언젠가는 성숙해지고 언젠가는 은혜를 받으면 예수 그리스도의 능력과 사랑으로 살아갈 수 있을지도 모른다"라고 말입니다. 믿었으니 구원은 받았으나 예수님처럼 현재가 아니라 '언젠가' 라고 생각합니다.

언젠가는 이루어질 것이라고 여깁니다. 현재가 아니고 언젠가라고 생각합니다. 언젠가 하나님께서 나에게 은혜를 주시며 능력을 주시고 '때가 되면' 이라고 생각합니다. 그러나 그것은 사기입니다. 스스로를 속이는 것입니다. 절대로 그러한 일은 일어나지 않습니다. 예수 그리스도를 만나는 순간에 내가 버렸던 내 삶을 내가 끌어안을 뿐만 아니라 그 안에 이미 나는 누구이며 무엇을 위해서 살아가는 어떠한 존재인지를 알게 되며, 그때부터 걸음이 옮겨지기 시작합니다. 하나입니다. 나누어지지 않습니다. 1단계나 2단계의 구원이 따로 있는 것이 아닙니다. 일단 믿고 나중에 살아야지 하는 것이 바로 이단입니다.

다음에 갈라디아서 3장 8절에서는 "하나님이 이방을 믿음으로 말미암아 의로 정하실 것을 성경이 미리 알고 먼저 아브라함에게 복음을 전하되 모든 이방이 너를 인하여 복을 받으리라" 하였습니다.

사람이 언제 제일 복이 됩니까?
나로 인하여 다른 사람이 복을 받을 때 복이 됩니다.
아내가 나로 인하여 복을 받을 때 나는 복된 남편입니다.
이웃이 나로 인하여 복을 받을 때 나는 복된 사람입니다.
다른 이들이 나로 인하여 복을 받을 때 나는 신명납니다.
사는 맛이 납니다.

하나님이 아브라함을 부르실 때 그가 복될 뿐만 아니라 하나님이 이미 복의 근원으로 삼으셨습니다. 아브라함을 부르신 순간부터 그를 통하여 모든 민족에게 복을 주시려는 하나님의 역사는 이미 시작되었습니다. 선지자들이 거듭 선포하는 것이 무엇입니까?

"내가 또 너로 이방의 빛을 삼아 나의 구원을 베풀어서 땅끝까지 이르게 하리라"(사 49:6하).

이 말씀은 '하나님의 빛을 모르는 모든 민족이 너로 말미암아 내 영광의 빛을 만나게 하겠다' 는 선포입니다. 하나님을 만나는 순간에 내 삶이 왜 존재하는지를 깨닫습니다. 그래서 자신을 하나님의 복의 도구와 그릇으로 내어드리고 그 안에 담대히 거합니다. 그때에 누려지는 것이 살아 계신 하나님입니다.

자신을 향한 하나님의 경륜을 만났다는 것은 운명론적인 이야기가 아닙니다. 액면 그대로 하나님의 경륜을 만나는 것입니다. 그리고 그 경륜을 만나고 보니 이제 내가 해야 할 일이 자명해진 것입니다. 하나님이 내 인생 코스를 다 정해 놓았다는 것이 아니라 내 가슴이 하나님의 가슴을 만나고 보니 이제는 그 길 외에 내가 달리 선택해서 살 길이 없어진 것을 알게 됩니다. 이제 나에게 그 길을 떠나라 하면 죽으라는 것보다 더한 고통이 됩니다. 그 이유는 그 길을 떠나서는 내게 아무런 기쁨이 없기 때문입니다. 하나님의 참된 진리와 생명의 자유를 만나 본 사람은 이 세상 권세를 다 준다고 해도 더 이상 옛 허무로 돌아가서 그 속에서 살 수 없음을 알게 됩니다.

그러면 하나님의 경륜이 무엇입니까? 아주 오묘하고 심오해서 특별한 사람이나 깨우칠 수 있는 것입니까? 특별한 사람만이 깨우칠 수 있다고 하는 사고방식(mentality)에서 모든 이단이 나왔습니다. 이단의 특징은 자기들만이 특별한 계시를 깨우쳤다는 것입니다. 그것은 무지하고 보지 못하기 때문에 그렇게 말하는 것입니다.

생명의 특성은 보편성입니다. 살아 있으면 누구나 누리는 것입니다. 일류학교를 졸업하고 IQ가 300이면 특별한 생명이고, 학교를 다니지 못했거나 정신장애인이면 할인가격의 생명입니까? 천만의 말씀입니다. 숨쉬고, 밥 먹고, 잠자고, 사랑하고, 슬퍼하고, 아파하고, 기뻐하는 것은 누구에게나 똑같습니다. 이 생명의 보편성을 무시할 때 삶은 불행해집니다. 사람에게 어떤 조건을 덧붙였다고 해서 생명의 본질적인 가치를 바꿀 수는 없습니다.

마찬가지로 하나님의 경륜도 보편적입니다. 그 경륜은 하나님께서 모든 사람이 복 받기를 원하시는 것입니다. 하나님께서 아브라함을 선택한 이유는 그를 통해 만민이 복 받게 하시려는 것입니다. 하나님께서 이스라엘을 세우신 이유도 이스라엘을 통해 천하 만민을 구원하시기 위한 것입니다.

바울은 그 경륜을 보는 순간, 즉 하나님의 안타까운 가슴을 만나는 순간, 자신의 갈 길이 정해져 버린 것입니다. 바울은 이제 그 길에서 죽어도 행복한 사람이 되었습니다. 이렇게 정해진 길에 대하여 바울은 자신의 결단이라고 하지 않고 '하나님의 부르심'이라 고백하고 있습니다. 왜입니까? 하나님의 안타까운 가슴을 만났을 때에 바울은 자신의 가슴 속에 있는 하나님의 음성을 들었기 때문입니다. "내가 누구를 보내며 누가 우리를 위하여 갈꼬"(사 6:8) 하는 하나님의 음성이 그의 가슴에 부딪혀 그를 사로잡아 버렸습니다. 그가 선택한 결단이었지만 하나님의 사랑과 하나님의 가슴에 자신의 가슴이 빼앗긴 결단이었습니다.

계시란 감출 수 없는 생명으로 나타납니다

기도할 때 어떤 것이 보였다거나 들렸다는 것이 계시가 아닙니다. 사도행전 7장에서 스데반이 순교하기 전에 이렇게 증거합니다.

"너희가 하나님께서 어떻게 역사를 인도해 가시는가를 보지 못하고 있기 때문에 오는 선지자마다 돌로 쳐죽이지 않느냐? 어떻게 그렇게도 못 볼 수 있느냐?"

그리고 스데반처럼 하나님의 계시가 임한 가슴은 어떠한 모습으로든지 그 생명이 나타날 수밖에 없습니다. 경륜을 알았기 때문에 돌에 맞아서 죽는데도 얼굴이 천사같이 빛났습니다. 다시 말하면, 하나님의 경륜이 자신에게 계시되고 그 경륜과 함께하는 것을 알았을 때에는 고통 속에서도 폐할 수 없는 확신의 평강이 나타나는 것입니다.

그런데 우리 모두에게 스데반이나 바울과 같은 모양으로 하나님의 경륜이 나타날 수도 없고 그럴 필요도 없다는 것을 알아야 합니다. 그러나 분명히 깨달아야 하는 것은 하나님의 경륜이 깨달아진 가슴이나 하나님의 계시가 임한 가슴은 어떠한 모습으로든지 그 생명이 나타날 수밖에 없다는 사실입니다. 갓난아이라고 생명이 나타나지 않고 어른이라고 해서 반드시 생명이 나타나는 것이 아닌 것처럼 생명이 있는 사람이라면 누구에게나 그 생명이 나타날 수밖에 없습니다.

하나님의 뜻, 하나님의 섭리, 하나님의 비밀, 하나님의 경륜이 어떻게 표현되든 그것이 우리 가슴에 밝혀지면, 즉 계시가 임하면 그것은 반드시 생명의 역사로 나타나는 것입니다. 삶의 열매로 나타나지 않는 계시를 계시라고 할 수 있겠습니까? 하나님의 새 생명이 내게 임하였는데 어떻게 그것이 나타나지 않을 수 있습니까?

저는 대학 캠퍼스에서 예수님을 만났습니다. 예수님을 만나고 난 저의 모습은 저의 가족의 표현을 빌린다면 한 마디로 '미쳤다' 는 것이었습니다. 저는 경제적으로 어려웠기 때문에 많은 시간 동안 아르바이트를 하면서 학교를 다녔습니다. 미국에 도착한 후 1년 반이 지나서 설계사무소에서 일자리를 얻을 수 있을 때까지 두 가지의 파트타임 일을 하였습니다. 하나는 새벽시간에 뉴스 스탠드에 나가서 신문을 만드는 일이었습니다. 출근하는 사람들에게 만든 신문과 담배와 캔디 파는 일을 하였습니다. 이 일을 마치면 바로 학교에 갑니다. 그리고 학교 수업이 끝나면 오후에 다시 일을 하러 갑니다. 7시 반에 일을 끝내면 말씀을 배우러 다녔습니다. 그리고 밤늦게 집에 들어갔다가 새벽 5시 반이면 뉴스 스탠드로 다시 나갑니다. 제가 어느 정도로 시간이 없었는지를 짐작할 수 있을 것입니다.

예수님을 만나고 나서 주일날 교회, 토요일 청년회 성경공부, 금요일 기도회, 목요일 KCF 성경공부, 수요일 삼일예배, 화요일 CCC 모임 등 7일 중에 월요일 하루를 빼고는 성경공부나 모임에 하루도 빠진 적이 없습니다. 누가 가라고 해서 간 것이 아닙니다. 말씀이 목말라 견딜 수가 없었습니다. 그러한 3년 동안 전도에 미쳤습니다. 지하철을 타면 좌우를 보면서 어느 쪽 분이 예수님을 모를까를 생각한 후 예수님을 전하기 시작했습니다. 물론 사도 바울이 길리기아에서 전도하여 실패한 것과 같이 저도 전도에 많은 실패를 하였습니다.

한번은 하나님께 배신감을 느끼고 하나님을 떠난 적도 있었습니다. 캠퍼스에서 제가 전도하고 제자훈련을 시킨 남학생이 여학생들에게 온갖 못된 짓을 했던 사실이 드러났습니다. 그동안 하나님의 이름으로 그 심령을 새롭게 하고 양육했다고 기뻐하였던 저에게는 대단한 충격이었습니다. 속과 겉이 완전히 다른 결과를 보았습니다.

전도의 열정은 있었지만 지혜가 없으니 어리석은 일을 많이 했습니다. 제가 예수를 영접한 지 2년 후에 사랑하는 선배님이 JFK 공항에 도착하였습니다. 그 선배님은 굉장히 지도력이 있었던 분입니다. JFK 공항으로 마중을 나간 저는 짐을 찾는 정신없는 와중에 그 선배에게 전도를 하였습니다. 공항에서 나와 식당에 가서 밥을 먹을 때도 전도를 하였습니다. 그 다음에도 만나기만 하면 선배님에게 전도하였습니다. 그 선배님은 상당히 인격적인 분이셨는데 하루는 "학권아, 너 예수 믿어서 참 열심인 것을 보니 보기가 좋다. 그러나 우리 둘이 만났을 때는 우리 이야기도 하자"고 하였습니다. 그런데 그 이야기가 저에게는 들리지 않았습니다. 저에게 지혜가 없었습니다.

종교에 지나치게 열성적이라 생명은 약해지고 자기 아집만 강해졌던 것입니다. 그러다가 그 선배님과 어느 날 식당에서 만났을 때입니다. 그날도 저는 열심히 전도만 하였습니다. 당시 저는 차가 없고 그 선배님은 차가 있었습니다. 선배님께서 차로 저의 집에 내려다 주면서 "학권아, 너와 나는 앞으로 만나지 않는 것이 좋겠다" 하는 것이었습니다. 그 순간 제가 무슨 일을 했는지 정신이 번쩍 들었습니다. 이러한 이야기는 수도 없이 많습니다. 저는 전도하는 데 지혜롭지 못하였습니다. 그러나 내 속에 있는 생명을 감추고 있을 수는 없었습니다.

바울이 10년 동안 길리기아와 수리아에서 예수를 증거했습니다. 그리스도인들을 박해하던 그가 복음을 열심히 증거했지만 생명의 역사가 일어나지 않았습니다. 그러나 생명의 역사는 반드시 미숙한 기간을 거치게 되어 있습니다. 분명한 것은 생명이 임하면 감출 수가 없다는 것입니다. 자라는 어린아이에게 가만히 있으라 하면 그 아이는 죽을 것입니다. 생명은 감출 수가 없습니다.

저는 새벽 한시에 학교 도서관에서 나와 지하철을 타고는 열차 안에 있는 홈리스들에게 전도를 하였습니다. 홈리스들은 악취가 고약하기 때문에 그냥 가까이 가는 것조차 괴로운 일입니다. 그래도 그 사람들이 깨어 있기만 하면 전도하고, 잠이 들어 있으면 그 품에 봉투를 하나 넣어 줍니다. 그 봉투에는 5달러짜리와 다음과 같은 내용이 적힌 메모지 한 장이 들어 있습니다.

"이 세상의 모든 사람이 당신을 잊어버렸다고 당신은 생각하고 있습니다. 그러나 당신을 기억하시는 분이 계십니다. 그 분은 당신을 사랑하는 하나님이십니다. 그 증거는 하나님이 나를 당신에게 보낸 것입니다. 하나님이 당신을 사랑하시고 기억하고 계심을 잊지 마십시오."

그 당시 저는 점심값이 아까워서 점심을 먹지 않고 공부하던 때입니다. 그러나 그것이 저에게는 기쁨이었습니다. 저의 모습은 미숙하였고 엉터리였습니다. 그러나 나에게 임한 생명을 감출 수가 없었습니다.

하나님 앞에 홀로 선 자가 세상 앞에서 능력이 있습니다

바울이 예수님을 만나고 나서 예루살렘으로 가지 않고 아라비아 광야로 갔습니다. 하나님 앞에서 자신의 허무와 거짓을 본 사람은 힘이 빠집니다. 하나님께서 새 힘을 주실 때까지 아무것도 할 수 없어집니다. 오직 하나님의 새 힘을 바라는 것 외에는 아무것도 할 것이 없어집니다. 우리에게서 거짓으로 자신을 세우고 자신을 주장하려고 하는 거품이 빠지지 않는 한 하나님의 은혜를 아무리 받아도 우리의 삶은 허무의 열매, 썩어짐의 종 노릇이 되고 맙니다. 그래서 하나님 앞에서 이러한 거품이 빠지는 홀로의 순간이 회개와 겸비의 시간이 되고, 드디어 참된 위로가 임하기 시작하고, 드디어 나로부터 독기와 분기가 빠지고 하나님의 사랑의 능력이 나타납니다.

저는 저의 인생의 어두운 시간에 굉장한 분노와 복수심에 불탔습니다. 특정한 사람들을 향한 것이 아니라 그냥 온 세상을 향해서 언젠가 무엇인가를 보여 주겠다는 야심이 저에게 있었습니다. 예수님을 만나고, 성경공부를 하고, 자라나고, 신학교를 나오고 교회를 개척할 때까지 저의 근본 동기는 야심이었습니다. 그때의 야심은 정직한 야심이었습니다. 비열하게 앞에서 다르고 뒤에서 다른 야심이 아니었습니다. 그러나 분명히 야심이었습니다.

목회 10년이 지나니까 그러한 야심을 넘어서기 시작했습니다. 이제는 내 자신이 중요해졌습니다. 내가 내 자신에게 떳떳한 것이 내게 소중해졌습니다. 내가 나를 존귀하게 여기지 못하는 이상 여기에 백만 명의 교인이 출석하는 교회를 이루어 놓아도 나는 내 속에서 여전히 목마를 것입니다.

내가 하나님 앞에서 얼마나 자족하는가가 중요해졌습니다. "배부름과 배고픔과 풍부와 궁핍에도 일체의 비결을 배웠노라" 또한 "내게 능력 주시는 자 안에서 내가 모든 것을 할 수 있느니라"는 말을 고백하기를 원하고 있습니다. 하나님 앞에 홀로 선 자가 세상 앞에서 능력이 있습니다. 자기 허상의 거품이 빠지고 자신이 자신일 수 있는 자족함이 참능력입니다.

사랑하는 성도 여러분! 하나님은 나를 사랑하셔서 나를 창조하셨고 그 사랑의 하나님이 지금도 나로 복되기를 원하시고 나로 말미암아 수많은 사람들이 복 받기를 원하십니다. 이 복음의 능력, 이 소박한 생명의 역사를 누리시기를 축원합니다.

많이 알라고 하는 것이 아닙니다.
모든 것에 능하라는 것이 아닙니다.

높은 자리에 올라가라고 하는 것이 아닙니다.
다른 사람보다 뛰어나라고 하는 것이 아닙니다.
무엇을 깨달아 모르는 것이 없게 하라는 것이 아닙니다.
생명은 아주 소박한 것입니다.
그저 자신이 자신일 수 있으면 그 무엇도 우리로 넘어지게 할 수 없습니다.

소박한 생명에 너무나도 아름답게 임하는 하나님의 은혜를 누리십시오. 생명을 소박하고 기름지게 하고 아름답게 하는 복음의 능력을 알고 만나고 누리시기를 바랍니다. 너무나 갈등하고 너무나 힘들어 하고 아직도 거품으로 자기를 세우려는 허무한 몸부림을 계속하는 이 세상과 세상 속의 지친 삶들을 자유케 하고 축복하는 성도 여러분이 되실 줄로 믿습니다.

갈|라|디|아|서|강|해(상권)

제5강
복음의 진리로

갈라디아서 2장 1~10절

▌십사 년 후에 내가 바나바와 함께 디도를 데리고 다시 예루살렘에 올라갔노니 계시를 인하여 올라가 내가 이방 가운데서 전파하는 복음을 저희에게 제출하되 유명한 자들에게 사사로이 한 것은 내가 달음질하는 것이나 달음질한 것이 헛되지 않게 하려 함이라 그러나 나와 함께 있는 헬라인 디도라도 억지로 할례를 받게 아니하였으니 이는 가만히 들어온 거짓 형제 까닭이라 저희가 가만히 들어온 것은 그리스도 예수 안에서 우리의 가진 자유를 엿보고 우리를 종으로 삼고자 함이로되 우리가 일시라도 복종치 아니하였으니 이는 복음의 진리로 너희 가운데 항상 있게 하려 함이라 유명하다는 이들 중에(본래 어떤 이들이든지 내게 상관이 없으며 하나님은 사람의 외모를 취하지 아니하시나니) 저 유명한 이들은 내게 더하여 준 것이 없고 도리어 내가 무할례자에게 복음 전함을 맡기를 베드로가 할례자에게 맡음과 같이 한 것을 보고 베드로에게 역사하사 그를 할례자의 사도로 삼으신 이가 또한 내게 역사하사 나를 이방인에게 사도로 삼으셨느니라 또 내게 주신 은혜를 알므로 기둥같이 여기는 야고보와 게바와 요한도 나와 바나바에게 교제의 악수를 하였으니 이는 우리는 이방인에게로 저희는 할례자에게로 가게 하려 함이라 다만 우리에게 가난한 자들 생각하는 것을 부탁하였으니 이것을 나도 본래 힘써 행하노라

본문의 내용

바울의 간증 중에서 중심 부분

본문은 사도 바울의 간증(갈 1:11~2:21)에서 중심이 되는 부분입니다. 언뜻 보기에는 간증의 가장 중요한 부분에서 왜 이렇게 하찮은 이야기를 할까 하는 생각이 드는 내용입니다. 그러나 본문에는 우리의 신앙과 교회의 중심 되는 본질이 나타나 있습니다. 그래서 주의 깊게 살펴보도록 하겠습니다.

내용은 바울의 일행이 예루살렘을 방문하던 중에 일어난 일들입니다. 예루살렘 교회의 지도자들이었던 야고보, 베드로, 요한을 만난 사실과 자기들이 데리고 갔던 디도가 할례를 받느냐 받지 않느냐에 관한 문제를 언급하고 있습니다. 바울이 예루살렘을 방문한 것은 사도행전에 네 번 기록되어 있습니다. 여러 번 예루살렘을 방문했지만 일일이 기록되지 않았을 수도 있기 때문에 네 번 이상이 될 수도 있습니다.

본문의 내용이 네 번의 방문 중에서 몇 번째 방문 때 일어난 일인지를 정확히는 알 수 없습니다. 확실한 것은 "다시 예루살렘으로 올라갔다"는 기록을 볼 때 1차 방문은 아닙니다. 죄수로 잡혀 갔던 4차 방문도 아닙니다. 기록된 방문이라고 하면 2차 방문이 아니면 3차 방문일 것입니다. 그렇다면 2차 방문일 가능성이 높습니다. 2차 방문은 사도행전 11장에 나오는 것과 같이 예루살렘 교회가 안디옥 교회에 구제금을 요청하였을 때 이루어진 것입니다.

당시 예루살렘 교회에는 전 세계에 흩어져 사는 유대인 디아스포라들 중에서 다시 돌아온 사람들이 많이 있었습니다. 그 중에서 남자보다 여자가 더 많았습니다. 그 이유는 혼인 당시

대부분의 남자가 여자보다 나이가 많고 또한 남자보다도 여자의 평균 수명이 길기 때문입니다. 과부가 된 여자들의 소원이 하나님의 거룩한 도시이며 민족의 중심인 예루살렘 성지에서 죽는 것이므로 예루살렘으로 돌아오게 됩니다.

사도행전 6장을 보면, 디아스포라로 흩어져 살다 돌아온 헬라파 과부들과 예루살렘과 유대 지역에 살고 있는 유대파 과부들 사이에 갈등이 생겨서 집사를 선출하는 장면이 나올 정도로 예루살렘 교회에는 과부들이 많았기 때문에 구제금이 필요하였습니다.

디아스포라로 흩어져 있던 유대인들이 많이 살고 있던 지역 중의 하나가 안디옥입니다. 안디옥에는 유대인 조합들도 있고 경제, 사회, 정치적으로 안정되고 번창한 곳이었습니다. 예루살렘 교회가 이러한 안디옥 교회에 구제금을 요청하여 바울과 바나바가 구제금을 들고 예루살렘 교회를 방문한 것을 기록하고 있습니다. 이러한 것을 통해서 본문은 2차 방문이 아닐까 하고 생각해 봅니다. 그러나 몇 차 방문이냐는 크게 중요하지 않습니다. 그 이유는 어느 방문이든 해석상으로 큰 차이가 없기 때문입니다.

그런데 바울의 예루살렘 방문에서 중요한 일이 벌어집니다. 예수님께서 십자가 죽음을 당하시고 부활하신 후 시작된 예루살렘 교회는 유대인 중심의 교회였습니다. 유대인들은 굉장히 독특한 사람들입니다. 세계 곳곳에 흩어져 살아도 다른 민족들과 거의 섞이지도 않고 어울리지도 않는 독특한 문화와 전통과 습관을 가진 특이한 민족입니다. 이러한 점 때문에 핍박을 받기도 하지만 반면에 그것 때문에 살아남은 민족입니다. "지붕 위의 바이올린(Fiddler on the Roof)"이라는 오스

카 수상작 영화의 시작 부분에서 유대인이 "전통(tradition)! 전통(tradition)!" 하고 부르짖는 장면이 나옵니다. 이 작품은 전통을 버리고 사는 것은 마치 지붕 위에서 연주하는 것과 같다고 말합니다. 바이올린 연주는 아주 섬세하여서 두 발의 디딤이 안정되지 않고는 그 섬세함을 다 나타낼 수가 없습니다. 지붕 위에서의 바이올린 연주가 불안정할 수밖에 없는 것처럼 전통을 버린 삶은 흔들려 떠내려가는 부평초 같은 삶이 된다는 것입니다.

1946년 이스라엘이 국가로 조직되어 1900년 이상을 전 세계에 흩어져 살던 유대인들이 신생 이스라엘 땅으로 모여 왔습니다. 그런데 그 오랜 세월을 떨어져 살았던 그들이 여전히 같은 언어, 같은 절기, 같은 문화와 의상, 같은 전통을 가지고 있었습니다. 이것은 이방인들과 섞이는 것을 죽기보다 싫어하는 유대인의 독특성 때문이었습니다.

따라서 유대인으로부터 시작된 어떤 것이 전 세계에 퍼져 이방인들과 공유된다는 것은 전혀 상상할 수 없는 일입니다. 유대인 것은 항상 유대인 것이었고 이방인 것은 항상 이방인 것이었습니다. 유대인의 것이 이방인 것이 되거나 이방인 것이 유대인 것이 되지 않았습니다.

그런데 놀라운 일이 일어났습니다. 예수님께서 십자가에 달리시고 부활하신 후 반세기도 지나지 않았던 주후 1세기 말에 교회는 유대인 교회로부터 그 당시 전 세계의 중심인 지중해 연안으로 번져 이방인 교회가 되었습니다. 이것은 단순한 성장이나 번식이 아닙니다. 1세기 후반에 나타난 교회는 정치, 경제, 문화의 틀을 부수고 어마어마한 동화(assimilation)의 능력을 나타내었습니다.

인류사에서 유일하게 유대인에게서 나와 전 세계에 동화되어 인류가 함께 누리는 것은 교회뿐입니다. 이것은 역사를 연구하는 사람들에게는 미스터리 중의 하나입니다. 왜냐하면 그러한 일은 인류사에서 전무후무하기 때문입니다.

단락별 주제

어떻게 해서 그러한 일이 일어났을까 하는 비밀이 본문 속에 나타나 있습니다. 본문은 단락별로 분명하게 구분되어 있습니다. 첫째 단락은 방문 이유(갈 2:1~2), 둘째 단락은 디도의 할례 문제(갈 2:3~5), 마지막 단락은 지도자들과의 만남(갈 2:6~10)으로 되어 있습니다.

방문 이유를 사도 바울은 본문에서 "계시를 인하여"와 "내가 달음질하는 것이나 달음질한 것이 헛되지 않게"라고 말하고 있습니다. 이 의미는 본문 이해 부분에서 자세히 나누겠습니다.

그 다음에는 디도의 할례 문제가 나옵니다. 사도 바울은 "나와 함께 있는 헬라인 디도라도 억지로 할례를 받게 아니하였으니"라고 하였습니다. 사도 바울의 말을 빌린다면 교회에 가만히 들어온 거짓 형제들이 있었습니다. 여기서 거짓 형제들이란 복음의 능력과 비밀을 알지 못하는 사람들을 말합니다. 이러한 사람들의 특징은 항상 종 된 삶을 산다는 것입니다. 자신도 그 삶을 살지만 남들도 그렇게 살게 하려고 애를 씁니다. 그 이유는 종 된 삶을 사는 사람들이 제일 싫어하는 것이 자유한 사람들이고 감당이 되지 않기 때문입니다.

종과 자녀의 차이는 무엇입니까? 종은 무엇을 함으로써 자기의 위치와 보수나 대접을 얻습니다. 그러나 자녀는 자기 자신으로 당연히 대우나 보상을 누리는 사람입니다.

그래서 세상에는 종 된 삶과 자유하는 삶이라는 두 종류의 삶밖에 없습니다. 만물이 하나님의 것이요 하나님으로 말미암아 있는 것을 알고서 만물을 즐기고 누리면서 살아가는 자유한 삶이 있습니다. 한편 어떻게 해서든지 출세와 성공을 해서 남보다 뛰어나고 앞서기만 하면 다른 사람으로부터 사랑을 받을 수 있고 사람들이 나를 인정해 줄 수 있다고 여기면서 살아가는 종 된 삶이 있습니다. 신학적으로 표현하면 '하나님의 의를 누리는 삶'과 '자기 의를 만들기 위해 몸부림치는 삶' 두 가지 있다는 것입니다.

저희 교회는 '씨 라이트 존(C-Light Zone)'이라는 사역을 하고 있습니다. 씨 라이트 존에는 영성 세미나, 내적 치유 세미나, 가정생활 세미나가 있습니다. 이 세 가지 세미나의 공통적인 핵심은 우리를 사랑하시고 우리의 아버지가 되시는 하나님과 인격적으로 만날 수 있도록 인도하는 것입니다. 씨 라이트 존에서 은혜를 체험한 성도들이 늘 반복적으로 간증하는 내용은 "저는 평생 종 노릇 하였습니다. 자녀로 살아본 적이 없었습니다" 하는 것입니다.

저희 집에 아이들이 셋 있습니다. 아이들은 엄마와 아빠의 소원에 대해서 협조를 해주고자 하는 마음이 전혀 없는 것처럼 보입니다. 식사는 건강한 음식으로 먹었으면 좋겠는데 전혀 따라 주지 않습니다. 얼마 전에는 막내 창용이가 교회 수련회를 떠나기에 앞서 몸살이 나서 누워 있었습니다. 밥은 먹지도 않고 브리토라는 옥수수가루를 말린 것만 가지고 소스에 찍어서 먹고 있었습니다. 엄마가 맛있고 보양이 되는 음식을 만들어 놓고 먹으라고 사정을 해도 먹지 않습니다. 도리어 먹어서

덕 될 것이 없는 것만 먹습니다.

　이와 같이 부모가 원하는 것에 대하여 전혀 협조를 해주지 않습니다. 공짜로 먹고 자고 입으며, 공짜로 공부하는데 지금까지 한 번도 미안하다고 말하는 것을 들어본 적이 없습니다. 얼마나 당당한지 모릅니다. 요즈음은 아이들이 엄마와 아빠를 가르치려고 합니다. 아빠로서 제가 아이들에게 "간식으로 배불리지 말고 밥을 먹어라, 반찬은 골고루 먹어라" 하면 아이들은 도리어 저를 보고 "easy(진정하세요)!" 하거나 "I understand you(신경 안 쓰셔도 돼요)"라는 말로 충고까지 합니다. 이렇게 할 수 있는 것은 바로 자녀이기 때문입니다.

　하나님의 자녀는 이 세상을 살아가면서 무엇을 하기 때문에 당당한 것이 아닙니다. 신학적으로 말하면 당당한 것을 '의'라고 합니다. 무엇을 하여서 의를 얻는 것이 아니라 내 속에 주어진 의를 즐기고 누리는 것입니다. 주어진 의를 누리는 삶, 즉 무엇을 하여서 의를 얻는 것이 아니라 내 속에 주어진 '의'를 즐기고 누리는 것입니다.

　하나님의 의를 누리는 삶과 자기가 의를 만들어서 인정을 받아야 되는 삶의 결과는 하늘과 땅 차이입니다. 이 비밀은 깊이 생각할 필요도 없이 조금만 생각해보면 금방 알 수 있습니다. 사람 속에는 어두운 면과 밝은 면이 있습니다. 사람이 두려움에 사로잡히면 그 사람 속에 있는 어두운 면이 나타납니다. 사람이 자유함 속에 있으면 그 속의 밝음이 나타납니다.

　예를 들면 피아노를 연주하는 사람에게 "이번에 곡을 연주할 때 한 군데라도 틀리면 연주가 끝난 후에 죽는다"라고 했다고 합시다. 그리고 시퍼렇게 날을 세운 칼을 들고서 옆에 지키고 있다면 연주가 제대로 되지 않습니다. 그런데 연주자가 만약 '이곳에 있는 모든 사람들이 나의 연주와 나를 사랑해 주고 있고 내가 실수를 해도 그것이 실수이지 실력이라고 생각하지 않을 것이다' 하고 확신한다면 너무나 편안한 마음으로 즐기면서 연주를 할 것입니다. 그러면 그 연주에는 음악이 생명으로 살아서 나타납니다.

똑같은 사람입니다. 이것은 두려움에 사로잡히느냐, 자유함으로 살고 있느냐의 차이를 말해 줍니다. 노력으로 자유함이 얻어지는 것이 아닙니다. 내가 애를 써서 도를 닦거나 깨우치는 차원이 아닙니다. 내 속에 하나님의 형상이 있습니다. 내 속에 있는 아름다움을 보아야 합니다.

어떤 제자가 묵상기도를 하다가 손을 탁 치면서 스승에게 달려왔습니다.

"스승님, 저 산과 들, 저 하늘과 들판의 꽃과 수목이 얼마나 아름다운지요."

스승이 제자의 말을 듣고 나서 이렇게 물었습니다.

"아름답다고 생각하는 그 생각은 어디에서 왔느냐?"

내 속에 아름다움이 없다면 겉에 보이는 아름다움을 알 수가 없습니다. 밖의 사물들이 아름답기 전에 내 안에 아름다움이 있었습니다.

하나님께서 사람을 창조하실 때에 "우리의 형상을 따라 우리의 모양대로"(창 1:26)라고 말씀하셨습니다. 이 말씀은 하나님은 사랑으로 자기의 모든 선하고 의롭고 좋은 것을 쏟아 부어서 우리를 창조하셨다는 것입니다. 할렐루야! 그래서 내가 자유해지기만 하면 내 속에 있는 아름다움은 저절로 나타납니다. 자유함을 가진 아내는 신경질을 내지 않습니다. 그 아내가 두려움과 수치의 위협을 받는다면 결코 좋은 것이 나올 수가 없습니다.

 디도의 할례 문제를 생각해 보겠습니다. 사도 바울과 그 일행은 할례를 받느냐 받지 않느냐의 문제에 대해서 자유함을 가진 사람들입니다. 디도에게 끝까지 할례를 받지 않게 하였던 바울은 디모데에게는 할례를 받도록 했습니다.

 고린도전서 9장 20~22절에서 사도 바울이 이렇게 말합니다. "유대인들에게는 내가 유대인과 같이 된 것은 유대인들을 얻고자 함이요 율법 아래 있는 자들에게는 내가 율법 아래 있지 아니하나 율법 아래 있는 자같이 된 것은 율법 아래 있는 자들을 얻고자 함이요 율법 없는 자에게는 내가 하나님께는 율법 없는 자가 아니요 도리어 그리스도의 율법 아래 있는 자나 율법 없는 자와 같이 된 것은 율법 없는 자들을 얻고자 함이라 약한 자들에게는 내가 약한 자와 같이 된 것은 약한 자들을 얻고자 함이요 여러 사람에게 내가 여러 모양이 된 것은 아무쪼록 몇몇 사람들을 구원코자 함이니."

 바울은 모든 것에 자유하면서 함께해 줄 수 있는 사람입니다. 이러한 모습은 제가 좋아하는 예수님이 가진 매력 중에서 최고의 매력이기도 합니다. 예수님은 누구하고 계셔도 잘 어울립니다. 영어 표현으로 하면 "He is always so at home!(그는 언제 어디서나 편안하게 어울립니다)"이라고 합니다. 예수님은 어디에 계셔도 자신의 자리처럼 잘 어울립니다. 예수님은 창녀와 계셔도 어울립니다. 세리와 계셔도 어울립니다. 신학자들과 계셔도 어울립니다.

 어린 예수가 성전에서 성경 교사들과 함께 있는데도 전혀 어색하지 않았습니다. 예수님은 "진리를 알지니 진리가 너희를 자유케 하리라"(요 8:32)는 말씀대로 모든 것에 어울리는 분이셨습니다.

우리는 한 군데 잘 어울리면 다른 곳에는 어울리지 않습니다. 그리고 우습게도 어울리지 못하는 것을 자랑으로 여기는 사람들도 있습니다. 어떤 사람들은 상류사회에는 잘 어울리지만 노동현장판의 인부들과는 절대 어울리지 않습니다. 그리고 어울리지 않는 것이 '삶의 장애(handicap)'인 것을 모르고 오히려 그러한 것을 자랑합니다. 나는 어딘가에는 잘 어울리는데 어딘가에는 어색하다고 하면 아직은 가짜입니다.

사도 바울은 더 이상 겉모습에 따른 존재 가치와 의미에 연연하지 않았습니다. 바울의 중심에는 항상 '하나님의 가슴'이 있었기 때문에 언제 어디서나 바울을 바울 되게 하였습니다. 바울이 예루살렘에 들어갔더니 예루살렘 교회에서 복음의 능력을 알지 못하는 거짓 형제들이 무할례자인 디도가 포함된 일행을 보고서 말합니다. "여보시오, 우리가 이방인들 모두에게 할례를 받으라고 하는 것도 아닙니다. 디도와 바나바와 바울, 당신들이 안디옥 교회를 대표하여 예루살렘 교회를 방문한 것 아니오. 그러면 예의를 갖추어서 여기는 할례자들의 교회이니 할례를 받고 오는 것이 좋지 않겠습니까?"라고 좋은 것이 좋다는 식의 이야기를 합니다.

"할례를 받는다고 구원이 폐해지는 것도 아니고 하나님의 은혜가 없어지는 것도 아닙니다. 율법에 따라 할례를 받음으로 피차에 좋게 된다면 좋은 유익이 되는 일이 아니냐" 하는 조건을 제시하고 있는 것입니다.

그런데 사도 바울은 디도에게 억지로 할례를 받게 하지 않았습니다. '억지로'라고 표현하는 것은 디도의 마음속에는 할례를 받고 싶은 마음이 조금도 없었음을 말합니다. 사도 바울

일행은 할례를 받고 안 받는 것에 관계없이 자유한 자들입니다. 그런데 이러한 자유를 엿보고 종으로 삼고자 하는 사람들이 그곳에 있음을 알았습니다.

즉 바울은 무엇을 해야만 당당함과 의로움을 얻는다는 종의 자리로 다시 끌고 가고자 하는 자들 앞에서 일시라도 복종하지 않았습니다. 복음의 진리가 무엇이기에 이처럼 시시하게 보이는 일에도 기둥과 같이 여겨지는 베드로와 요한과 야고보 앞에서 바울이 버티었는가를 알아야 합니다.

다음 본문에서는 바울이 베드로를 심하게 꾸짖는 장면이 나옵니다. 그렇게까지 해야만 했던 바울이 말하는 복음의 진리가 무엇인가를 말씀을 통해서 함께 살펴봅시다.

본문의 이해

이제 본문을 좀더 가까이 접근해서 봅시다. 많은 사람들이 이 본문을 해석하기를 바울이 예루살렘을 방문한 이유는 바울 자신의 사도권을 확증하기 위해서라고 봅니다. 왜냐하면 사도 바울이 "내가 달음질하는 것이나 달음질한 것이 헛되지 않게 하려 함이라"(갈 2:2)는 말을 했고, 이는 자신이 열심히 복음을 증거하는데 만약 사도들이 사도권을 인정해 주지 않는다면 복음을 전한 것이 헛되지 않느냐는 것입니다. 마치 사도 바울이 자신의 사도권을 인정받기 위한 방문인 것처럼 볼 수도 있습니다.

그러나 그 해석은 바르지 않습니다. 왜냐하면 사도 바울은 갈라디아서의 편지 서두인 1장 1절에서부터 "사람들에게서 난 것도 아니요 사람으로 말미암은 것도 아니요"라고 하였고 1장 12절에서 "내가 사람에게서 받은 것도 아니요 배운 것도 아니요 오직 예수 그리스도의 계시로 말미암은 것이라"고 증거하고 있기 때문입니다. 또한 2장 2절에서도 예루살렘을 방문한 이유로 "계시를 인하여"라고 말하고 있습니다. 예루살렘에 올라간 것은 누구의 어떠한 요청이나 개인적인 이유가 있어서 간 것이 아니라 계시로 말미암았다는 것입니다.

예를 들면 사도들이 바울에 대하여 "예수님을 만나보지도 못한 사람이 예수 그리스도의 복음을 전한다고 하니 그 내용을 우리가 믿을 수 없다. 와서 우리에게 그 복음의 내용을 검증받아야 한다" 하는 요청이 있었기 때문에 바울이 예루살렘에 간 것이 아닙니다. 바울 자신이 그러한 검증을 받을 필요가 있어서 예루살렘에 간 것이 아니라는 것입니다. 바울이 계시를 인하여 예루살렘에 가야 할 이유를 발견하였기 때문에 방문한 것입니다. 그 계시가 무엇인지 함께 봅시다.

"내가 달음질하는 것이나 달음질한 것이 헛되지 않게 하려 함이라"(갈 2:2) 하는 말씀은 자기 자신의 수고, 즉 내가 열심히 이방 땅에 복음을 전하고 다녔는데 끝에 가서 나의 공로가 무산되면 어떻게 되느냐는 것이 아닙니다. 그런 개인적인 이유가 아니라 '하나님의 이유'가 있었다는 것입니다.

하나님의 이유가 무엇입니까? "복음도 하나요 교회도 하나"라는 것이며 "복음은 그리스도의 복음밖에 없고 교회는 은혜로 부르심을 입은 교회밖에 없다"는 것입니다. 복음 외의 어떠한 것도 교회가 교회 됨의 근거가 될 수 없습니다. 이 복음으로 인류 역사에 유일하게 유대인과 이방인이 하나가 되어 이방에 하나님의 교회들이 세워지고 있는데 예루살렘 교회가 할례와 율법을 중요시한다면 그것으로 교회 안에는 구분이 생긴다는 것입니다.

이렇게 이방 땅에서 하나님의 교회가 속속 세워지고 있는데 이방교회와 예루살렘 교회가 하나 되지 못한다면 어떻게 되겠느냐 하는 하나님의 가슴이 바울 속에 있었던 것입니다. 만약 하나가 되지 못한다면 이방교회는 뿌리에서 잘려진 교회요 예루살렘 교회는 피지 못한 교회가 되어 버리는 것입니다. 한 걸음 더 나아가서 하나 되지 않은 교회는 교회가 아닙니다. 그 이유는 교회는 그리스도의 복음으로 말미암아 유대인이나 헬라인이나 자유자나 종이나 남자나 여자가 다 하나가 되기 때문입니다.

사도 바울은 복음 증거의 열매인 교회를 생각하는 마음으로 예루살렘으로 올라간 것이지 자신이 해왔던 수고의 결과를 걱정한 것이 아닙니다. 이러한 마음이 나타난 말씀이 바로 오직 "복음의 진리 가운데"(갈 2:5) 입니다. 복음의 진리 가운데 어떻게 예루살렘 교회냐 안디옥 교회냐, 유대인 교회냐 이방인 교회냐로 구분될 수 있느냐는 것입니다.

역사상 한 번도 유대인의 것이 이방인의 것이 되었던 적이 없고 이방인 것이 유대인의 것이 되었던 적이 없었는데 반세기 안에 유대인과 이방인이 완전히 어울렸을 뿐만 아니라 하나 되었던 것은 오직 복음의 진리로만 가능하다는 것입니다. 그러므로 "은혜의 복음만이 교회의 기초"가 됩니다. 유대인이냐 헬라인이냐는 교회의 변수가 될 수 없습니다. 자유자냐 종이냐도 교회의 변수가 될 수 없습니다. 오직 은혜의 복음만이 교회의 기초가 되기 때문에 교회 안에서는 유대인과 헬라인이 하나가 되는 것입니다.

사도 바울이 예루살렘에 올라간 것이 자기 자신의 사도권 확증이 아니라는 또 하나의 이유가 "유명한 이들(베드로, 야고보 요한 등)은 내게 더하여 준 것이 없고"(갈 2:6)라는 말씀에 나타나 있습니다. 더해 준 것이 없을 뿐만 아니라 오히려 "베드로에게 역사하사 그를 할례자의 사도로 삼으신 이가 또한 내게 역사하사 나를 이방인에게 사도로 삼으셨느니라"(갈 2:8) 하고 말하고 있습니다. 그래서 바울이 말하기는 그 유명한 사람들이 나를 확증해 준 것이 아니라, 내가 오히려 베드로를 부르신 하나님이 바울을 불렀다는 사실을 그들에게 확증시켜 주었다는 것입니다.

함께 생각해 보는 질문

영적으로 하나 됨의 능력을 아십니까?

사람들이 왜 열심히 돈을 벌려고 하고, 출세를 하기 위해서 아등바등하는가를 생각해 봅시다. 그 이유는 '하나 됨'을 위한 것입니다. 내가 돈을 많이 벌면 모든 사람들이 나를 사랑하고 존중해 줄 것으로 생각합니다. 나와 하나가 되도록 하는 것입니다. 물론 내 중심으로 나의 원하는 방식으로 하나를 만들려는 것입니다. 나 중심으로의 하나 됨입니다. 내가 생각하는 대로 모든 사람이 따라 주기를 원하는 것입니다. 내가 원하는 대로 모든 사람이 동의해 주기를 바라는 것입니다. 내가 하는 것은 모든 사람에게 존중받고 사랑받는 것, 즉 나 중심의 하나 됨을 원하고 있습니다.

그러나 모두가 자기 중심으로 하나 되기를 원하는 그것 때문에 우리가 하나 되지 못하는 역설이 인류의 비극입니다. 남편과 아내가 각각 자기 중심으로 하나가 되고자 하는 가정은 평강이 아니라 분열과 대립만 나타냅니다. 성경은 아주 간단히 우리 모두가 좋으신 하나님을 중심으로 삼으면 하나가 된다는 단순한 진리와 오직 하나님 중심의 온전한 삶을 보여 주신 예수 그리스도를 증거하고 있습니다.

하나 됨의 능력과 비결

하나됨을 향한 역사 진행

세계사	앗시리아	바벨론	헬라	로마
통치방법	혼합	집단 이주	문화	정치
이민사	Melting Pot	Salad Bowl	Culture	System

이 세상의 역사도 하나 됨을 향해 흘러갑니다. 그 대표적인 예가 제국의 역사입니다. 앗시리아는 세상 역사에서 첫번째 제국입니다. 앗시리아 전에 구 바벨론 제국이 있었지만 엄밀한 의미로 제국이 되지 못합니다. 따라서 세상 역사에 본격적으로 나타난 첫 제국은 앗시리아 제국입니다. 제국이라는 말은 여러 민족과 다양한 문화와 국가들을 하나로 연합하여 만든 연합체를 말합니다. 앗시리아 제국은 무력에 의하여 세계를 하나로 통일하려고 하였습니다.

앗시리아 제국은 정복하는 모든 나라 사람들을 사방으로 흩어 서로 섞어 버렸습니다. 가족들까지도 전부 떨어지게 한 후에 사방에서 뒤섞여진 상태로 혼합을 시켰습니다. 그렇게 한 이유는 정복한 민족을 그 자리에 계속 놓아 두면 그 뿌리에서 자주 세력이 회복되어 독립하려 하게 되고 그러면 하나로 통일시킨 것이 위협받기 때문입니다. 독립 세력화의 근원이 되는 뿌리를 제거하기 위하여 동일 민족의 사람들을 다른 지역으로 흩어 버렸습니다. 표면적으로는 강력하게 하나 된 제국처럼 보였습니다. 그런데 전쟁이 일어났음에도 불구하고 누구도 앗시리아 제국을 위해서 싸우지 않았습니다. 정복당한 사람들을 미아처럼 타향에 다 흩어 버렸는데 누가 자신들을 지배하는 왕권과 정부를 위해서 싸우겠습니까? 결국 앗시리아 제국은 어이없이 무너져 버렸습니다.

그 다음에 일어난 제국이 바벨론 제국입니다. 바벨론 제국은 앗시리아 제국으로부터 교훈을 받았습니다. 그 교훈은 흩어진 사람들이 가지고 있는 불만을 감당할 수 없다는 것이었습니다. 하지만 그 자리에 놓아 두면 역시 언젠가는 반대세력이 되므로 이번에는 엘리트 집단을 중심으로 하는 이주정책을 사용했습니다.

엘리트 집단 이주정책이란 민족 전체를 흩어서 섞는 것에 따른 부작용을 제거하기 위하여 기본적으로는 흩어서 섞는 것이지만 크게 세 가지로 조정하였습니다. 첫째, 세력화될 수 없는 일반 백성들은 남겨 두고 세력화의 주체가 될 수 있는 엘리트만 이주시킵니다. 둘째, 무조건 흩으면 그 불만으로 인해 불순세력이 생기므로 집단으로 이주시킵니다. 셋째, 이주시킨 자리에서 능력이 있고 제국에 도움이 되는 자는 등용해 줌으로써 자기 민족을 위해 세력화될 수 있는 에너지를 제국을 위한 에너지로 전환시킵니다. 성경에서 다니엘과 세 친구가 바로 이러한 대표적인 사례입니다.

그래서 유대에 있던 사람들은 엘리트를 중심으로 그발 강가로 보내고 유대에는 아라비아 남부의 주체 세력들로 이동시키는 등 집단으로 이주, 혼합시켰습니다. 그러나 앗시리아 제국에서 벌어졌던 일과 똑같은 일이 벌어졌습니다. 이주를 당한 사람들의 상당수는 고토의 회복과 무너진 민족의 영광을 재건할 날만을 기다렸습니다. 당시에 바벨론 제국에 대항한 고레스라는 굉장히 현명한 왕이 일어섰습니다. 이 왕은 본래 작은 국가의 왕입니다. 그런데 이 바벨론 제국을 향하여 쳐들어오면서 기치를 하나 내걸었습니다. 그 기치의 내용은 '내가 점령하는 지역에 이주되어 왔던 민족들을 고향 땅으로 보내 주겠다' 는 약속이었습니다. 그래서 고레스 왕이 바벨론의 각 성을 침공하였을 때 점령한 제국의 성들은 전투도 없이 대부분 성문을 열고 고레스를 환영했습니다. 바벨론에서의 실질적인 전투는 본 왕궁이 있는 본 성뿐이었습니다.

바벨론 제국의 마지막 왕이 벨사살인데 다니엘서를 보면 멸망하기 직전까지 고레스의 침공을 몰랐습니다. 그 이유는 전쟁의 소식이 들어오지 않았기 때문입니다. 고레스의 무혈 입성으로 말미암아 전쟁의 소식이 본 성에 전해지지 않았습니다. 그래서 적들이 왕궁 앞에 도달할 때까지 벨사살 왕은 1천 명 귀인을 불러 놓고 잔치를 베풀고 있었습니다. 잔치하고 있는 시간에 손가락이 나타나서 "메네 메네 데겔우바르신(너는 저울에 달아서 부족해)"라는 글을 썼습니다. 이 말은 나라가 멸망하고 있는 가운데 무슨 일이 벌어지고 있는지도 알지 못하고 잔치하고 있는 왕의 모습을 말하는 것입니다. 결국 황금 제국인 바벨론은 전쟁 한번 제대로 못 해본 채로 하룻밤에 망해 버립니다.

바벨론 제국 다음에 일어난 제국이 알렉산더의 헬라 제국입니다. 알렉산더는 디오게네스를 스승으로 모시고 있었던 왕으로 생각이 있었던 사람이었습니다. 알렉산더 왕은 제국이란 사람을 옮겨 심고 혼합시키는 것으로 굳게 서지 않는다는 것을 알았습니다. 알렉산더 왕은 인간이 문화적인 존재라는 것을 스승 디오게네스로부터 배웠습니다. 사람들이 민족별로 단결하는 것은 같은 문화를 가진 동질감 때문임을 알았습니다. 세계를 하나로 통일하려면 먼저 문화를 통일해야만 된다고 생각하고 점령하는 모든 지역에 자기의 부하인 장군들을 점령지 귀족의 딸들과 결혼을 시켜 버렸습니다. 이 혼합결혼을 통해 점령지에 헬라 문화를 심었습니다. 알렉산더 왕이 점령한 지역의 자취들을 '헬레니제이션(헬라화)'이라고 불렀습니다.

알렉산더 왕은 짧은 기간에 세계를 통일했고 헬라어를 공용어로 만드는 데 성공했습니다. 각 곳의 사람들은 헬라화되는 것을 상류사회 진입으로 생각하고 자신과 자녀들을 헬라화시켰습니다. 심지어 유대인들이 할례를 받는 것을 버렸을 정도입니다. 헬라시대에 가장 빠른 출세의 길은 체육경기에서 이기는 것이었습니다. 이때 경기는 벌거벗은 채로 하였는데 헬라에서는 할례가 없었으므로 경기에 임한 유대인들은 할례 때문에 조롱을 받아야 했습니다. 그래서 유대인들이 할례를 포기하고 이방화될 정도로 알렉산더 왕의 정책은 유효하였습니다.

이와 같이 알렉산더 왕이 제국을 문화적으로 강력하게 통일을 시켰음에도 불구하고 한 가지 부족한 것이 있었습니다. 그것은 바로 '통제와 지속적인 관리'가 없었다는 것이었습니다. 제국을 통치하는 데 있어서 지속적인 관리가 되지 않고서는 하나 됨이 이루어져도 유지되지가 않습니다.

헬라 제국의 다음에 들어선 로마 제국이 한 것이 바로 잘 조직화된 관리였습니다. 엄청난 노력을 들여서 행정과 조직을 정비해서 제국을 관리했습니다. 관리하는 데 가장 필요한 것이

도로망입니다. 제일 먼저 아피아 고속도로를 중심으로 전 세계에 도로를 만들었습니다. 이 도로망과 기간산업 중심의 조직과 관리의 비밀을 쉽게 풀어 설명한 이가 '시오노나미'라는 작가입니다. 그녀는 이 로마의 탁월한 행정관리를 침이 마르게 칭찬합니다. 그러나 시오노나미의 책 속에는 전환된 가치관이 숨어 있습니다. 개인은 말살되고 황제 중심의 획일화된 전체주의가 찬양되고 있습니다.

그러나 로마 제국이 탁월한 조직을 가지고 얼마나 하나 됨을 이루었습니까? 표면적인 역사를 볼 때 로마는 최장의 기간 동안 하나 됨을 유지했습니다. 로마 제국이 지속된 기간은 신화를 합쳐서 1300년입니다. 실제로는 1000년이 못 됩니다. 그 기간 안에 진정한 하나 됨을 누린 적이 있습니까? 물론 없습니다. 이 모든 역사적 지혜와 지상의 기술을 전부 동원했지만 진정한 하나 됨이 있었습니까? 없었습니다. 다 가짜요 허상이었습니다.

전 세계가 어디를 향해 가고 있습니까? 하나가 되겠다는 것입니다. 왜 사람들은 하나가 되려고 합니까? 하나가 되었을 때 평안과 기쁨을 누릴 것을 알기 때문입니다. 하나가 된다는 것은 그 안에서 나 됨이 존중되고 너의 너 됨이 인정되어 서로간에 평안의 기쁨이 있는 것입니다.

생각해 보십시오. 어떤 사람이 "아무도 나를 받아 주지 않아요. 아무도 나를 인정해 주지 않아요. 아무도 나를 사랑해 주지 않아요" 하는 상황 속에 있다고 합시다. 그 사람은 모든 것을 가져도 불행할 것입니다. 우리가 가진 모습 그대로 받아 주고 사랑해 주는 사람이 많으면 많을수록 풍성하고 행복한 것입니다. 하나 됨 안에서만 우리는 진정한 생명의 기쁨을 누릴 수 있습니다.

하나 됨을 속이면서 장난하는 대표적인 무리가 바로 통일교입니다. 역사를 모르니까 앗시리아가 하는 일을 그대로 답습하고 있는 것입니다. 통일교는 세계에 있는 사람들을 섞어서 결혼을 시키면 하나가 된다는 것입니다. 어리석고도 우스운 일입니다.

미국의 이민정책을 보십시오. 1960년대 이민정책은 이민 온 모든 사람들을 하나로 만들겠다는 '멜팅 팟(melting pot)' 방식입니다. 이러한 정책이 먹혀 들어가지 않으니까 70, 80년대에 들어와서 사용한 정책이 샐러드 보올(salad bowl) 방식입니다. 섞이는 수프와 달리 토마토는 토마토대로 오이는 오이대로 있지만 함께 담아 두는 방식입니다. 그러한 정책이 현실적으로 이루어졌습니까? 이루지지 않았습니다. 그 다음에 문화(culture)정책입니다. 미국 문화 속에서 모든 것이 조화를 이루게 하는 방식을 사용했습니다. 이루어졌습니까? 안 되었습니다. 그렇게 해서 하나 되는 것이 아닙니다.

그러면 문화사적으로 봅시다. 전 세계적으로 지금은 문화가 통일된 시대에 살고 있습니다. 현재 부모님들의 세대는 자라난 곳에 따라 문화가 달랐습니다. 자란 곳에 따라 음식도 음악도 놀이도 교육방식도 옷차림도 가치관도 다 달랐습니다. 그러나 우리 자녀들의 시대는 아프리카에서 자란 아이들이나 동남아시아에서 자라난 아이들이나 남미에서 자라난 아이들이 어디에서 성장한 것과 관계없이 같은 노래를 부르고 같은 춤을 추고 같은 스타일의 옷을 입고 같은 가치관을 추구합니다. 요즈음 한국에서 자란 청소년들이 김치를 먹지 않는다고 합니다. 햄버거와 피자를 더 좋아합니다. 김치를 먹는 아이들은 미국에 이민 와서 사는 자녀들입니다. 저의 막내 아들 창용이는 햄버거를 먹을 때도 김치를 찾습니다. 한국에 있는 아이들은 냄새 때문에 김치를 더 이상 먹지 않는다고 합니다. 고추장보다 케첩을 더 좋아합니다.

문화적으로 전 세계가 통일됩니다. 문화 다음에 오는 세대는 시스템(system)에 의해서 통제를 받는, 즉 적그리스도에 의해서 통제받는 세대입니다. 정치력으로 시스템을 장악하는 시대에 접어들게 됩니다. 이 모든 역사가 하나가 되겠다고 하나를 향해서 흘러가고 있습니다. 하나님을 제외해 놓고 말입니다.

성경의 핵심

성경은 '영적으로 하나가 되는 것만이 진정한 하나 됨'이라고 말씀하고 있습니다. 에베소서 1장 10절에서 이렇게 말씀하고 있습니다.

"하늘에 있는 것이나 땅에 있는 것이 다 그리스도 안에서 통일되게 하려 하심이라."

세상 것이 아닌 그리스도 안에서만 하나 될 수 있다는 것입니다.

함께 생각해 보는 질문으로 "영적으로 하나 되는 것을 아십니까?"라고 하였습니다. 하나 되는 것이 얼마나 놀라운 능력의 역사를 이루는지에 대한 작은 예화를 말씀드리겠습니다.

농업이 주산업이던 시대인 1876년은 미국의 미네소타 주가 메뚜기 떼로 인하여 1년 동안 지었던 농사를 완전히 망친 해입니다. 그 다음 해인 1877년의 미네소타 주는 보릿고개라고 불릴 정도로 먹을 양식이 없어서 힘들었습니다. 봄이 되자 전

년에 까놓은 메뚜기 애벌레들이 하나둘씩 지면으로 올라왔습니다. 만약 전년도처럼 한 번 더 메뚜기 떼들이 곡식을 덮치면 살 길이 없습니다. 그 당시 미네소타 주의 지사였던 존 S. 필즈베리는 4월 26일을 금식기도일로 선포했습니다. 모든 관공서와 학교와 상점 문을 닫았습니다. 지금까지 교회 출석의 유무에 관계없이 모든 주민들이 가까운 교회로 모였습니다. 하루 종일 금식하면서 기도하였습니다.

다음날인 4월 27일이 되었습니다. 당시 미네소타 주는 역사상 두 가지의 특이한 날씨 변화를 겪게 됩니다. 4월 27일 아침의 날씨는 역대 미네소타 기온의 기록 중에서 가장 높은 온도를 보여 주었습니다. 마치 무더운 여름 날씨와 같았습니다. 이러한 무더위가 3일간 지속되었습니다. 28일도 29일도 엄청나게 무더운 날씨가 지속되며 이로 인하여 땅 속에 있던 메뚜기 애벌레들이 전부 땅 위로 기어 나왔습니다. 들과 숲과 심지어는 가정집의 뜰까지 온통 메뚜기 애벌레로 덮이는 것 같았습니다. 사흘 동안 땅 속에 있는 대부분의 유충들이 지면 위로 나온 것입니다.

그런데 4월 30일에는 미네소타 주의 역대 일기 중에서 가장 낮은 온도를 기록했습니다. 4월 말의 날씨임에도 기온이 영하로 뚝 떨어져 버렸습니다. 그래서 사흘 동안 나온 유충들이 다 얼어 죽어 버렸습니다. 죽었던 유충들이 거름이 되어 1877년은 미네소타 주 역사상 유례가 없는 대풍년을 거두게 됩니다. 영적으로 하나 되어서 함께 기도한 결과입니다.

마음으로 하나가 되어서 기도한다는 것은 놀라운 일입니다. 하나가 되는 실체를 모르는 사람은 삶을 모르는 것입니다. 한 마음이 되어서 기도하는 가정은 여간 큰 복이 아닙니다. 한 가족은 3~4명밖에 되지 않지만 한 마음으로 기도한다는 것이 쉽지 않습니다. 부부가 둘이 한 마음이 되어 기도하는 것이 쉽지 않습니다. 왜 그렇습니까? 하나가 되어서 기도한다는 것이 가장 강력한 역사이기 때문입니다.

'하나 되었다' 는 말 속에는 지극히 이기적인 인간이 나 중심을 버리고 하나님 중심으로 돌아섰다는 의미가 내포되어 있습니다. 자신을 버리고 하나 된 축구팀은 월드컵에서 우승할 수 있습니다. 감독의 역할이 무엇입니까? 팀이 유기적인 하나로 움직일 수 있도록 지도하는 사람입니다. 저로서는 사람들이 히딩크에는 열광하면서 온 세계의 믿는 자를 하나로 만드시는 예수 그리스도에는 열광하지 않는 것이 신비 중의 신비입니다.

하나 됨 속에는 모든 능력과 모든 기쁨과 확신과 소망이 들어 있습니다. 하나님의 힘의 강력은 하나 됨에서 역사하는 것입니다. 그 비밀을 증거하는 것이 요한복음 17장과 에베소서 2장입니다. 꼭 읽으십시오. 그래서 마귀의 모든 역사의 초점은 이 하나 됨을 훼방하는 것입니다. 그러므로 유일한 훼방의 길이 가짜를 대신 주어 속게 하는 것입니다.

권력 때문에 뭉친 하나, 이익 때문에 맺은 하나, 문화와 정치로 된 하나, 쾌락과 죄악으로 된 하나 이 모두 가짜입니다. 그 안에는 우리의 존재가 진정으로 쉬고 자유할 수 있는 안식도 평강도 없습니다.

오직 그리스도 안에서 십자가의 비밀과 능력을 깨닫고 그 안에서 하나 된 것만이 영원한 구원이 됩니다. 이것이 성경의 핵심입니다.

함께 해보는 정리

오직 복음의 진리로만 진정한 하나 됨을 이룰 수 있습니다

은혜의 복음이 선포된 곳에는 유대인이나 헬라인이나 종이나 자주자나 남자나 여자도 없습니다(갈 3:28). 이것은 문화사적으로도 사실입니다. 예수 그리스도의 복음이 선포되면 한 지체가 됩니다. 복음이 선포된 곳에는 유대인이나 헬라인이나 종이나 자유자나 다 한 성령으로 세례를 받아 한 몸이 되었고(고전 12:13), 헬라인과 유대인이나 할례당과 무할례당이나 야인이나 스구디아인이나 종이나 자유인에게 분별이 있을 수 없습니다(골 3:11).

교회가 무엇인지를 가르쳐 주는 에베소서 4장 3~6절은 이렇게 선포하고 있습니다.

"평안의 매는 줄로 성령의 하나 되게 하신 것을 힘써 지키라 몸이 하나이요 성령이 하나이니 이와 같이 너희가 부르심의 한 소망 안에서 부르심을 입었느니라 주도 하나이요 믿음도 하나이요 세례도 하나이요 하나님도 하나이시니 곧 만유의 아버지시라 만유 위에 계시고 만유를 통일하시고 만유 가운데 계시도다."

우리 모두가 한 아버지에게서 나왔기 때문에 하나가 될 때 안식과 평강이 있고, 하나가 될 때 더 이상 두려움과 수치와 정죄가 없게 됩니다. 은혜의 복음과 그 진리만이 우리로 하나가 되게 합니다.

교회의 본질은 영적 하나 됨뿐입니다

영적 하나 됨 외에는 다른 어떠한 것도 교회의 본질이 될 수가 없으며 되어서도 안 됩니다. 교회 안에서는 어떤 세상의 구분도 존재할 수가 없습니다. 만약 믿는 성도들이 세상에 있는 지위의 높낮이, 학식의 유무와 생김새, 혈연과 지연, 직업의 형태에 따른 구분을 가지고 다른 사람들을 생각한다면 그것은 부끄러운 일입니다. 그리스도를 모른다면 그것은 당연한 일입니다. 그리스도를 알고도 세상 구분을 통해서 형제나 자매를 생각하고 판단한다면 안타까운 일입니다. 심지어는 공공연하게 "우리 교회에는 일류학교 출신이 많습니다. 우리 교회에는 의사가 많습니다. 우리 교회에는 부자가 많습니다"라고 자랑하는 목회자들이 있습니다. 이런 말은 스스로 "나는 복음을 모릅니다"라고 고백하는 것과도 같은 것입니다.

혹시 성도 여러분 사이에 출신 지역이나 학벌, 생김새, 가진 것 등으로 서로를 판단한다면 "나는 예수 그리스도와 복음의 능력을 모릅니다"라고 이야기하는 것과 같다는 것을 알아야 합니다. 그런 사람들은 "그리스도의 비밀을 알게 하여 주시옵소서"라고 기도하여야 할 사람들입니다.

이스라엘 성지에 가보면 세계 여러 나라들에서 찾아온 방문자들이 있습니다. 개신교회, 러시아정교회, 동방교회, 콥틱교회, 시리아교회, 가톨릭교회들이 예루살렘에 옵니다. 각 교회 성도들의 옷차림과 생김새는 참으로 다양합니다. 비록 온전한 하나로 누리지는 못하지만 본질에서는 모두가 하나입니다. 그 이유는 모양은 다르지만 모두의 가슴 속에 예수 그리스도의 십자가의 사랑이 있기 때문입니다.

각 교회에 복음이 나타날 때 나타난 결과는 다를 수 있습니다. 한국 교회의 문화적 가치 중심은 금주, 금연입니다. 다른 나라에서는 그리스도인이 술을 마시는 것이 자연스러운 곳이 많습니다. 그러나 한국 그리스도인들은 술을 마시지 않습니다. 마펫 선교사님이 구한말 한국에 선교하기 위해 오셨을 때 당시 사회 실상에 대하여 본국에 보내었던 보고서가 있습니다. 마펫 선교사님은 한국을 대단히 사랑하신 분입니다. 많은 선교사들이 일제 식민지정책에 동의했지만 마펫 선교사님은 일제 식민지 정책에 끝까지 항거하신 소수의 선교사 중의 한 분이시기도 합니다. 본국에 보낸 선교보고서에 "평양은 세상에서 가장 악한 도시입니다"라고 적고 있습니다. 그 이유는 거지가 죽었는데 아이들이 죽은 거지 시신의 발목에 새끼줄을 매고 끌고 다니면서 놀고 있었다는 것입니다. 미개한 아프리카 오지에도 죽은 시신을 그렇게 처리하는 일은 없을 것입니다. 그것이 구한말 우리의 모습이었습니다. 그렇게 된 이유는 사람들이 엄청나게 술을 마셨기 때문입니다.

마펫 선교사님은 또한 이렇게 보고하고 있습니다.

"길거리에는 술에 취에서 뒹구는 사람들이 수도 없이 많습니다. 개천에는 술을 먹고 토해 내고서 물 속에 머리를 박고 있는 사람들도 종종 보입니다. 장날에 모였다가 파하면서 그곳에서 일하던 인부들의 3분의 1 이상이 술을 먹고 서로 싸움을 합니다."

이러한 곳에 무슨 가정을 돌보는 것이 있고 사회적인 사명의식이 존재하겠습니까?

다도 하시는 분들이 저에게 말씀합니다. 본래 우리의 문화는 차례문화라는 것입니다. 고려시대까지 서로간에 모이면 차를 나누었던 건강한 민족이었습니다. 그런데 이성계가 혁명을 일으키고 조선을 세운 후 고려의 문화를 없애기 위하여 차를 나누기보다는 술을 나누는 문화로 바꾸었다고 합니다. 이때부터 조선이 썩어져 갔습니다. 그래서 구한말 일제 식민지가 되던 때는 사회가 완전히 썩어 버려 힘이 하나도 없을 때였습니다. 왕실과 지도자들만 썩은 것이 아니라 문화 자체가 썩어 버렸습니다. 술 때문에 망한 민족이었습니다. 지금도 술 때문에 이루어지지 않아야 될 만남이 얼마나 많이 이루어지며, 술 때문에 나누어지지 않아도 될 대화나 거래가 얼마나 많이 이루어집니까? 술이 흔하다 보니 술에 빗대어 이야기하고, 술에 빗대어 시비하고, 술에 빗대어 거래하고, 술에 빗대어 죄를 짓습니다. 정직이 덮여 버립니다. 적당주의가 자리를 잡습니다.

우리 한국 민족은 정기가 있는 민족인데 술 때문에 가정과 문화의 뿌리가 썩어져 가는 것입니다. 우리는 썩어져 가는 실상을 보지 못하였는데 제3자인 외국 선교사님은 이를 보았던 것입니다. 따라서 선교사님들이 강력하게 한국 그리스도인들에게 금주를 시켰던 것입니다.

담배도 마찬가지입니다. 복음의 능력을 만나지 못하면 담배가 끊어지지 않습니다. 재치가 넘치는 작가인 마크 트웨인의 말 중에 재미있는 말이 있습니다. 자신은 담배 끊는 것이 아주 쉽다고 하였습니다. 지금까지 200번이나 끊었다고 했습니다. 저의 경험을 말씀드리겠습니다. 저는 예수님을 영접하고 담배를 끊었습니다. 그 전까지는 담배를 하루에 세 갑 피웠습니다. 제 힘으로 담배를 끊은 것 중에서 가장 길게 끊은 것이 3개월 정도였습니다. 저는 마크 트웨인이 담배 끊는 것은 너무 쉽다고 하면서 200번이나 끊었다는 말이 무슨 말인지 잘 압니다. 저 역시 마음으로는 수도 없이 작정하고 수도 없이 끊어 보고 수도 없이 실패했습니다.

제가 믿고 나서 처음으로 교회 부흥회에 참석하였습니다.

지금 생각해 보면 조금 우스운 부흥회였지만 당시에는 부흥회에 참석하는 것이 너무나 기쁘고 은혜 충만했습니다. 부흥회 둘째 날 집회를 마치고 집에 돌아와서 자려고 누워 있다가 갑자기 담배를 끊게 해달라고 하나님께 기도해야겠다는 생각이 들었습니다. 벌떡 일어나 거의 새 갑이던 담배를 꺾어 버린 후 기도했습니다. 무엇이라 기도하였는지 생각도 잘 안 나고 또 기도를 어떻게 하는지 잘 모를 때였습니다. 그러나 그 다음날 아침에 일어나면서부터 습관적으로 피우던 담배를 잊어버린 것이 한나절이나 되어서 생각났습니다. 그리고 그것이 전부였습니다. 그 이후로 담배에 대하여 전혀 생각이 나지 않았습니다. 요즈음은 담배를 피우시는 분의 차를 타면 냄새 때문에 멀미가 납니다.

중국 그리스도인들은 절대 아편을 먹지 않습니다. 선교사님들이 중국에 들어가서 선교하실 때에 중국은 아편 때문에 썩어져 가고 있었기 때문입니다. 책에서 읽은 것이지만 브라질 그리스도인들은 커피를 마시지 않고 축구를 보지 않는다고 합니다. 축구경기를 하는 기간 동안 강간과 절도가 수도 없이 일어난다고 합니다. 아무 유익이 없는데 대리만족을 누립니다. 있는 에너지마저 다 소비를 해버려 일어날 힘이 없습니다. 그래서 브라질의 그리스도인의 문화 가치의 정체성을 그런 것에 두는 것입니다.

교회의 모습은 각기 다릅니다. 그러나 본질에서는 얼마든지 하나가 됩니다. 그것은 그리스도의 복음의 진리로 하나 되는 것입니다. 바울은 복음 안에서 성도들이 영적으로 하나가 되어가는 역사를 에베소서 2장 20~24절에서 말하고 있습니다.

"너희는 사도들과 선지자들의 터 위에 세우심을 입은 자라 그리스도 예수께서 친히 모퉁이 돌이 되셨느니라 그의 안에서 건물마다 서로 연결하여 주 안에서 성전이 되어가고 너희도 성령 안에서 하나님의 거하실 처소가 되기 위하여 예수 안에서 함께 지어져 가느니라."

무엇보다도 예수님께서는 우리와 하나 되기를 간절히 원하십니다.

"아버지께서 내 안에, 내가 아버지 안에 있는 것같이 저희도 다 하나가 되어 우리 안에 있게 하사 세상으로 아버지께서 나를 보내신 것을 믿게 하옵소서 내게 주신 영광을 내가 저희에게 주었사오니 이는 우리가 하나가 된 것같이 저희도 하나가 되게 하려 함이니이다 곧 내가 저희 안에, 아버지께서 내 안에 계셔 저희로 온전함을 이루어 하나가 되게 하려 함은 아버지께서 나를 보내신 것과 또 나를 사랑하심같이 저희도 사랑하신 것을 세상으로 알게 하려 함이로소이다"(요 17:21~23).

현실 속에서 하나 됨의 능력을 누리는 자리가 가정교회입니다

교회가 무엇입니까? 세상의 모든 구분이 깨어진 생명의 자리가 교회입니다. 우리의 생명은 세상의 구분으로 시들어 갑니다. 그냥 그 모습 그대로 받아 주고 사랑해 주면 우리 각자 속에는 무한정 피어날 수 있는 아름다움이 있습니다. 그런데 그것을 우리는 받아 주지 않습니다. 온갖 것으로 구분합니다. 심지어는 얼굴이 넓으냐 작으냐로 구분합니다. 사는 동네까지 구분합니다. 정말 구분 안 하는 것이 없습니다. 잘 생각해 보십시오. 생명이 어디에서 망해져 가는지를 보시기 바랍니다. 이 무자비하고 끝없는 구분 속에서 우리 모두는 시들어지고 어두

워져 가고 있습니다. 우리 속에 있는 아름다움의 빛조차도 잃어 가고 있습니다.

교회는 세상의 모든 구분이 깨어져 버리고 예수 그리스도 안에서 하나님이 나를 사랑하셨다는 단 한 가지 이유로 하나가 된 곳입니다. 이것은 신학적인 이야기가 아닌 어마어마한 능력입니다. 어떤 이익과 이유, 그리고 어떤 조건과 이해관계로 하나가 되는 것이 아닙니다.

오직 하나님이 나를 사랑하셨다는 은혜의 복음 때문에 하나 되는 것 앞에서는 어떠한 세상 권세와 속이는 모든 것들이 깨어져 버립니다. 이제 세상 권세와 허무는 더 이상 나를 종 노릇시킬 수가 없습니다. 나를 세상의 낚싯밥으로 끼워서 이리저리 마음대로 끌고 다니지 못합니다. 언제 어디서나 나는 나일 뿐이고 나를 내 모습 그대로 사랑해 주는 형제자매들이 얼마든지 있습니다. 그러므로 세상이 더 이상 나를 속이지 못합니다.

더 가져야 행복하다고 강박적으로 생각했던 사람이 자유해졌습니다. 더 가지든 못 가지든 그는 이미 행복합니다. 더 가지든 못 가지든 그 모습대로 자족하고 삶 자체를 누립니다. 더 높아져야 된다는 강박관념에 붙들린 사람이 자신보다 더 높아지는 사람을 진심으로 축복해 줄 수 있게 됩니다. 그는 이미 높아지는 것보다 더 큰 것을 누리고 있는 것입니다. 이러한 사람들이 더 가지거나 높아지면 그 더 가짐과 높아짐으로 반드시 다른 사람들을 축복하게 됩니다. 하나님께서 마음놓고 채우시고 세우실 수 있는 삶이 된 것입니다.

은혜의 복음이란 사랑이신 하나님께서 나를 사랑으로 창조하셨고 그 사랑 때문에 나를 위해 죽으셨고 끝까지 나를 인도하시고 완성하신다는 선언입니다. 우리가 존귀하게 되는 길은 사랑밖에 없습니다. 돈이 우리를 존귀하게 만들지 않습니다. 내 직업이 나를 존귀하게 하지 않습니다. 세상에는 비천한 대통령이나 장관들이나 국회의원들이나 부자들이 수두룩합니다. 세상에 있는 지위가 나를 존귀하게 하지 않습니다. 사람을 존귀하게 하는 것은 오직 하나님의 사랑입니다. 사랑만이 우리의 생명을 존귀하게 합니다.

사도 바울이 예수님을 만나고 나서 하나님의 사랑에 대하여 '만세로부터 나를 택정하신 이, 창세 전에 나를 택정하신 이'라고 고백하고 있습니다. 오늘 예수님을 만난 나를 만세 전에 아버지 하나님께서 이미 가슴에 사랑으로 품고 계셨다는 것입니다. 사랑의 하나님이 자신의 모든 것을 내어 주시는 사랑으로 나를 구원하셨습니다. 뿐만 아니라 이 역사의 마지막에 그 하나님이 나를 자신의 정결한 신부로 맞아 주실 것입니다.

세상에 있는 것들은 잠시만 있으면 사라지는 그림자와 같은 것입니다. 세상에 보이는 것은 참실제가 아닙니다. 잡은 것 같지만 금방 놓아야 합니다. 가진 것 같지만 금방 내 것이 아니라는 것을 배워야 합니다. 주장할 수 있는 것 같지만 내게 속한 것이 아닙니다. 세상의 허상이 아니라 오직 실제이시고 영원하신 하나님의 가슴과 하나님의 눈이 나에게 임하여야 합니다. 나에게 임한 하나님의 가슴과 눈으로 나와 이웃을 발견하면 이 세상에서 우리를 좌절케 하고 갈등하게 하며 고통스럽게 하는 모든 허상들이 사라집니다. 세상의 모든 구분은 허상이고, 그 허상은 사랑 안에서 도말되어 버립니다.

은혜의 복음을 만났을 때 내 속에 있는 어두움과 두려움은 사라지고 빛의 역사가 나타납니다. 이것이 바로 복음의 능력입니다. 이러한 복음의 능력이 자라나게 해주고 도와 주는 곳은 가정교회밖에 없습니다.

　가정교회가 무엇입니까? 두세 가정이 오직 그리스도의 사랑의 기쁨으로 만나는 자리입니다. 그 말은 가정교회 안에는 어떤 세상의 구분과 허상도 힘을 잃어버립니다. 그래서 정죄나 판단이 없습니다. 그 안에서는 '나는 나' 일 수 있습니다. 세상 어디에서도 나는 가짜로 살아왔습니다. 더 멋있고 더 잘나야만 인정받는 세상 속에서 정죄의 두려움 때문에 우리는 우리 자신이지 못했습니다. 그러나 가정교회 안에서는 나 외의 다른 어떤 것도 될 이유가 없고 내가 나 자신일 수 있는 연습을 할 수 있으며 나의 나 됨을 누리기 시작합니다. 내가 나일 수 있어야 비로소 자라기 시작합니다. 사는 것만큼 새로워집니다. 그러면 사는 것만큼 보람을 누립니다. 이것이 정죄가 없어진 삶의 복이요 능력입니다. 로마서 8장 1~2절은 선언합니다.

　"이제 그리스도 예수 안에 있는 자에게는 결코 정죄함이 없나니 이는 그리스도 예수 안에 있는 생명의 성령의 법이 죄와 사망의 법에서 너를 해방하였음이라."

　내가 무엇인가를 이루어야, 무엇인가 하여야만 사랑받을 수 있다는 끝없는 멍에, 수고하고 무거운 멍에, 종신토록 땀 흘리고 살아도 끝이 없는 멍에, 밤이 맞도록 수고했지만 얻은 것이 없는 멍에, 허무에 굴복하고 종 노릇 하는 멍에가 예수 그리스도 안에 있는 생명의 성령의 법으로 벗겨진 것입니다.

　성령님 안에서 하나님의 사랑이 내 가슴에 느껴지면서 그 모든 멍에들이 벗겨집니다. 이제는 무엇을 하여도 자라기 시작합니다. 모든 순간에 성숙하여 갑니다. 무엇을 하여도 자유의 영역이 넓어지기 시작합니다. 모든 순간에 내 모습으로 담대합니다. 내가 약할 때에 약하다고 말할 수가 있습니다. 전에는 정죄가 무서워서 약한데도 약하다고 말할 수가 없었습니다. 전에는 모르는데 모르는 척하지 않고서 잘 아는 척을 했습니다.

심지어 교회까지 와서도 잘 믿는 척하고 잘 아는 척하였습니다. 이제는 그럴 필요가 없습니다. 이제는 나이면 됩니다. 여기에는 속임수나 거짓이 없습니다. 죄의 권세가 무너졌습니다.

내가 나인 곳에는 죄의 권세와 사망의 쏘는 것이 사라졌습니다. 이것이 바로 교회입니다. 이것이 복음의 능력입니다. 현실 속에서 이 생명의 자리를 누리는 곳이 가정교회입니다.

문화사 5천 년의 역사 속에서 유대인과 이방인이 한 번도 섞인 적이 없는 때가 반세기도 안 되는 짧은 시간에 하나를 이룰 수 있었던 것은 오직 복음의 능력 때문입니다. 이것이 복음의 비밀입니다. 이러한 복음의 능력이 역사하는 가정은 피어나기 시작합니다. 지금까지 가능성은 있었지만 계속해서 실패만 하던 삶이 피어나기 시작합니다. 복음의 능력이 임한 심령은 더 이상 실패하지 않습니다. 이미 성공 속에서 살고 있습니다. 내가 나를 누리는 삶이 바로 성공입니다.

영적인 하나 됨, 나를 하나님의 사랑과 하나 되게 하고 그 사랑 안에서 나의 이웃과 하나가 되게 하는 능력, 즉 복음의 진리를 누리시기를 주님의 이름으로 축원합니다.

갈|라|디|아|서|강|해(상권)

제 **6**강
향해서 죽었나니

갈라디아서 2장 11~21절

게바가 안디옥에 이르렀을 때에 책망할 일이 있기로 내가 저를 면책하였노라 야고보에게서 온 어떤 이들이 이르기 전에 게바가 이방인과 함께 먹다가 저희가 오매 그가 할례자들을 두려워하여 떠나 물러가매 남은 유대인들도 저와 같이 외식하므로 바나바도 저희의 외식에 유혹되었느니라 그러므로 나는 저희가 복음의 진리를 따라 바로 행하지 아니함을 보고 모든 자 앞에서 게바에게 이르되 네가 유대인으로서 이방을 좇고 유대인답게 살지 아니하면서 어찌하여 억지로 이방인을 유대인답게 살게 하려느냐 하였노라 우리는 본래 유대인이요 이방 죄인이 아니로되 사람이 의롭게 되는 것은 율법의 행위에서 난 것이 아니요 오직 예수 그리스도를 믿음으로 말미암는 줄 아는 고로 우리도 그리스도 예수를 믿나니 이는 우리가 율법의 행위에서 아니고 그리스도를 믿음으로써 의롭다 함을 얻으려 함이라 율법의 행위로서는 의롭다 함을 얻을 육체가 없느니라 만일 우리가 그리스도 안에서 의롭게 되려 하다가 죄인으로 나타나면 그리스도께서 죄를 짓게 하는 자냐 결코 그럴 수 없느니라 만일 내가 헐었던 것을 다시 세우면 내가 나를 범법한 자로 만드는 것이라 내가 율법으로 말미암아 율법을 향하여 죽었나니 이는 하나님을 향하여 살려 함이니라 내가 그리스도와 함께 십자가에 못박혔나니 그런즉 이제는 내가 산 것이 아니요 오직 내 안에 그리스도께서 사신 것이라 이제 내가 육체 가운데 사는 것은 나를 사랑하사 나를 위하여 자기 몸을 버리신 하나님의 아들을 믿는 믿음 안에서 사는 것이라 내가 하나님의 은혜를 폐하지 아니하노니 만일 의롭게 되는 것이 율법으로 말미암으면 그리스도께서 헛되이 죽으셨느니라

들어가면서

많은 설교자들이 본문의 내용을 오해하고 있습니다. 저도 이 설교를 위해서 본문을 깊이 묵상하기 전까지는 오해를 하고 있었습니다. 대부분의 사람들이 본문을 다음과 같이 이해합니다. 베드로가 할례를 받지 않은 이방인들과 함께 식사를 하고 있다가 예루살렘에서 할례를 주장하는 사람들이 오니까 깜짝 놀라서 자리를 뜨는 것을 바울이 보고서 베드로의 위선적이고 기만적이며 떳떳하지 못한 행동을 책망한 것으로 이해하고 있습니다. 그러나 본문은 베드로의 위선적인 행동에 대해 바울이 책망을 주는 그런 단순한 내용이 아니라 성경의 중심이자 갈라디아서의 중심인 믿음으로 의롭게 됨을 보여 주는 것입니다.

본문의 내용을 살펴보면, (1) 식탁 문제의 갈등(갈 2:11~14), (2) 믿음으로 의롭게 됨(이신칭의, 갈 2:15~18) (3) 죽음으로 사는 길(갈 2:19~21)로 되어 있습니다.

식탁 문제의 갈등

먼저 식탁 문제의 갈등에 대해서 생각해 보겠습니다. 이 사건은 안디옥 교회에서 일어난 일입니다. 안디옥 교회는 지상에서 존재하였던 교회들 중에서 가장 아름답고 능력이 있었으며 귀한 교회이고 믿는 자들의 소망이 되는 교회입니다. 안디옥 교회가 있었기에 유대인으로 구성된 예루살렘 교회가 예루살렘에서 땅 끝까지 복음을 전할 수 있는 하나님의 교회로 설 수 있었습니다. 사도행전 2장에 나오는 것과 같이 예루살렘 교회에 오순절날 성령이 한 번이 아니라 백 번 강림하였어도 안디옥 교회가 없었더라면 오늘날 모든 교회들은 존재할 수 없었을 것입니다. 따라서 교회사를 안다면 이러한 안디옥 교회의 중요성을 아무리 강조하여도 지나치지 않을 것입니다.

안디옥 교회가 그렇게 능력 있고 역사적으로 하나님의 뜻과 일을 온전히 감당하는 교회가 되었던 중요한 비밀이 있습니다. 안디옥 교회는 기도를 많이 하는 교회였습니다. 중요한 일이 있을 때마다 금식하며 기도하였습니다. 그리고 안디옥 교회는 성경말씀을 많이 알았습니다. 당대 최고의 성경교사인 바울과 바나바가 목회한 교회입니다. 그러나 안디옥 교회가 그렇게 아름다웠던 것은 금식하고 기도하고 또 성경말씀을 많이 알았기 때문만이 아니었습니다.

모든 교인들이 기도를 많이 하고 말씀을 잘 알았으며 헌신과 봉사를 잘한 것은 그 자체를 위해서가 아니었습니다. 안디옥 교회는 이 모든 것을 가지고 있으면서 중요한 한 가지를 분명하게 누렸습니다. 그 한 가지가 무엇입니까? 하나 됨을 누린 것입니다. 유대인과 이방인은 절대로 하나가 될 수 없는 사람들입니다. 세상이 끝장나도 하나가 될 수 없는 사람들인데 역사상 처음이자 마지막으로 유대인과 이방인이 하나가 되는 일이 안디옥 교회 안에서 이루어졌습니다. 그 이유는 복음으로 말미암아 하나 됨의 비밀이 교회 속에 있었기 때문입니다.

우리들이 하나 됨을 누릴 때 담대해지고 순수해지며 인격이 건강해집니다. 남편과 아내가 하나 된 가정은 쓸데없는 일에 삶을 낭비하지 않고 건강한 가정으로 살아갑니다. 하나 되면 삶 자체가 아름다워지고 하나님의 형상으로 지어진 인간의 존귀함이 나타납니다. 세상은 돈만 있으면 하나 될 수 있다고 생각합니다. 돈이 많다고 해서 결코 하나 되지 않습니다. 돈이 좋은 도구가 될 수 있지만 사람을 패망케 하는 멸망의 도구가 될 수도 있습니다. 우리가 무엇 때문에 목말라하고 있습니까?

최근 미국 시카고와 로드아일랜드에 있는 나이트클럽에서 사고가 나서 많은 사람들이 목숨을 잃었습니다. 많은 사람들이 왜 나이트클럽에 몰려갑니까? 잠시 동안이지만 한 장소에서 하나 됨을 느껴보기 위해서입니다. 그 안에 있으면 외롭지 않고 그 안에 있으면 내가 더 이상 혼자라는 느낌이 없다는 것입니다. 모두가 반갑게 대하여 주고 마음을 나눌 수 있다고 생각하기 때문입니다. 많은 사람들이 왜 그렇게도 시간과 돈을 투자하여 운동 경기를 즐깁니까? 경기장 안에 들어가면 수만 명의 사람들이 온통 하나가 된 것같이 함께 소리 지르고 함께 응원하고 열광할 수 있기 때문입니다. 짧은 순간이지만 하나 됨을 경험해 보는 것입니다. 우리의 삶은 하나 됨을 향해서 나아가고 있습니다. 모두가 하나 됨에 목말라하고 있습니다.

저의 설교 테이프를 듣고 있는 어떤 성도님으로부터 2년 전에 한 통의 편지를 받았습니다.

"목사님, 저를 위해서 기도해 주세요. 저는 남편을 위해서 신장 한 쪽을 드리기로 하였습니다. 그런데 제 마음은 남편에게 한 쪽 신장뿐만 아니라 나머지도 주어서 남편이 살고 대신에 내가 죽을 수 있다면 그렇게 기쁘게 하고 싶습니다."

그리고 그분은 계속 다음과 같이 고백하였습니다.

저는 젊은 시절에 굉장히 많은 어려움을 겪었습니다. 아버지는 일

찍 돌아가시고 어머니는 병이 들어서 누워 계셨기 때문에 제가 공장에 가서 일을 하면서 어린 두 남동생을 보살피고 공부를 시켜야 했습니다. 저는 어릴 때부터 고생을 하고 잘 먹지 못하여 발육이 제대로 되지 못하였습니다. 따라서 제 외모는 아무리 보아도 여성이라고 느낄 수 없는 모습입니다. 저는 늘 누가 나를 사랑해 줄 수 있을까 생각하면서 살았습니다. 저를 위한 인생을 포기하고 남동생들을 위해서 평생을 희생하면서 살겠다고 결심했습니다.

그런데 어느 날 지금의 남편을 만났습니다. 남편도 저와 같이 너무나 가난한 집의 장남입니다. 그러한 남편이 저를 만나서 저를 사랑하고 아껴 주기 시작했습니다. 처음에는 남편의 사랑을 믿을 수 없었습니다. 그래서 남편의 사랑을 뿌리쳤습니다. 시간이 흐르면서 남편이 저를 사랑하는 것이 신실한 것임을 느끼게 되었습니다. 그래서 저희들은 결혼을 하였습니다. 남편은 적은 봉급이지만 직장생활을 열심히 해서 저의 가족들을 부양하고 우리 어머님의 병수발까지 해주었습니다. 그리고 저의 남동생들을 대학교까지 공부시켰습니다. 저를 만나서부터 지금까지 한결같은 사랑으로 사랑해 주었습니다.

그러나 무리하게 살다 보니 남편의 신장에 이상이 왔습니다. 이제는 신장 이식을 받지 않으면 살 수가 없습니다. 의사들이 허락만 한다면 제 신장 전체를 남편에게 주고 남편의 모든 약한 것을 지고 제가 죽었으면 좋겠습니다. 제가 지금까지 남편에게 받은 그 사랑을 한 번쯤 온전하게 돌려 주고 싶습니다.

이와 같이 진정한 하나 됨을 체험한 사람은 죽음이 두렵지 않습니다. 죽음이 고통스럽지가 않기 때문이 아닙니다. 육체를 가진 인간이 어떻게 고통과 죽음에 대한 두려움이 없겠습니까?

"할 수만 있다면 이 잔을 내게서 지나가게 하옵소서"라고 말할 수밖에 없음에도 불구하고 기꺼이 몸을 내어드린 예수님의 '아버지와의 하나 됨'을 알지 않고는 인생의 참비밀을 알 수가 없습니다.

우리는 하나 되기 위해서 살고 있습니다. 부부가 하나가 되면 이 땅에서 어떠한 어려운 일이 있어도 헤쳐나갈 수 있습니다. 그리고 주변에 있는 모든 사람을 축복하는 삶이 됩니다. 가정이 하나가 되면 놀라운 일이 벌어집니다. 하나 되는 가정은 반드시 이 땅의 역사에 중요한 일점을 남기면서 싱싱한 생명들을 배출합니다.

안디옥 교회는 절대로 하나가 될 수 없었던 사람들이 하나 된 곳입니다. 이방인과 유대인이 하나 된 교회의 본질을 보여주는 곳이 바로 안디옥 교회입니다. 기도! 어마어마하게 할 수 있습니다. 그러나 기독교인들이 아무리 기도를 해도 불교인들을 따라가지 못합니다. 명상과 묵상을 무지무지하게 많이 할 수 있습니다. 그러나 기독교인들의 명상과 묵상은 힌두교인들의 묵상에 비하면 어린아이 수준입니다. 그리고 뉴에이지 사람들이 나타내는 능력에 비하면 교회에 왔다갔다하는 사람들은 능력을 전혀 모른다고 할 정도입니다. 어떻게 보면 세상의 종교인들 가운데에서 그리스도인들이 제일 무지한지도 모릅니다.

그러나 교회의 교회 되는 것은 기도, 묵상, 명상, 능력이 아닙니다. 그러한 것들은 영성으로의 길이지 그 자체가 본질은 아닙니다. 교회가 되는 본질은 하나밖에 없습니다. 모든 원수된 것이 폐해지고 막힌 담을 무너지게 하며 화평을 이루시는 그리스도 안에서 하나 되는 것입니다.

교회 안에서는 어떠한 구분도 있을 수가 없습니다. 세상에 있는 구분을 보십시오. 구분으로 인하여 우리가 얼마나 상처를 받고 있습니까? 교회는 기도 잘하고, 믿음이 좋으며, 말씀을 잘 안다는 것으로 잘난 척이나 하고 그것으로 구분하는 곳이 아닙니다. 교회는 다른 사람과 자신을 그러한 모습과 행위로 구분하는 곳이 결코 아닙니다. 만약 우리들이 교회 안에서 그러한 세상적인 모습과 행위로 구분한다면 우리는 굉장히 비참하고 불쌍한 사람이 됩니다.

구분이나 하고 잘난 척을 하고 싶으면 세상에 가서 하시기를 바랍니다. 세상은 그렇게 만들어져 있기 때문입니다. 세상에 가서 잘난 척하는 사람들은 그래도 정직한 사람일지도 모릅니다. 그런데 교회에 와서 잘난 척하는 사람은 못난 사람 중에 못난 사람입니다. 참으로 비참하고 못난 짓입니다.

하나님께서 교회를 세우신 이유는 교회를 통해서 우리로 하여금 하나 되게 하시기 위해서입니다. 그리스도의 은혜의 복음 때문에, 그리고 누구도 차별하지 않으시고 자기 생명 전체를 쏟아부으셔서 사랑해 주신 그 사랑 때문에 우리 모두가 한 자리에 있습니다. 우리들이 그 외의 어떤 것을 가지면 스스로 불행하게 됩니다. 이런 면에서 사도 바울은 안디옥 교회를 통해서 너무나 예리하고 선명하게 하나 됨의 역사를 보고 있는 사람입니다.

안디옥 교회에서 일어난 식탁 문제의 갈등을 자세히 살펴보겠습니다. 본문 말씀에 "야고보에게서 온 어떤 이들이 이르기 전에 게바가 이방인과 함께 먹다가 저희가 오매 그가 할례자들을 두려워하여 떠나 물러가매"(갈 2:12)라는 말이 나옵니다. 여기서 "함께 먹다가(used to eat)"와 "떠나 물러가매(began to draw back and separate)"는 문법적으로 미완료과거형으로 되어 있습니다. 미완료과거형은 반복적인 습관을 나타내는 시제입니다.

그러니까 베드로가 어느 날 이방인들과 밥을 같이 먹고 있다가 예루살렘에서 올라온 사람들을 보고서 순간적으로 깜짝 놀라서 자리를 피한 것이 아니라는 것입니다. 베드로가 안디옥을 방문한 이후로 지금까지 계속해서 이방인 그리스도인 형제들과 함께 식사를 해왔었는데 예루살렘에서 올라온 사람들을 만나고 나서부터는 함께 먹던 관습 자체를 중단한 것입니다. 그냥 떠나서 물러간 것이 아니라 이방인 그리스도인들과 유대인 그리스도인들이 함께 가졌던 식탁의 코이노니아가 완전히 갈라진 것입니다.

교회의 본질은 하나 되는 것 외에는 아무것도 없다고 말씀드렸습니다. 그렇다면 이방인 그리스도인의 코이노니아와 유대인 그리스도인의 코이노니아가 갈라졌다는 것은 무엇을 이야기하는 것입니까? 교회의 본질 자체가 깨어진 것을 의미합니다. 사도 바울은 이러한 갈라짐을 복음의 진리를 떠난 행위, 즉 복음의 진리를 따라 의로 행하지 않았다고 보았던 것입니다.

우리는 그러한 갈라짐의 내용을 분명히 보아야 합니다. 우리 중에 누구라도 형제나 자매를 서로 싫어하는 이유로 구분하거나, 출신이나 배경 등으로 구분하면 교회의 본질, 즉 복음의 본질을 깨는 것입니다.

그 다음에 "그가 할례자들을 두려워하여 떠나 물러가매"라는 말이 나옵니다. 여기서 할례자들이라는 것을 원어대로 하면 "할례를 적극적으로 옹호하는 사람들(those who advocate the circumcision)"이라는 의미입니다. 즉 베드로가 할례를 적극적으로 옹호하는 사람들을 두려워하여 물러갔다는 것입니다.

우리는 본문의 역사적 배경, 즉 1세기 중반의 역사적인 상황을 이해할 필요가 있습니다. 1세기 중반은 유대민족주의가 기승을 부리고 있었던 시기입니다. 유대민족주의의 기원이 있습니다. 유대민족주의가 일어나는 배경에는 안티오커스 4세, 즉 에피파네스라고 하는 셀리커스 왕조의 왕이 있었는데 그는 매우 교활하였으며 항상 적그리스도의 대표적인 이미지를 가지고 있었습니다. 에피파네스는 전쟁을 할 때 한 번도 정정당당하게 싸운 적이 없었고 오직 권력과 영토 빼앗기만을 추구하다가 말년에 비참하게 죽었던 왕입니다. 에피파네스가 애굽을 침략했다가 실패하고 돌아오면서 자기의 영토에 속한 유대인들이 자기 말을 잘 듣지 않는다는 이유로 예루살렘에서 화풀이를 하게 됩니다. 유대인들이 절대 먹지 않는 돼지를 성전에서 잡아놓고 성전에 돼지 피를 뿌렸습니다. 그리고 성전 앞에 돼지고기를 삶아 놓고서는 유대인들에게 돼지고기를 강제로 먹였습니다. 만약 먹지 않으면 무참하게 죽였는데 마카비서를 보면 일곱 아들들이 어머니 앞에서 차례로 죽는 비극적인 사건이 나오기도 합니다. 이러한 비극적인 시대를 지나면서 유대민족주의가 일어납니다.

유대민족주의는 시간이 흐르면서 점점 순수성을 잃고 민족주의자들 스스로 자기 위치와 권력을 유지하고 주장하는 형태로 변질되어 버렸습니다. 그래서 유대주의자들은 자신들의 모습대로 율법을 지키지 않는 사람들을 보면 죄인이라고 멸시하고, 율법을 지키지 않는 사람들 때문에 유대인 전체가 고난을 받는다고 핍박하였습니다. 유대민족주의가 도리어 유대인을 사랑하지 않는 반민족적 타락의 길로 흐른 것입니다. 결국 자기들 말을 듣지 않는 사람에게는 집단폭력을 가하고 정치, 경제, 사회적인 보복과 불이익을 주었습니다. 갈라디아서가 기록되어지고 나서 불과 얼마 되지 아니하여 유대민족주의는 로마와 부딪치게 되는데 로마가 최정예군을 예루살렘에 투입함으로써 예수님께서 말씀하신 대로 돌 위에 돌 하나가 남지 아니하는 처참한 파괴와 멸망을 당합니다.

유대민족주의자들은 자기들이 기다리는 메시아는 유대인들을 로마에게서 정치적으로 구출하는 것으로 알고 있었습니다. 정치적으로 무기력하게 보이는 나사렛 예수가 자신을 메시아라고 하자 지금까지 자신들이 주장하는 것과 정면으로 배치가 되기에 결국은 예수님을 십자가에 못박게 됩니다. 빌라도가 예수님과 강도 바라바를 유대인들 앞에 세웠을 때 유대인들이 예수님을 십자가에 못박으라고 소리치는 배경에는 바로 이러한 유대민족주의가 깔려 있습니다.

예수님의 예언대로 A.D. 70년에 예루살렘은 유대민족주의의 결과로 완전히 파괴되었고 유대인들은 예루살렘에서 쫓겨나 상당 기간 동안 고토인 예루살렘으로 돌아올 수 없는 비극적인 신세가 됩니다. 따라서 갈라디아서가 기록된 시기의 배경에는 이러한 유대민족주의가 기승을 부리고 있었다는 사실을 먼저 이해하여야 합니다.

베드로가 이방인들과의 식사자리에서 물러가자 같이 있던 다른 유대인들이 어떻게 행하는지 보겠습니다.

"남은 유대인들도 저와 같이 외식하므로 바나바도 저희의 외식에 유혹되었느니라"(갈 2:13).

베드로와 유대인들, 그리고 바나바도 외식했다고 하였습니다. 외식(hypocrite)은 위선적이고 기만적인 행위를 말합니다. 여기서 외식은 헬라어로 '히포크리시스'라고 되어 있지만,

유대교 문헌에서 '히포크리시스' 라는 단어가 기만이나 위선의 의미로 적힌 적은 없습니다. 언제나 '히포크리시스'는 하나님을 떠난 것, 또는 배교(아포스타스)의 뜻으로 사용되었습니다. 그러므로 바울은 베드로와 바나바가 식사를 하다가 더 이상 이방인 그리스도인들과 식탁의 교제를 하지 않는 행위를 바로 하나님을 떠난 행위로 보았던 것입니다. 단순히 잘 먹다가 예루살렘으로 올라온 사람들을 만나더니 안면 몰수하고 위선적이고 기만적인 행위를 한 것으로만 보지 않았다는 것입니다.

본문의 베드로와 사도행전의 베드로

베드로와 바나바가 식탁의 교제를 떠난 것이 단회적인 사건이 아니라 어떤 계기를 통해서 이방인 그리스도인들과 완전히 갈라진 상태임을 본문은 말해 주고 있습니다.

사도행전에 나오는 베드로의 모습을 잠깐 살펴보도록 하겠습니다. 사도행전에 나오는 베드로를 보면 그는 식사를 같이 하다가 자신의 입장이 조금 곤란해진다고 슬쩍 옆으로 피해 갈 정도로 비겁하고 기만적인 사람이 결코 아니라는 것을 알 수 있습니다. 사도행전 4장을 보면 베드로는 예수님을 십자가에 못박았던 수많은 사람들 앞에서 "너희와 모든 이스라엘 백성들은 알라 너희가 십자가에 못박고 하나님이 죽은 자 가운데서 살리신 나사렛 예수 그리스도의 이름으로 이 사람이 건강하게 되어 너희 앞에 섰느니라 이 예수는 너희 건축자들의 버린 돌로서 집 모퉁이의 머릿돌이 되었느니라 다른 이로서는 구원을 얻을 수 없나니 천하 인간에 구원을 얻을 만한 다른 이름을 우리에게 주신 일이 없음이니라"(행 4:10~12)고 담대히 선포하였습니다. 이러한 베드로의 모습을 관원들이 보고서 그가 학문이 없는 보통 사람인 줄 알았다가 깜짝 놀랐다고 했습니다.

그리고 사도행전 10장에서 하나님은 베드로에게 이방인도 구원을 받을 수 있음을 분명하게 보여 주십니다.

"베드로가 기도하려고 지붕에 올라가니 시간은 제육시더라 시장하여 먹고자 하매 사람이 준비할 때에 비몽사몽간에 하늘이 열리며 한 그릇이 내려오는 것을 보니 큰 보자기 같고 네 귀를 매어 땅에 드리웠더라 그 안에는 땅에 있는 각색 네 발 가진 짐승과 기는 것과 공중에 나는 것들이 있는데 또 소리가 있으되 베드로야 일어나 잡아 먹으라 하거늘 베드로가 가로되 주여 그럴 수 없나이다 속되고 깨끗지 아니한 물건을 내가 언제든지 먹지 아니하였삽나이다 한대 또 두 번째 소리 있으되 하나님께서 깨끗게 하신 것을 네가 속되다 하지 말라 하더라 이런 일이 세 번 있은 후 그 그릇이 곧 하늘로 올리워 가니라" (행 10:9~16).

베드로가 경건한 유대인답게 속되고 깨끗하지 아니하는 물건을 잡아먹지 못하겠다고 하였습니다. 그러나 하나님께서 "내가 깨끗하다고 한 것을 네가 속되다 하지 말라"고 하신 것은 바로 이방인을 가리키는 것입니다. 하나님께서 모든 사람들을 하나님의 형상대로 창조하셨는데 너희가 종교적으로 구분해 놓고서는 누구는 거룩하고 누구는 속되다고 하지 말라는 것입니다. 그리고 베드로가 이러한 환상에 대하여 생각할 때에 이방인 고넬료 집에서 두 사람이 찾아왔습니다. 이방인 고넬료의 집에 가서 말씀을 전하고 기도를 하였더니 말씀을 듣는 이방인에게 성령이 임하였습니다.

그런데 사도행전 11장에서 베드로가 무할례자인 이방인에게 복음을 전한 것이 말썽이 되었습니다. 예루살렘에 있는 할례자들이 베드로를 비판하면서 어떻게 무할례자인 이방인과 함께 식탁을 함께하면서 하나님의 말씀을 증거할 수 있느냐는 것입니다. 베드로가 무엇이라고 대답합니까?

"내가 말을 시작할 때에 성령이 저희에게 임하시기를 처음 우리에게 하신 것과 같이 하는지라 내가 주의 말씀에 요한은 물로 세례 주었으나 너희는 성령으로 세례 받으리라 하신 것이 생각났노라 그런즉 하나님이 우리가 주 예수 그리스도를 믿을 때에 주신 것과 같은 선물을 저희에게도 주셨으니 내가 누구관대 하나님을 능히 막겠느냐 하더라"(행 11:15~17).

한 마디로 "내가 성령을 내리게 하느냐? 성령 내리게 하시는 분은 하나님이 아니냐? 그러면 그들에게도 동일하게 성령이 임했으니 따질 것이 있다면 하나님께 따지라"는 것입니다. 따라서 이러한 사도행전의 역사를 통해서 보더라도 이방인들과 같이 식사를 하고 있다가 예루살렘에서 몇 사람이 왔다고 비겁하게 도망갈 그런 베드로가 아닌 것을 알 수가 있습니다.

베드로가 과연 주위 상황이 좋지 않기 때문에 비겁하게 도망이나 가는 사람인지 좀더 살펴보겠습니다. 사도행전 12장에서 어떤 일이 일어났습니까? 베드로가 예수님을 증거한다는 이유로 체포당하여 감옥에 갇혔습니다. 그냥 갇힌 것이 아니라 일급 정치범으로 갇힌 것입니다. 양손에 수갑을 채우고 발에 착고를 채우고서는 양쪽에 두 군사가 지키고 있습니다. 그런데 베드로의 양쪽에 군사가 있고 두 사슬에 묶여 있음에도 잠을 잤다고 되어 있습니다. 그러한 베드로가 얼마나 깊이 잠이 들었는지 천사가 옥문을 열고 묶여 있던 사슬을 벗기고서 첫째 파수와 둘째 파수와 세 번째 문을 지나고서 한참을 지난 다음에 정신이 들었다고 되어 있습니다. 베드로는 이미 주위 환경이나 상황을 넘어서는 주님 안의 확신과 성령의 깊은 평강을 누리는 사람이었음이 분명합니다.

우리는 사도행전에 나오는 베드로를 분명히 보지 못했기 때문에 갈라디아서의 본문을 가볍게 읽고서 '아, 이방인과 밥을 같이 먹다가 입장이 곤란하니까 도망갔구나' 하는 식으로 가볍게 생각하는 것입니다.

식탁 문제가 아니라 복음 본질의 문제입니다

그 당시에 안디옥 교회의 참모습을 누가 볼 수 있었습니까? 이 안디옥 교회를 통하여 갈라진 인류의 대표적인 모습인 이방인과 유대인이 하나 된다는 것과, 안디옥 교회가 바로 예루살렘에서 시작되었던 교회가 전 세계를 새롭게 하는 일을 일으키는 하나님의 지렛대의 힘점이 된다는 사실을 누가 알고 있었느냐는 것입니다. 안디옥 교회가 하나 됨의 역사를 감당하는 교회인 줄은 그 당시 안디옥 교회의 교인들조차도 볼 수 없었습니다.

안디옥 교회의 교인 중에서도 하나 되는 것을 반대하는 사람들이 많았을 것입니다. '아무리 예수를 믿지만 어떻게 이방인과 유대인이 식탁을 같이할 수 있은가? 유대인인 우리는 우리 조상들이 지켜온 유전과 법이 있지 않는가? 또 하나님의 말씀으로 된 법이 아닌가? 어떻게 같이 먹을 수 있느냐?' 하면서 반대하는 사람들도 있었을 것입니다. 누가 그 역사의 당시 시절에서 일어나고 있는 하나님의 섭리적 역사를 볼 수 있었습니까? 안디옥 교회에 어떤 일이 일어나고 있는지 아무도 보지 못하였습니다.

그러나 사도 바울은 안디옥 교회의 모습을 정확히 보고 있었습니다. 사도 바울은 안디옥에서 일어나고 있는 사건에 대하여 누구도 보지 못했던 것을 너무나 정확히 알고 있었습니다. 지금 일어나고 있는 사건의 뿌리, 즉 근원적인 의미(신학적으로 표현하면 영적인 의미)를 분명히 보았습니다. 바울은 이 사건을 단순히 식탁의 문제나 이방인 그리스도인을 업신여기는 문제로 보지 않고 복음의 본질이 바로 서느냐 폐하느냐의 문제로 보았습니다. 그래서 베드로를 책망할 때 복음의 진리를 따라 바로 행하지 아니하였다고 견책하는 것입니다.

저는 우리 교회를 지금은 아무도 보지 못하더라도 세월이 많이 지난 후에 알게 될 날이 올 것을 기대합니다. 우리 교회가 출발할 때 우리는 다짐했습니다. "교회의 잃어버린 것 (The lost dimension of the Church)을 회복하는 교회가 되자!"고 말입니다. 성령님은 온전하시고 온유하시며 아름답고 선하셔서 우리 가운데 그 일을 반드시 이루실 줄을 우리 함께 소망 중에 바라봅시다.

사람의 일에 대해서는 안테나를 100개 정도 달고 다니며 온 세계 교회의 인간적 비리는 다 알고 있으면서도 영적인 것은 오히려 못 보는 사람들도 많이 있습니다. 오늘날 교회에 나오는 사람들 중에는 사람의 일에 대해서는 너무나 민감하면서 하나님의 일에는 너무나 둔감한 이들이 많이 있습니다. '내 삶이 행복한가, 내 가정이 행복한가, 내가 몸담고 있는 공동체가 행복한가'의 근원적인 뿌리는 영적인 문제입니다. 영적으로 바로 보지 못하니까 엉뚱한 일에 에너지와 시간을 소비해 버립니다. 영적으로 삶과 역사의 본질을 명확하게 꿰뚫어 보았던 사도 바울의 영적 안목을 우리들도 가져야 합니다. 우리가 함께 보면 하나가 되고 그 속에서 능력의 역사는 저절로 나타납니다.

관계적 갈등이 아니라 신학적 갈등입니다

많은 사람들이 식탁 문제를 두고서 이를 베드로와 바울의 관계적인 갈등이라고 생각합니다. 바울이 갈라디아서에 식탁 문제를 기록한 이유는 "나는 베드로도 책망한 사람이다. 내가 예수님과 함께 3년을 같이 있었던 것은 아니지만 왜 내게 사도의 자격이 없겠는가?"라고 강변하는 것으로 생각합니다. 그러나 사도 바울은 "내가 사도 된 것은 하나님으로 말미암은 것이다"라고 분명하게 선언하고 있습니다.

그러면 식탁 문제가 관계적인 갈등이 아니라는 것을 어떻게 알 수가 있습니까? 15절부터 사도 바울은 자신과 베드로를 '우리'라는 말로 표현하고 있습니다. 네가 잘못했다거나 너는 믿음으로 의롭게 됨을 이해하지 못한다는 식으로 말하는 것이 아니라 '우리'라고 표현하고 있는 것입니다. 그래서 바울의 마음은 베드로와 자기는 하나라는 것입니다. 따라서 식탁 문제는 관계적인 갈등이 결코 아닙니다.

"바나바도 저희의 외식에 유혹되었느니라"고 하였습니다. 사도행전에 나오는 바나바는 어떤 사람입니까? 성경에 가장 덕스럽고 가장 본받을 만한 지도력을 가진 사람이 바나바입니다. 그는 자기의 전 재산을 팔아서 예루살렘 교회를 구제하였던 사람입니다. 그러면 도대체 본문에 나타난 식탁 문제는 무엇을 말하고 있는지 좀더 구체적으로 살펴봅시다.

유대민족주의가 A.D. 70년을 향해서 점점 기승을 부리고 있습니다. 자기 스스로 멸망의 길을 향해서 달려가고 있습니다. 예수님은 유대민족주의의 멸망을 분명히 보셨습니다. 유대민족주의의 세력과 그들의 손에 의해서 예수님 자신은 십자가로 몰려가고 있지만 십자가에 달리는 것이 억울한 것이 아니라 저들의 기승이 스스로를 멸망케 할 것이라는 것입니다. 그래서 예수님께서 사람들을 향해서 무엇이라고 말씀하십니까? "나를 위해서 울지 말고 만약에 울려거든 너희 자녀를 위하여 울라. 그들의 때에 예루살렘 성이 돌 위에 돌 하나 남지 않을 것이다"라고 말씀하셨습니다.

유대민족주의의 기승은 결국 A.D. 70년에 멸망점에 도달하여 로마에 의하여 수많은 유대인들이 참혹하게 죽었으며 유대인들은 수십 년간 다시는 예루살렘에 발을 들여놓을 수 없다는 로마 황제의 칙령이 발동합니다.

바울이 갈라디아서를 쓰고 있을 때는 이러한 유대민족주의가 대단한 기승을 부리던 시점입니다. 그리고 예루살렘 교회가 십자가에 죽으시고 부활하신 그리스도를 믿음으로 구원을 받을 수 있다는 복음, 즉 율법에서 완전히 자유한다는 복음을 외칠 때 유대민족주의자들은 이에 대해 굉장한 압력을 넣었을 것입니다.

아마 예루살렘 교회에 직접적인 압력을 넣지는 않았을지 모릅니다. 그러나 유대민족주의자들은 예루살렘 안에서 율법을 지키지 않는 자들을 그냥 보아 줄 수 없었을 것입니다. 그래서 베드로가 안디옥을 여행하고 있는 동안 이방인들과 함께 음식을 먹었다는 소식이 예루살렘에 전해지면 나이든 과부들이 대부분인 예루살렘 교회가 고난과 어려움과 핍박을 면할 수 없었을 것입니다.

야고보가 안디옥에 다음과 같은 부탁의 편지를 써서 보냈을 것입니다.

"그곳에 있는 동안 처신을 조심하십시오. 돌아와서 쓸데없는 시비에 휘말리지 않도록 하십시오."

안디옥에 있는 베드로가 야고보가 보낸 사람들에게서 이러한 편지를 받았습니다. 베드로가 이렇게 생각했을 것입니다. 자신은 안디옥에서 이방인들과 식사 몇 끼 할 수도 있고 하지 않을 수도 있는 문제이지만, 즉 자신은 이방인 그리스도인들과 함께하는 일로 제한을 받지 않지만 그것으로 인하여 예루살렘 교회의 성도들이 핍박과 고난에 휘말려서는 안 되겠다는 생각으로 자리를 피한 것입니다. 그러니까 바나바도 그러한 베드로의 행위에 동참했을 것입니다. 그래서 이러한 행동을 보고 이방인 그리스도인들이 기분이 나빠져서 "우리를 어떻게 보느냐"라는 이야기가 없었던 것입니다.

사도 바울은 이러한 베드로와 바나바의 인간적 배려를 이해 못한 것이 아니라 거기까지밖에 못 보는 베드로를 나무란 것입니다. 상황적 편의를 도모하느라 영적으로 근원적인 문제를 간과하고 있다는 것입니다. 사도 바울은 이러한 영적 위기를 아주 예리하게 보았던 것입니다. 만약 안디옥 교회에서 유대인 그리스도인들과 이방인 그리스도인들이 함께하는 식탁의 코이노니아가 갈라진다면 "There is no Church", 즉 그리스도의 복음이 없다는 것을 명확하게 보았습니다.

그래서 본문에 나오는 바와 같이 바울이 말하는 이야기를 반대로 생각하면 전부 욕 먹을 일을 하고 있다고 생각할 수도 있습니다. 많은 사람들이 이렇게 말할 수 있을 것입니다. "아니, 밥 몇 끼 같이 먹어도 되고 안 먹어도 그만인데 꼭 같이 먹게 만들어서 핍박을 받게 만들고, 예루살렘 교회를 어려운 지경으로 만들어야 되는가"라고 말입니다.

　그러나 사도 바울이 모든 것에 자유하면서도 밥 몇 끼 먹는 것에 이토록 까다롭게 구는 것은 그 안에 교회의 본질, 즉 하나 됨의 문제가 달려 있었기에, 이것을 깊이 보지 못하는 사람들에게 비난받을 것을 알고도 기둥 같은 사도 베드로를 책망한 것입니다. 바울이 이렇게 당당할 수 있었던 이유는 본문 갈라디아서 2장 20절에 나와 있습니다.

　"내가 그리스도와 함께 십자가에 못박혔나니 그런즉 이제는 내가 산 것이 아니요 오직 내 안에 그리스도께서 사신 것이라 이제 내가 육체 가운데 사는 것은 나를 사랑하사 나를 위하여 자기 몸을 버리신 하나님의 아들을 믿는 믿음 안에서 사는 것이라."

　그리스도와 함께 십자가에 죽어 버리고 그리스도 안에 다시 살아난 나밖에 없다는 것입니다. 사도 바울이 언제나 당당한 삶을 살 수가 있었던 것은 인간적인 입장보다 그리스도의 복음 진리가 그에게는 더 근원적인 문제였기 때문입니다.

함께 생각해 보는 질문

죽어도 좋은 사랑을 아십니까?
　인간은 참으로 이기적인 존재입니다. 하나님께서 인간을 이기적인 존재로 만드셨습니다. 우리는 이기적이 아니면 살아남을 수 없습니다. 그래서 사람은 이기적으로 살게 되어 있습니다. 그러나 이기적인 존재가 이기적이기만 하면 그것은 썩고 죽는 것입니다. 썩어짐에 종 노릇 하는 것입니다. 이기적인 존재가 이기적인 본능을 버리고 마음이 열리기 시작할 때 그 열림 속에서 가지고 있는 모든 아름다운 영광이 나타나는 것입니다.

리차드 바크의 작품인 「갈매기의 꿈」의 내용이 무엇입니까? 새는 날기 위해서 날개가 있어야 합니다. 날기 위해서는 날개를 저어야 합니다. 그런데 날기 위해서 끊임없이 날개를 젓는 새는 참새인데, 공중에 떠 있는 동안은 계속 저어야만 합니다. 그러나 독수리는 날개를 쫙 펴고 납니다. 그러다가 날개를 접어야 할 시점에서는 완전히 접어 버립니다. 독수리가 날개를 접어서 수직으로 강하하는 속도는 120마일에서 180마일 정도 됩니다. 어마어마한 속도입니다. 날기 위해서 날개는 있어야 합니다. 그러나 참으로 날기 위해서는 날개를 접을 줄 알아야 됩니다.

인간은 이기적인 존재입니다. 이기적으로 살 수밖에 없습니다. 하나님이 그것을 절대로 정죄하지 않으십니다. 그러나 하나님이 바라시는 것은 그 이기적인 존재가, 때로는 초월의 날개를 펴기를 원하는 것입니다. 그리스도인들이 이 비밀을 모르면 어정쩡한 이타주의자가 됩니다. 그리고 이기심을 감추고 조금 더 이타적인 사람이 되려고 어줍잖은 노력을 합니다. 윤리적, 율법적 노력을 합니다. 그러나 아무리 노력해도 자신은 여전히 이기적입니다. 이런 분들은 위험합니다. 그 노력에 하나님도 이웃도 속지 않는데 자기 혼자 속아서 자신이 남보다 낫다고 생각하기 쉽기 때문입니다.

항상 어정쩡한 이타적인 남편은 부인을 고생시킵니다. 자식도 고생시키고 자신도 고생합니다. 어정쩡한 이타주의로 살지 마시기를 바랍니다. 예수님을 믿으면 이상한 행동을 하는 사람들이 있습니다. 스스로 성인이 된 것 같은 행동을 합니다. 그런데 성인이 될 능력도 없이 그렇게 행동을 하고 있으니 얼마나 힘이 드는지 모릅니다. 자신의 정당한 몫을 챙길 줄 아는 사람이 그리스도인입니다. 그 사람은 남의 정당한 몫도 챙겨 줄 수 있습니다.

왜 하나님의 희년이 이 땅에 도래하지 않습니까? 하나님께서는 지금 당장이라도 모든 사람들에게 똑같이 나누어 주실 수 있습니다. 그러나 그렇게 해보아도 자기 몫을 지키고 누릴 수 있는 성숙함이 없으면 이삼십 년만 지나면 빼앗길 사람은 또 빼앗기고 빼앗을 사람은 또 빼앗습니다. 소용이 없습니다. 하나님의 유업자는 자기 몫을 챙길 줄 아는 사람입니다. 그러나 결정적인 시간이 오면 그 이기가 초월의 씨앗이 됩니다. 이기적인 존재이기에, 끝없이 변하는 가변적 현실 세계에는 진정한 만족이 없기에, 초월을 향해 자신 전체를 드림으로 겉사람은 죽지만 우리 속에 감추어졌던 하나님의 영광이 피어납니다.

즉 때가 차면 자기 껍질을 터뜨리고 꽃봉우리가 속에서 터져나오는 것과 같이, 또는 나비가 고치를 벗고 나오는 것처럼 생명 속에 창조되었던 하나님의 영광스런 아름다움이 피어나는 것입니다. 바로 이것이 생명의 비밀입니다. 인생은 그 드림을 위해서 존재하는 것입니다. 잘 관리하여 유지하다가 공동묘지에 가지고 가서 썩히는 것이 아니라 내 전체가 드려질 그 순간을 위하여 존재하는 것입니다. 그런데 그 순간이 언제 어떻게 오는 것입니까? 어떻게 이렇게 지독하게 이기적인 존재가 자신을 다 드릴 수 있습니까? 그것은 죽어도 좋은 사랑을 만났을 때입니다.

창세기 22장의 아브라함이 이삭을 모리아 산에 제사드리는 일이 나옵니다. 이삭 제사의 총결론이 무엇입니까? 하나님이 내리시는 결론은 22장 16~17절에 나옵니다.

"가라사대 여호와께서 이르시기를 내가 나를 가리켜 맹세하노니 네가 이같이 행하여 네 아들 네 독자를 아끼지 아니하였은즉 내가 네게 큰 복을 주고 네 씨로 크게 성하여 하늘의 별과 같고 바닷가의 모래와 같게 하리니 네 씨가 그 대적의 문을 얻으리라."

여기에서 하나님께서 아브라함이 독자 이삭을 아끼지 않고 제사드리려는 것을 보고서 그를 쓸 만한 사람으로 여기셔서 복을 주겠다고 하셨습니까? 즉 '아브라함이 독자까지 내어놓으니 나도 아브라함에게 복 좀 주어야겠다' 라고 하신 것이라 생각한다면 하나님을 잘 모르는 것입니다. 하나님께서는 아브라함을 위하여 아브라함을 창조하시기 전부터 그를 위한 복을 이미 가슴에 품고 계셨습니다. 그 복을 주시기 위하여 하나님께서 아브라함을 부르신 것입니다. 그 복을 주시기 위하여 하나님께서 지금까지 아브라함을 훈련하신 것입니다. 그리고 그러한 시험을 통과하는 순간 하나님께서는 가슴에 품고 계셨던 것을 아브라함의 삶에 확증시켜 주신 것입니다. 즉 아브라함이 복을 받고 누리도록 하나님이 섭리, 준비, 진행, 마감까지 다 하신 것입니다. 그러나 아브라함이 마음을 열지 않으면 아무 소용이 없습니다. 하나님께서 자신의 전체로 아브라함을 사랑하듯이 아브라함이 그 가슴 전체로 하나님을 향해 열므로 하나님이 준비하신 복을 받을 수 있는 그 순간을 기다리신 것입니다.

자칫하면 이삭의 사건을 다음과 같은 관점으로 보기 쉽습니다. '아! 어떻게 하면 나도 아브라함과 같은 믿음을 가질 수 있을까?' 라고 말입니다. 우리 수준에서는 그 믿음은 죽었다 깨어나도 가질 수 없습니다. 우리의 관점이 내가 어떻게 그러한 믿음을 가질 수 있는가에 있는 것은 '내가 내 소유를 확장해 보자' 하는 습관화된 잘못된 의식의 결과입니다. 우리들이 이삭의 사건을 보면서 다음과 같은 질문을 던지는 것이 바른 묵상입니다. '어떻게 하면 아브라함처럼 하나밖에 없는 독자를 아낌없이 주어도 좋은 그런 사랑을 만날 수 있을까? 내 일생에 나도 그 사랑을 한번 만났으면 하는 것이 나의 소원이다.'

내가 무엇을 함으로 나타나는 것이 아닙니다. 아브라함은 죽어도 좋은 사랑을 만났습니다. 자기 생명보다 더 소중한 것조차도 하나님 앞에서 하나도 아깝지 않은 죽어도 좋은 사랑을 만난 것입니다. 아브라함이 위대한 것이 아닙니다. 아브라함이 특별한 사람이기 때문에 그렇게 할 수 있는 것이 아닙니다. 죽어도 좋은 하나님의 사랑을 만났기 때문입니다. 해답은 하나님입니다. 하나님을 만나십시오. 하나님을 만나기까지는 내가 살아도 사는 아닙니다.

본문의 이해

본문의 중심: 이신칭의

갈라디아서 2장 16절에서 본문의 중심인 이신칭의(믿음으로 의롭게 됨, Justification by the faith)가 나옵니다.

"사람이 의롭게 되는 것은 율법의 행위에서 난 것이 아니요, 오직 예수 그리스도를 믿음으로 말미암는 줄 아는 고로 우리도 그리스도 예수를 믿나니 이는 우리가 율법의 행위에서 아니고 그리스도를 믿음으로서 의롭다 함을 얻으려 함이라 율법의 행위로서는 의롭다 함을 얻을 육체가 없느니라."

즉 사람을 의롭게 하는 믿음이란 표현이 16절에 세 번이나 나옵니다. 이러한 믿음은 전부 예수 그리스도 안의 믿음입니다. 이 믿음은 우리가 가질 수 있는 물건이나 대상이 아닙니다. 내가 믿는다거나 내가 아브라함과 같은 믿음을 가질 수 있는 소유의 대상이 아니라는 것입니다. 그리스도 안에 있음으로 말미암아 누리는 것입니다. 그래서 율법의 행위로는 의롭다 함을 얻을 육체가 없다는 것입니다.

17절과 18절에서는 율법의 행위로 의롭다 함을 얻을 육체가 없는 것을 다시 강조하기 위해서 "만일 우리가 그리스도 안에서 의롭게 되려 하다가 죄인으로 나타나면 그리스도께서 죄를 짓게 하는 자냐 결코 그럴 수 없느니라 만일 내가 헐었던 것을 다시 세우면 내가 나를 범법한 자로 만드는 것이라"고 말합니다. 율법의 행위에서 자유함을 얻는 것이 범죄가 된다면 그리스도 자신도 범죄자가 되는 것이며, 결코 그럴 수 없다는 것입니다.

본문의 결론: 죽음으로 사는 길

믿음으로 의롭게 됨의 비밀이 결론으로 2장 19절과 20절에 나옵니다.

"내가 율법으로 말미암아 율법을 향하여 죽었나니 이는 하나님을 향하여 살려 함이니라 내가 그리스도와 함께 십자가에 못박혔나니 그런즉 이제는 내가 산 것이 아니요 오직 내 안에 그리스도께서 사신 것이라 이제 내가 육체 가운데 사는 것은 나를 사랑하사 나를 위하여 자기 몸을 버리신 하나님의 아들을 믿는 믿음 안에서 사는 것이라."

내가 율법을 향하여 죽는 것은 하나님을 향하여 살기 위함이며, 사랑 때문에 죽게 되면 진정한 생명의 삶이 살아난다는 것입니다.

가변적 세계의 허상을 살던 삶이 그 허상들을 향해 죽음으로써 진정한 자신, 즉 허상의 혼돈과 공허를 넘어선 삶으로 다시 살아난 것입니다. 이 죽음을 두려워하는 사람은 계속해서 썩어짐에 종 노릇 하고 허무에 굴복하는 삶을 삽니다. 허상에 대해 죽을 수 없는 사람들은 계속해서 변하는 겉사람의 삶을 무의미하게 반복할 뿐입니다. 그리스도 안에 나타난 하나님의 사랑을 만나고 그 하나님을 신뢰함으로 가변적 허상에 더 이상의 신뢰와 가치를 두지 않는 삶은 세상에 대해 죽은 삶입니다. 이제 그 사람의 삶은 오직 그리스도를 믿는 믿음 안에서만 존재합니다.

따라서 그리스도 안에 있는 자는 이제 하나님의 아들을 믿는 믿음 안에서 사는 것입니다. 내가 믿음을 소유한 것이 아니라 믿음 안에 내가 살아지고 있는 것입니다. 가짜 내가 죽어 버리고 그리스도 안에서 진짜 내가 나타나기 시작합니다. 그래서 갈라디아서 2장 21절에서는 이렇게 선언합니다.

"내가 하나님의 은혜를 폐하지 아니하노니 만일 의롭게 되는 것이 율법으로 말미암으면 그리스도께서 헛되이 죽으셨느니라."

우리의 삶이 무능력하고 고달프며, 또한 힘들며 평안과 안식이 없다고 하면 그것은 결코 하나님께서 우리에게 은혜를 주시지 않았기 때문이 아닙니다. 하나님은 창세 전부터 우리를 위하여 복과 은혜를 가슴에 가득히 품고 때를 따라 항상 주십니다. 하나님께서 믿지 않는 자들에게도 햇빛을 주십니다. 믿지 않는 자들에도 먹을 양식을 주십니다. 하나님은 모든 사람들에게 똑같이 은혜를 베푸십니다.

우리의 문제는 하나님이 주시는 은혜를 우리 스스로 폐한다는 것입니다. 하나님께서 주시는 은혜를 받아서 누리며 세우는 것이 아니라 너무나 많은 시간 동안 하나님의 은혜를 스스로 폐하여 버립니다. 이렇게 해서는 안 되는데 하면서도 내 마음이 편하다는 이유로 은혜를 폐하고 있습니다. 내 육체의 정욕과 본능이 나를 사로잡고 있기 때문에 성령께서 내 마음을 주장하시지 못하게 하고 있습니다. 사도 바울이 외치는 "오호라 나는 곤고한 사람이로다!" 라는 외침이 우리 안에도 있습니다.

은혜를 폐하지 않는 삶이 무엇입니까? 그것은 하나님과 하나가 되는 삶입니다. 하나님께서 요구하시는 것은 하나님과 하나가 되는 그것 한 가지입니다. 더 의로우라든지 더 배우라든지 더 무엇을 하라든지 그런 것이 아닙니다. 내가 무엇이 더 되려고, 무엇을 더 하려고 하는 동안 나는 나로 있고 하나님은 하나님으로 따로 존재합니다. 이것이 율법 행위의 한계요 치명적 약점입니다. 하나님과 하나가 되어 하나님과 그 안의 모든 것을 누리는 자가 더 성숙하고 더 의롭고 더 정결해지는 것입니다. 그리고 이 하나 됨은 우리 서로의 하나 됨으로 반드시 열매를 맺습니다. 그래서 교회의 유일한 본질도 그리스도 안에서의 하나 됨이고 주된 열매도 하나 됨입니다.

핵심 문제: 율법의 행위와 그리스도 안의 믿음

사도 바울은 계속해서 반복하기를 '율법의 행위냐 그리스도 안의 믿음이냐'를 묻습니다. 바울은 율법을 지키지 않는 자들을 향하여 갈라디아서 6장 13절에서 "할례 받은 저희라도 스스로 율법은 지키지 아니하고 너희로 할례 받게 하려 하는 것은 너희의 육체로 자랑하려 함이니라"고 고발하고 있습니다.

그리고 갈라디아서의 클라이맥스에 해당하는 5장 6~13절에서 "그리스도 예수 안에서는 할례나 무할례가 효력이 없되 사랑으로써 역사하는 믿음뿐이니라"(갈 5:6)고 강조하고 있습니다. 사랑으로서 나타나지 않는 믿음은 헛것이라는 것입니다. 사도 바울이 갈라디아서를 통하여 율법이 나쁘거나 지키지 않아도 된다는 것을 말하려고 하는 것이 아닙니다. 구원은 오직 100% 하나님의 은혜로만 가능한 것이지 율법의 일로 보탤 것이 없다는 것입니다.

우리가 하나님과 하나가 되고 서로가 하나가 되는 것은 우리의 것으로는 절대 불가능합니다. 오직 하나님의 은혜가 우리에게 임할 때 가능합니다. 하나님의 사랑이 우리에게 부어지면 내 힘으로 율법을 지키는 것보다 훨씬 더 아름답게 율법을 지키게 됩니다. 문자 그대로 율법을 지키려고 하는 사람은 자기도 죽고 남도 죽이는 것입니다. 율법이 문자로 적히게 된 근본정신, 즉 율법의 영으로 사는 사람은 삽니다.

사도 바울이 말하기를 영은 살리는 것이요 의문(letter)은 죽이는 것이라고 했습니다. 어떤 법이든지 문자 그대로 지키려고 하면 반드시 죽는 일이 벌어집니다. 그러나 그러한 법이 적히게 된 정신을 파악하여 그 정신을 지키는 사람은 법도 지킬 수 있을 뿐만 아니라 법을 훨씬 넘어서게 되는 것입니다. 그래서 영은 살리는 것이고 의문은 죽이는 것입니다. 평생을 살아가는 부부는 말로 표현하지 않아도 마음이 서로 통합니다. 만일 부부가 매사에 서로 원칙과 규율을 따지기 시작하면 그 부부는 불행해질 수밖에 없습니다.

함께 해보는 정리

내 속에서 솟아나는 삶만이 기쁨이 됩니다

내가 만드는 삶은 절대로 즐기지 못합니다. 이 세상에서 내가 만드는 삶의 특징이 무엇인지 아십니까? 이것만 잘되면 행복할 것이다, 이것만 가지면 행복해질 것이다, 라고 착각하는 것입니다. 세상은 늘 우리에게 속삭입니다. 이것만 잘되면, 좋은 곳으로 이사만 가면, 좋은 집을 가지기만 하면 행복해질 것이라고 말입니다. 그 말은 무엇을 뜻합니까? 현재의 상황에서는 결코 행복하지 않다는 것입니다. 행복이라는 것이 늘 다음 단계에 온다고 믿고 있기 때문에 현재의 삶에서는 언제나 불안해하고 갈등하면서 살아갑니다. 마귀는 우리로 하여금 네가 가지고 있는 현재의 삶은 절대로 행복하지 않다고 간교하게 속삭입니다.

하나님 없이 나를 만들어 가는 사람은 무엇을 가져도 항상 부족하며 만족하지 못합니다. 자기가 만드는 삶은 본질적으로 부족하게 되어 있기 때문에 항상 '이것만 지나면, 이것만 잘되면……' 이라는 생각에 사로잡혀 있습니다. 그러나 그러한 사람은 절대로 삶을 즐기고 누리지 못합니다. 즐기는 삶은 외부에서 무엇이 주어짐으로 오는 것이 아닙니다. 내 속에서 절로 솟아나는 삶만이 기쁨이 됩니다. 예수님께서 "나를 믿는 자는 성경에 이름과 같이 그 배에서 생수의 강이 흘러나리라"(요 7:38)고 말씀하신 것과 같이 속에서 솟아나는 삶만이 기쁨이 있습니다.

사람들은 사랑받는 것을 이상하게 생각합니다. 내가 나를 잘 만들어야 사랑받는다고 생각합니다. 따라서 다른 사람들에게 사랑을 받기 위해서 세상에 있는 온갖 것을 동원하여 자기를 세우고 자기를 포장하려고 합니다.

하나님의 사랑이 내게 임해 버리면 더 이상 내가 나를 만들 필요가 없습니다. 바깥에 있는 것으로 나를 채우는 것이 아니라 그 사랑이 임한 그 생명으로 저절로 풍성해집니다.
사랑받는 생명은 건강해집니다.
사랑받는 생명은 싱싱해집니다.
사랑받는 심령은 담대해집니다.

사랑받는 생명은 그 속이 충만하기 때문에 속에서부터 생명과 사랑이 흘러나옵니다. 옥합이 깨어지고 향유가 흘러나오듯이 너무나 아름다운 생명과 사랑이 흐르기 시작합니다. 내가 만들어 가는 삶이나 절로 솟아나는 삶의 외향은 똑같아 보입니다. 내가 나를 만드는 삶은 허무가 있지만 속에서 솟아나는 삶은 기쁨이 넘칩니다. 내가 나를 만드는 삶은 공허하고 허무하기 때문에 끊임없이 나뭇잎 치마로 자기를 가립니다.

믿음은 내게서 나온 나의 소유가 아닙니다

많은 성도들이 쉽게 착각하고 있는 것이 있습니다. 믿음 좋은 사람이 기도하면 하나님이 응답을 잘 하신다는 것입니다. 따라서 어떤 성도들은 '나와 같은 보잘것없는 믿음을 가지고 어떻게 기도 응답을 받겠느냐'고 생각합니다. 그런데 그렇게 생각하는 사람일수록 하나님께서 응답을 잘 하십니다. 하나님께서는 그러한 분들을 깜짝 놀라게 해주기 위하여 응답을 잘 하십니다. 어머니가 스무 살 먹은 아들과 두 살짜리 아들의 이야기 중에 누구의 이야기를 빨리 들어 주시겠습니까? 두 살짜리 아들의 이야기를 빨리 들어 주십니다. 사소한 일에 대한 기도 응답이 빨리 오는 것은 정상입니다.

믿음이 좋은 사람이 기도하면 응답이 빨리 오고 병도 빨리 낫는다고 생각하는 사람은 이방인이지 그리스도인이 아닙니다. 내가 믿음이 좋아서 내 기도에만 응답이 나타난다면 하나님은 그 사람에게 빚쟁이라는 얘기가 됩니다. 많은 사람들이 믿음을 자기 소유로 생각하는 세상적인 잘못된 관습과 이해를 가지고 있기 때문에 진짜 믿음의 능력을 누리지 못하고 있습니다. 믿음은 내가 마음대로 가지고 소유할 수 있는 것이 아닙니다.

내가 믿는 것이 아니라 단지 믿음 안에 거하는 것일 뿐입니다. 하나님의 사랑과 은혜가 나를 덮어서 그냥 그 믿음 안에서 내가 거하는 것입니다. 내가 나를 보면 믿을 만한 사람도 아니고 결코 믿음이 좋은 사람도 아니지만 하나님의 사랑에 붙들림받아 믿음 안에 있다는 것입니다.

나를 진정으로 믿어 주는 사람을 만날 때까지 나는 나를 믿지 못합니다. 내가 나를 믿을 때에만 이웃을 믿을 수 있습니다. 나와 이웃을 믿을 때에만 나의 성숙은 시작됩니다. 성숙은 모든 것을 있는 그대로 용납하는 폭의 정도입니다.

죽는 것도 유익함이 됩니다

결론으로 짧은 이야기를 하나 같이 생각해 보겠습니다. 산꼭대기에서 흐르기 시작한 가느다란 물줄기를 바윗돌 하나가 막아서 물었습니다.

"너는 목적지를 향해 뜻을 품고 떠났으면 초지일관 바다로 곧장 흘러야지, 너처럼 돌을 만나면 비키고 나무뿌리를 만나면 방향을 바꾸어서야 어떻게 하느냐?"

그러자 바윗돌을 향해 시냇물은 미소를 띤 얼굴로 대답했습니다.

"내가 어디로 향하든지 나는 언제나 바다를 향해 가고 있단다(Wherever I turn I'm homebound)."

믿음의 삶은 계명과 법도와 전통을 지키려고 노력하는 삶이 아닙니다. 여러 사람들이 대충 보기에 점잖고 상식적인 선을 행하는 삶이 아닙니다. 신앙인은 사람 보기에 '좋은 사람'이 되는 것이 아닙니다. 진리를 깨닫고, 진리 안에 사는 삶입니다. 진리 안에 있기에 무엇을 하든지 하나님의 영광이 되는 삶입니다. "진리를 알지니 진리가 너희를 자유케 하리라"(요 8:32)는 삶입니다. 진리 안에서 자유해져서 어디로 가든지 무엇을 하든지 모든 것을 믿음으로 살기에 주님께서 기꺼이 받으시는 삶입니다. 물이 어디로 가든지 바다로 흐르는 것은 하나님의 만유인력의 법칙 안에 있기 때문이듯이, 은혜의 진리에 사로잡히면 무엇을 해도 하나님의 영광을 위해 사는 것입니다.

오늘도 내가 무엇을 하려고 발버둥치고 있다면 노력은 가상하지만 은혜를 모르는 삶이요, 나는 의롭다는 자기 의에 스스로 취하기 십상입니다. 바울 사도는 "나는 날마다 죽노라"고 고백했습니다. 깊이 묵상해 봅시다. 은혜의 진리 안에 있으면 죽는 것도 유익함이 됩니다.

갈|라|디|아|서|강|해(상권)

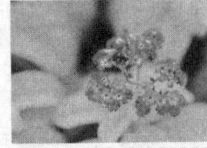

제**7**강
성령으로

갈라디아서 3장 1~5절

어리석도다 갈라디아 사람들아 예수 그리스도께서 십자가에 못박히신 것이 너희 눈앞에 밝히 보이거늘 누가 너희를 꾀더냐 내가 너희에게 다만 이것을 알려 하노니 너희가 성령을 받은 것은 율법의 행위로냐 듣고 믿음으로냐 너희가 이같이 어리석으냐 성령으로 시작하였다가 이제는 육체로 마치겠느냐 너희가 이같이 많은 괴로움을 헛되이 받았느냐 과연 헛되냐 너희에게 성령을 주시고 너희 가운데서 능력을 행하시는 이의 일이 율법의 행위에서냐 듣고 믿음에서냐

본문의 내용

과격한 감정

갈라디아서 전체가 그러한 것처럼 오늘 본문도 상당히 과격

한 감정을 나타내고 있습니다. 나 자신이 목회를 하고 있기에 사도 바울의 과격한 감정이 조금은 이해가 되는 것 같습니다. 목사가 가장 안타까운 심정이 되는 때는 어떤 영혼이 잘못될 위험에 처해 있거나 그 영혼이 허무한 일에 떨어지는 모습을 보일 때입니다. 그러한 모습을 보면 너무나 안타까워서 목회자로서의 저의 기도는 저절로 간절해집니다. 사도 바울이 이렇게 격한 감정을 나타내는 것은 자신이 율법주의자들과 논쟁하기 때문이 아니라 갈라디아 성도들의 영혼을 사랑하는 마음이 있기 때문이며 혹시라도 그 영혼들이 넘어질까 안타깝기 때문인 것입니다.

3장을 보면 처음부터 "어리석도다 갈라디아 사람들아! (You foolish Galatians!)", 즉 "이 바보 같은 멍청한 사람들아"라고 시작을 합니다. 그리고 "누가 너희를 꾀더냐"고 말합니다. '꾄다'는 말은 별로 좋지 않은 말인데도 사용하고 있습니다.

2절에서 "내가 너희에게 다만 이것을 알려 하노니"라고 말합니다. 다른 변명은 필요없고 이것인지 저것인지 확실히 말해 보라는 심정을 나타냅니다. 3절의 "이같이 어리석으냐" 하는 것은 "너희가 어떻게 이렇게 바보 같을 수가 있느냐"는 것입니다. 4절에서는 "너희가 이같이 많은 괴로움을 헛되이 받았느냐 과연 헛되냐" 하면서 5절에서 "……율법의 행위에서냐 듣고 믿음에서냐" 하고 따집니다.

이렇게 사도 바울이 절마다 굉장히 과격한 표현을 쓸 정도로 격앙된 심령으로 말씀을 전하고 있는 그 가슴을 함께 느껴 보면서 본문의 내용으로 들어가도록 하겠습니다.

성령께서 역사하신 것을 폐해 버리느냐

본문의 내용을 한 마디로 요약하면 "성령의 임하심을 너희가 폐하려고 하느냐, 즉 성령께서 역사하신 것을 너희가 폐해 버리느냐" 하는 것입니다.

1절과 2절에서 "예수 그리스도께서 십자가에 못박히신 것이 너희 눈앞에 밝히 보이거늘 누가 너희를 꾀더냐……너희가 성령을 받은 것은 율법의 행위로냐 듣고 믿음으로냐"라는 질문을 던지고 있습니다. 갈라디아 성도들에게 성령이 임했다는 것은 확실합니다. 성령이 임하지 않은 사람들에게 "성령을 받은 것은 율법의 행위로냐 듣고 믿음으로냐" 하고 묻는 것은 아무 소용이 없는 일입니다.

갈라디아 성도들은 분명히 성령의 임하심을 체험하였습니다. 이방인 그리스도인으로 이루어진 갈라디아 교회의 성도들에게 성령이 임한 것은 율법을 지킴으로써 그러한 역사가 일어난 것이 아니며 그리스도의 복음을 듣고 믿었을 때 일어난 것인데 어떻게 다시 율법으로 돌아간다고 하느냐는 것입니다. 율법으로 돌아가는 것은 결국 성령의 역사를 폐하는 것이라는 뜻입니다. 사도 바울이 1장과 2장에서 은혜와 율법의 행위에 대하여 말하였지만 또다시 이를 언급하고 있는 것은, 이 문제는 굉장히 혼돈되는 문제이며 속기 쉬운 문제이기 때문에 거듭 강조하는 것입니다.

그 다음 3절 "너희가 이같이 어리석으냐 성령으로 시작하였다가 이제는 육체로 마치겠느냐" 하는 말씀에서 "육체로 마치겠느냐"는 것은 육체로 망하겠느냐는 뜻이 아니라 "육체로 완성하겠느냐"는 뜻입니다.

예를 들겠습니다. 케이크를 잘 만드는 사람이 맛있는 케이크를 만들었습니다. 케이크를 만든 후 마지막 완성은 어떻게 합니까? 케이크를 맛있고도 예쁘게 보이기 위하여 단장을 하는데 케이크 한가운데에 한 송이 장미꽃 모양의 크림을 만들어 놓습니다. 그러면 멋있게 완성이 된 것입니다. 장미꽃 크림이 없어도 케이크는 케이크입니다.

이것과 마찬가지로 율법주의자들은 성령으로 시작했다고 하면서 이렇게 생각합니다. '아, 할례를 받는 것은 좋은 것이지 나쁠 것은 없지 않느냐.' 성령을 받아서 그리스도인이 되었지만, 율법에 할례를 받으라고 했으니 받아서 좋으면 좋지 나쁠 것이 하나도 없다는 생각을 당시의 율법주의자들이 가지고 있다는 것입니다.

율법주의자들은 하나님의 은혜를 부정하는 사람들이 아닙니다. 당연히 하나님의 은혜를 인정합니다. 그러나 은혜를 인정하지만 우리가 해야 할 것은 하여야 한다, 또는 우리가 더 할 수 있는 것이 있다고 생각하는 사람들입니다. 생명에 있어서 은혜가 99%이지만 1%는 우리가 무엇인가를 해야만 한다는 생각을 가진 사람이 바로 율법주의자입니다.

2000년의 교회사에서 은혜와 율법의 논쟁이 붙었을 때 하나님께서는 언제나 영적인 챔피언을 사용하셨습니다. 현재 교회에서 말하는 성경 해석 내용의 90% 이상이 어거스틴이 하였던 해석의 바탕에서 이루어지고 있습니다. 어거스틴이 깨달은 해석을 가지고 우리들이 반복하고 있을 정도로 어거스틴은 위대한 사람입니다. 하나님께서는 어거스틴을 기이하게 연단하시고 준비시키신 후에 복음의 비밀을 이 땅에 밝히는 하나님의 놀라운 도구로 사용하셨습니다.

교회사 최초로 은혜와 율법의 논쟁에 불이 붙었을 때에 어거스틴은 무명의 수도사였습니다. 당시 어거스틴과 신학적인 논쟁을 벌였던 사람은 펠라기우스라는 사람인데 그는 당시에 굉장히 존경받고 인정을 받는 신학자였습니다. 펠라기우스의 신학 이론을 반대하면 누구든지 이단으로 몰릴 수밖에 없을 정도로 그는 대단한 영향력을 가진 경건한 수도사였습니다. 그런데 펠라기우스는 생명의 구원에 있어서 하나님의 은혜를 부정하였던 사람이 아니라 99%는 하나님의 은혜이지만 1%는 우리가 무엇인가를 해야 한다고 생각했습니다. 즉 펠라기우스는 우리가 은혜를 받았다고 가만히 있을 것이 아니라 그 은혜를 따라서 행해야만 은혜가 완성이 된다는 생각을 가졌습니다. 논리적으로 보면 흠이 하나도 없습니다.

펠라기우스는 경건하고 영향력이 대단한 수도사였기 때문에 펠라기우스에 의하여 복음이 정말 무산될 위기가 있었습니다. 이때 하나님께서 탕자 중의 탕자였던 어거스틴을 들어서 사용하셨습니다. 탕자에서 구원받아 하나님의 은혜를 체험한 어거스틴은 0.00001%도 우리의 행위를 하나님의 은혜에 더할 수 없음을 알았습니다. 내게 있는 것은 100% 사망밖에 없다는 것을 알았던 어거스틴은 펠라기우스 앞에 당당하게 섰습니다. 어거스틴을 통하여 오직 하나님으로부터 이루어지는 전적인 은혜의 복음이 승리한 것입니다.

사도 바울이 갈라디아 교회를 보니 성령으로 시작하였다가 육체의 일로 완성을 하고 있다는 것입니다. 그들이 성령으로 시작하였지만 육체의 일을 더한다면 아름다워지는 것이 아니냐라는 생각을 한 것입니다. 그런데 사도 바울에게는 육체의 일을 더하는 것이 결코 아름다워지는 것이 아니라는 것입니다. 육체의 일을 더하면 더 좋다거나 더 낫다고 생각하는 순간 하나님의 은혜가 폐해진다는 것을 사도 바울은 분명하게 인식하고 있었습니다. 그래서 사도 바울은 안타깝고 격한 심정으로 갈라디아 교회 성도들에게 말하고 있는 것입니다.

4절과 5절에서도 똑같이 반복하고 있습니다.

"너희가 이같이 많은 괴로움을 헛되이 받았느냐 과연 헛되냐 너희에게 성령을 주시고 너희 가운데서 능력을 행하시는 이의 일이 율법의 행위에서냐 듣고 믿음에서냐."

여기에서 '괴로움'이라는 단어는 긍정적으로 쓰이기도 하고 부정적으로도 쓰입니다.

한글 개역성경에서는 부정적으로 번역되었기 때문에 괴로움으로 되어 있지만 최근 번역 성경은 대부분 긍정적으로 번역되어 '괴로움'이 아닌 '여러 가지 일들'이라고 번역되어 있습니다. 아마 '많은 괴로움'은 '많은 연단'이라고 표현하는 것이 더 적합할지 모릅니다. '연단'이라는 단어는 유대교 문서에서 한 번도 부정적으로 쓰인 적이 없고 항상 긍정적으로 사용되었기 때문에 '많은 괴로움'이라는 것을 '하나님의 훈련'으로 생각하면 좋을 것입니다.

그런데 괴로움이라는 단어가 사도 바울의 편지에서 대부분 부정적으로 사용되었기 때문에 아마 그것을 따라서 한글 개역 성경도 부정적으로 번역한 것 같습니다. 여하튼 이 부분을 번역하신 분이 기도로 하신 것이고 근본적인 의미의 차이는 없지만 그 내용은 "너희가 하나님 안에서 경험하였던 모든 일들이 헛된 것이냐, 정말로 헛되냐, 너희에게 성령을 주신 것과 능력을 행하시는 하나님의 의가 율법을 행함으로 나타난 것이냐, 아니면 너희가 그리스도의 복음을 듣고 믿었을 때 나타난 것이냐"는 것입니다.

사도 바울의 심정을 한 마디로 표현하면 "성령의 역사가 너희 갈라디아 교회에 있었는데 왜 성령의 역사를 폐하려고 하느냐"라고 강력하게 갈라디아 성도들에게 도전을 주고 있습니다.

'내가 하나님의 은혜에 무엇인가 보태려고 하거나 하나님의 일에 무엇인가 더하면 더 좋은 것이 아닌가' 라는 생각이 하나님의 일, 즉 성령의 역사를 폐하는 것과 어떻게 관련이 있는지 본문을 통해서 살펴보겠습니다. 그리고 성령의 역사가 폐해진다는 것을 정확히 이해하기 위해서 성령님에 대하여 바르게 알아야 합니다.

이 시대에 많은 성도들이 성령님에 대해서 혼돈된 생각을 가지고 있습니다. 성도들이 성령님을 잘 모릅니다. 성령님이 누구시냐고 물으면 자신있게 말할 수 있는 사람이 별로 없습니다. 시판되고 있는 성령론에 관련된 많은 책을 보더라도 성령님을 정확히 말하고 있는 책이 드뭅니다. 단지 성경에 나온 성령님에 관한 자료들을 모으고 분류하여서 성령님은 이러이러한 성품을 가지고 계시고 이러이러한 일들을 행하시는 분이라는 식의 표현들을 열거해 놓고 있을 뿐입니다. 따라서 읽어보아도 성령님을 아는 데 별로 도움이 되지 않습니다.

이렇게 성령님에 대하여 잘 모르니까 성령으로 사역한다고 다니는 많은 사람들이 성령의 역사를 종교적 환희 체험이나 주술적 능력 체험 정도로 만들고 맙니다. 기독교도 아니고 이방종교도 아닌 이상한 종교적인 현상들을 끌어 내어서 성령님 사역이라고 하며 혼란을 조장합니다. 따라서 이 시대에 어떤 의미에서 가장 필요한 일은 성령님이 누구신지를 분명하게 보는 일입니다.

함께 해보는 질문

성령님을 누리십니까?
◉ **삶의 근본 문제**

　인생의 문제를 여러 가지로 표현할 수 있지만 근본 문제는 단 한 가지밖에 없습니다. 그것은 바로 '내가 나를 싫어하는 것'입니다. 내가 나를 기뻐하지 않습니다. 내가 '나'이고 싶지 않다는 것입니다. 내가 '나'인 것이 부끄럽고 수치스럽습니다. 그러니까 내가 '나'로 행복하지 않습니다. 내가 '나'의 존재 가치를 충만하게 누리지 못하기 때문에 '나'에게 행복이 없습니다. '나'에게 행복이 없으니 어찌 남을 행복하게 해줄 수가 있겠습니까? 재정적으로 말한다면 나에게 돈이 있어야 돈 없는 사람들을 도와 줄 수가 있습니다. 나에게 돈이 한 푼도 없는데 돈 없는 사람을 어떻게 도와 주겠습니까?
　내가 '나'를 싫어합니다. 이 말은 무슨 의미입니까? 내가 열심히 살고 나서 내 삶을 돌아보니까 '정말 내가 잘 살았구나, 내가 오고 싶은 자리에 잘 도착하였구나' 하고 고백할 수 없는 '나'를 발견하게 되었다는 것입니다. 열심히 살고 나서 돌아보면 '이렇게 살고 싶었던 것이 아닌데' 하는 그것이 바로 문제라는 것입니다. '결코 이쪽으로 오고 싶은 것이 아니었는데 왜 여기에 도착했을까' 하고 생각합니다. 이 말을 다르게 표현하면 '내가 평생 종 노릇 하였다'는 것입니다. 살고 싶지 않은 삶을 할 수 없이 살았다는 것입니다. 무엇엔가 사로잡혀서 그렇게 살 수밖에 없었기 때문에 그렇게 살았던 것입니다. 즉 자유하지 못한 삶, 종 노릇 한 삶입니다.
　우리 모두는 내 속에 있는 존귀함과 아름다움을 가꾸고 피어내고 열매를 맺으며 그 존귀하고 아름다운 열매로 충만하여 이웃들에게 그 풍성함을 나누어 줄 수 있는 삶을 살고 싶어합니다. 누구나 그렇게 살고 싶어합니다. 그런데 먹고 사는 일에 사로잡혀서 너무나 바쁘게 지내고 있습니다. 우리 중에 누가 아침에 직장에 나가는 것이 너무나 기뻐서 '우리 직장은 일하는 시간이 왜 이렇게 짧을까? 하루에 20시간씩 일하면 정말 좋을 텐데, 왜 하루에 8시간밖에 일하지 못하게 하는 것일까?' 하면서 너무 적게 일하는 것을 억울해 하는 사람이 있습니까? 아마 그런 사람은 없을 것입니다.

결코 그렇게 살고 싶지는 않지만 그렇게 살 수밖에 없다고 하면서 오직 먹고 살아야 되는 이유 때문에 억지로 살아가는 사람을 '종'이라고 합니다. 종이 일을 할 때는 하고 싶지 않은데 해야만 되니까 합니다. 종에게는 누릴 자유가 없습니다. 종에게는 가질 유업이 없습니다. 종은 종신토록 땀 흘리고 수고하며 가시덤불과 엉겅퀴를 거두는 삶을 살게 됩니다. 하고 싶지 않은 일을 억지로 하는 일에는 열매가 없습니다. 그래서 이러한 종 된 삶을 살게 되면 내가 삶을 살아 놓고도 "내 삶에 만족할 수 없어. 내 삶은 행복하지 않아. 내 삶의 가치를 느낄 수 없어" 하고 말하는 것입니다.

삶의 근본 문제를 잘 들여다보아야 성령님이 누구신지 이해할 수 있습니다. 성령님에 대하여 눈에 보이지 아니하는 어떤 영, 심하게 말하면 떠돌아다니는 귀신과 같은 존재로 생각하면 큰일입니다. 많은 사람들이 성령님을 이 세상에 존재하는 어떤 물질과 대비하여서 이해하고 있기 때문에 성경이 보여 주는 성령님을 정확히 보지 못하고 있습니다. 세상에서 배운 단어와 개념으로 성령님을 생각하기 때문에 성령님에 대하여 혼돈이 일어나고 나에게 임하신 성령님을 누리지 못하고 있습니다.

하나님께서 나를 구원하시고 나의 유업을 이미 회복하셨음에도 불구하고 유업의 영광된 열매가 나에게 나타나지 않기 때문에 많은 성도들이 교회를 다녀도 그저 그런 것 같다고 여기면서 형식적으로 살아갈 뿐입니다. 또한 교회도 무슨 이유에서인지 성령님에 대하여 선명하고 정확하게 소개하거나 체험하도록 안내를 하지 않는 것 같습니다. 따라서 교회가 정확한 안내와 지도를 하고 있지 않으니까 소위 성령사역을 하신다는 분들이 이상한 곳에서 엉뚱한 일들을 일으키는 것이 아닌가 싶습니다.

삶의 근본 문제를 분명히 주시하면서 성령님이 누구신지를 살펴보겠습니다. 삶의 문제의 핵심은 내가 나 자신을 사랑하지 못하는 것이라고 앞에서 말씀드렸습니다. 내가 나를 떳떳하게 생각지 않고 내가 나로 행복하지 못한 것이 인생의 문제라고 하였습니다. 내가 나로 떳떳하지 못한 이유는 지금까지 종 노릇 하며 살았기 때문입니다. 열심히 살아왔는데 살고 싶지 않은 방향으로 살았다는 것이 내 삶의 문제입니다.

하나님께서는 바로 이러한 삶의 문제를 우리 가운데서 해결해 주십니다. 아주 간단합니다. 이 세상의 문제가 아무리 복잡한 것처럼 보여도 아주 간단합니다. 간단히 말하면 우리 한 사람 한 사람이 전부 행복해지면 문제는 없어집니다. 행복한 사람은 악을 행하지 않습니다. 행복한 사람은 상처받았다고 불평하지 않습니다. 행복한 사람은 무엇이든지 넉넉합니다. 행복한 남편은 아내가 바가지를 긁어도 귀엽게 봅니다. 한 사람 한 사람이 자기 자신으로서의 존재 가치를 충만하게 느끼면 이 세상은 저절로 아름답게 만들어져 갑니다. 따라서 법에 의해서 서로 조화가 되는 것이 아니라 자원하는 심령으로 스스로 기뻐하며 살게 되어 있습니다.

내가 나로 행복하지 못하고 종 노릇 하는 것은 바로 죄에 종 노릇 하고 있다는 것을 말합니다. 죄라고 하는 것은 도둑질, 강도, 사기만을 말하는 것이 아닙니다. 인생의 가치를 헛되게 하는 것이 죄입니다. 도둑질이 죄인 것은 도둑질이 자신의 존재 가치를 스스로 떨어뜨리는 것이기 때문입니다. 사기하고 간음하고 거짓말하는 것이 죄가 되는 이유는 그런 것을 행함으로 내 속에 있는 하나님의 존귀한 형상의 가치를 내 스스로 폐하기 때문입니다. 만약 그러한 행위를 해서 존재 가치가 높아진다면 하나님께서 얼마든지 하라고 하실 것입니다.

종말론의 의미와 악한 세대

죄에 종 노릇 하는 이 문제를 하나님께서 어떻게 해결하셨는가에 대한 핵심을 보면 성령님과 그분의 역사가 뚜렷하게 나타납니다. 성령님을 이해하기 위해서는 근본적으로 성경의 본질적 성향이 '종말론적' 이라는 것을 알아야 합니다. 종말론적이라는 말은 말세론적이라는 것과는 다릅니다. 말세론적이라는 것은 마지막에 어떤 일이 생겨서 역사가 어떻게 끝나느냐에 관심이 있습니다. 따라서 말세론을 가르치는 사람들은 역사의 마지막이 되면 무엇이 나타날 것인가에 초점을 맞춥니다. 예수님이 재림하시면 운전하다가 사람들이 위로 날아 올라가고 밑에서는 교통사고가 일어나며 사람들이 치고받고 한다는 것입니다. 다는 아니겠지만 많은 교회들이 그런 이야기들을 하고 있으니 누가 교회를 자발적으로 나오고 싶어하겠습니까? 생각이 있는 사람은 교회에 나오지 않습니다. 어떻게 그런 말을 듣고 교회에 나오겠느냐는 것입니다.

역사의 마지막 날에 하나님께서 그러한 일이나 하고 계시는 분이십니까? 역사의 마지막 날에 자동차 사고나 나게 한다는 하나님의 역사를 듣고서 사람들이 "아멘, 할렐루야"로 응답하고 있으니 그것도 한심합니다. 성령은 역사의 마지막 순간까지도 일점일획 어김이 없는 절대 진리를 선포하고 있습니다. 그것을 위해 죽을 수 있고 그것을 위해 살 수 있는 생명의 진실을 증거하고 있습니다. 즉 어떤 현상들이 나타날 것인가에 초점이 있는 것이 아니라 역사의 본질은 무엇이며 그러하므로 그 마감이 어떠하느냐에 초점이 있는 것입니다.

다시 말해서 종말을 아는 사람은 역사의 본질을 분명하게 아는 사람이며, 역사의 본질을 아는 사람은 오늘, 즉 역사의 현재를 건강하고 지혜롭게 삽니다. 따라서 성경적 종말론은 오늘 현재를 거짓에 속지 않고 하나님의 진리를 따라 살도록 인도하는 것이지 마지막 때 일어날 현상들에 대해 요령껏 대처하는 것이 결코 아닙니다. 사도 바울이 말하는 "지혜와 계시의 정신을 주시고 마음의 눈을 밝혀 주시옵소서"라는 기도가 정말 우리를 위한 기도이며 이 시대를 위한 기도입니다.

성경에는 말세론이라는 것이 없습니다. 성경은 마지막에 대해서 한 가지밖에 이야기하지 않습니다. '하나님은 신실하시다. 그러므로 하나님의 약속은 반드시 이루어진다. 이 세상의 역사는 폐하고 하나님의 영원한 역사는 반드시 이루어진다. 그러므로 인내하라'는 것입니다. 그런데 그때 어떤 일이 일어날 것이냐에만 관심이 있는 사람은 무엇인가 잘못된 것입니다. 무엇인가 요령을 부리려 하며 하나님이 창조하시고 완성하시고 인도하시는 역사의 본질에는 관심이 없는 사람입니다. 이는 건강한 심령이 아닙니다.

성경은 말세론이 아닌 종말론입니다. 종말론이라는 것을 이해하려면 성경이 이 시대를 '악한 세대'로 정의하고 있다는 것을 알아야 합니다.

"이 세상이나 세상에 있는 것들을 사랑치 말라 누구든지 세상을 사랑하면 아버지의 사랑이 그 속에 있지 아니하니 이는 세상에 있는 모든 것이 육신의 정욕과 안목의 정욕과 이생의 자랑이니 다 아버지께로 좇아 온 것이 아니요 세상으로 좇아 온 것이라 이 세상도 그 정욕도 지나가되 오직 하나님의 뜻을 행하는 이는 영원히 거하느니라"(요일2:15~17).

이 세상이나 이 세대라고 말할 때는 그냥 이 사회를 말하는 것이 아니라 종말론적인 의미로 말하는 것입니다. 즉 종말론적이라는 의미 속에는 이러한 것이 들어 있습니다. '이 세상이나 이 세대가 끝나지 아니하고는 하나님의 새 일은 일어날 수 없다'는 것입니다. 이 세상이 끝이 나고 하나님의 일이 일어나기 시작하고 조금만 겹치면 되지 않느냐는 것이 아닙니다. 이 세대가 99% 없어지고 1%만 겹쳐서 시작되면 되지 않느냐는 것이 아닙니다. 이 세대가 100% 끝나기까지는 하나님의 '새(오는) 세대'가 시작되지 않는다는 것입니다. 이 세대와 하나님의 새 세대는 결코 겹쳐지지 않습니다. 완전히 서로 배타적입니다. 100%가 끝나지 않고서는 100%가 시작되지 않는다는 것이 종말론적 의미입니다. 이 악한 세대를 분명히 보아야 합니다.

이 악한 세대가 끝나지 않으면 하나님의 새 세대가 시작되지 않습니다. 그래서 바울은 갈라디아서를 시작하자마자 "그리스도께서 하나님 곧 우리 아버지의 뜻을 따라 이 악한 세대에서 우리를 건지시려고 우리 죄를 위하여 자기 몸을 드리셨으니"(갈 1:4)라고 선언하고 있습니다. 이 악한 세대라는 말은 세대가 조금 악하다, 아이들이 부모의 말도 듣지 않는다는 그러한 뜻이 아닙니다. 그 말 속에는 이 세대 속에서는 무엇을 하여도 악이며 어떠한 선과 의를 행하여도 악이 된다는 것입니다. 노벨 평화상을 만 개 받을 수 있는 일을 하여도 악이라는 것입니다. 이 문제를 분명히 알아야 합니다. 이 악한 세대의 선과 하나님의 선은 결코 겹칠 수 없습니다.

나는 참으로 착하게 사는데 내가 착하게 사는 것으로 말미암아 이 악한 세대는 점점 강해질 수 있습니다. 이 안에서는 착할수록 더 악합니다. 이 세대 안에서는 나쁜 것이 훨씬 낫습니다. 나쁜 사람은 나쁜 것이라도 나타냅니다. 그런데 이 세대 안에서 착한 사람은 이 세대를 혼란하게 만듭니다. 이 세대 안에서도 선이 있을 수 있다고 생각하게 만듭니다. 그것이 더 나쁘다는 것입니다. 이것은 정치, 경제, 사회, 문화, 교육의 구조적 문제만의 이야기가 아닙니다.

개인적으로도 마찬가지입니다. 개인적으로 생각을 해봅시다. 남편이 아내에게 사랑을 받고 싶어합니다. 그러나 이 세대 안에서는 남편과 아내가 사랑을 하려고 하면 그냥 사랑하는 것이 아니라 이 세대의 가치관으로만 사랑할 수 있습니다. 그것은 두 사람이 이 세대 안에 속해 있기 때문입니다. 그래서 아내가 남편을 사랑할 때는 남편이 어느 정도 돈도 벌고 가정도 잘 돌보고, 자랑은 아니더라도 수치가 되지 않을 정도의 명예도 있어야 사랑할 수가 있습니다.

예를 하나 들겠습니다. 다음과 같은 남편을 아내가 사랑할 수 있는지 생각해 보겠습니다. 이 남편은 결혼한 후 단 1달러도 벌어본 적이 없습니다. 성격은 포악하며 결혼한 날부터 아프기 시작하여 이때까지 건강한 적이 없습니다. 그는 가정에 경제적으로든 정신적으로든 어떤 도움이나 덕이 된 적이 없습니다. 그가 지금까지 가정에 망신만 주고 아이들의 수치가 되는 일만 하였습니다. 이러한 남편을 아내가 사랑할 수 있습니까? 이 세대 속에서 이런 남편이 아내의 사랑을 받을 수 있습니까? 그래도 나는 그러한 남편을 사랑한다고 하시는 분이 있다면 아마 정신병원에 들어가야 할 것입니다. 물론 그리스도 안에서는 가능할 수 있지만 이 세대 안에서는 절대로 불가능합니다.

그러면 이 세대 안에 있는 남편이 아내로부터 사랑을 받는 방법이 무엇입니까? 아내에게 사랑받고 존경받고 싶지 않은 남편은 아무도 없습니다. 누구나 모든 사람으로부터 존경을 받고 싶어합니다. 그러나 이 세대 안에 있는 사람에게 사랑을 받으려면 나에게 정치, 사회, 경제, 문화적인 부가가치가 있어야 합니다. 어느 정도 돈도 벌 수 있어야 하고 가족들이 자랑스럽게 생각할 수 있도록 남편으로서의 떳떳함을 보여 주어야 합니다. 그러니까 이 세대 안에서 아내에게 사랑받기 위해서는 남편으로서의 나의 부가가치를 열심히 만들어야 합니다.

이제 돈도 잘 벌고 아내에게 인정받으며 아이들에게도 자랑이 될 수 있으며 사회에서도 괜찮은 존재가 되었습니다. 자 그러면 '나' 라는 존재가 사랑을 받고 있는 것입니까? 사랑을 받고 있는 것은 '나' 입니까? '나의 부가가치' 입니까? 사랑을 받고 싶었던 것은 '나' 이지 '나의 부가가치' 가 결코 아니었습니다. 이 세대 안에서 내가 사랑받는 이유는 '나의 부가가치' 때문입니다. 따라서 이 세대 안에서는 '나' 라는 존재가 결코 사랑받을 수 없다는 것이 확실해집니다.

사랑받기 위해서 열심히 일을 하지만 사랑받게 되면 그때서야 비로소 내가 사랑받는 것이 아니라는 것을 알게 됩니다. 바로 이것이 '악'입니다. 사랑받기 위해 내가 모든 노력을 다하지만 열매를 맺지 못하는 허무만이 기다리고 있는 것입니다. 종신토록 땀 흘려 수고하지만 가시덤불과 엉겅퀴를 거두게 되는 것이 악입니다. 그러므로 이 세대 안에서 내가 무엇인가를 이루고 얻었다고 해서 내가 사랑받을 자격을 성취했다고 착각하지 마시기를 바랍니다.

예수 그리스도 안에서 나의 부가가치가 전혀 없을 때, 우리가 아직 죄인 되었을 때, 본질상 진노의 자녀였을 때, 어떤 존재 가치도 없을 때, 자기 존재 전체를 부어주신 하나님의 사랑을 만날 때까지 내가 무엇을 이루었다거나 얻었다고 하는 것은 아무런 의미가 없는 일입니다. 나를 나의 모습 그대로 사랑해 주시는 하나님의 사랑을 만나 '내가 사랑받음'을 먼저 누리면, 그 이후로는 그 과정 자체를 누리게 됩니다.

성령님과 그 역사

사도 바울은 왜 전적인 하나님의 은혜에 우리가 무엇인가 조금 보탤 수 있다거나 같이할 수 있다고 생각하는 순간 하나님의 은혜의 역사를 완전히 폐해 버릴 것이라고 선언하고 있습니까? 내가 무엇인가 할 수 있다거나 해야 된다는 이 악한 세대가 끝나지 않고는 하나님의 새 세대가 결코 오지 않기 때문입니다. 어떻게 새 세대가 도래합니까? 이 새 세대를 도래하게 하시는 분은 바로 성령님이십니다. 성령님이 임하실 때에 나에게 종말론적 역사가 이루어집니다. 어떤 종말론적 역사가 이루어집니까? 그동안 내 안에서 나를 헛된 삶으로 종 노릇 하게 하였던 그 역사가 끊어집니다.

  성령님이 제자들에게 임하셨을 때 예수님의 십자가가 저들에게 구원으로 나타났습니다. 그 전까지 제자들은 십자가가 멸망이고 저주인 줄 알았습니다. 십자가에 못박힌 예수님을 놓아두고 전부 도망가 버렸습니다. 그런데 제자들에게 성령님이 임하였을 때 "너희가 못박아 죽인 예수를 하나님께서 다시 살리사 주와 그리스도가 되게 하셨느니라"는 180도 전환된 메시지를 아무 두려움이 없이 전할 수 있었습니다. 그리고 이러한 메시지를 전하는 것을 세상이 막을 수가 없었습니다.

  그리스도의 복음을 만날 때까지 사람들은 끊임없이 자기의 부가가치를 만듭니다. 그런데 그러한 부가가치가 잘 만들어지지 않습니다. 그러니까 무엇이 있는 것처럼, 무엇이 된 것처럼 속이기 시작합니다. 허위와 위선과 거짓 껍질과 허상과 우상과 허무한 이미지, 어리석은 이미지를 만드는 데 나를 다 떠내려 보냅니다. 그리고는 돌아볼 때마다 '이것이 아닌데, 내 삶이 왜 이렇게 되었을까, 결코 이런 모습으로 살고 싶었던 것이 아니었는데'라고 합니다. 왜 그렇게 됩니까? 옛 세대에 속했기 때문입니다. 성령님이 나에게 임하심으로 그리스도의 복음을 만나게 되면 참된 나를 찾게 됩니다.

  사도 바울은 거듭 말하고 있습니다.

  "너희가 성령을 받은 것은 율법의 행위로냐 듣고 믿음으로냐."

  이 말은 "너를 위하여 죽으신 하나님의 사랑이 너희 가슴에 임했을 때 너희 안에 성령의 기름 부음이 있지 아니하였느냐, 그 전에 너희가 그것을 위하여 율법으로 한 것이 있느냐, 너희 행위로 이룬 것이 있느냐, 은혜를 받을 만한 것이 너희에게 전혀 없지 않았느냐, 그런데 이제 와서 또 너희 행위로 무엇인가 조금 보탤 수 있다고 생각하는 순간 너희는 또다시 허무와 허상과 우상을 만드는 삶으로 돌아가게 된 것이다" 하는 사도 바울의 절박하고 안타까운 심정이 흘러나오고 있습니다. 사도 바울은 영적으로 너무나 예리하고 분명하게 보고 있습니다. 성령님이 사도 바울 안에서 100% 살아서 역사하고 계십니다. 성령님과 사도 바울이 완전히 하나 되어 있습니다.

성령님이 우리에게 어떻게 임하시는가에 대한 분명한 하나님의 약속이 요엘서 2장 28~29절에 잘 나타나 있습니다.

"그후에 내가 내 신을 만민에게 부어 주리니 너희 자녀들이 장래 일을 말할 것이며 너희 늙은이는 꿈을 꾸며 너희 젊은이는 이상을 볼 것이며 그때에 내가 또 내 신으로 남종과 여종에게 부어 줄 것이며."

여기서 '그후'라는 말은 무슨 뜻입니까? 그 전에 있는 내용을 한 마디로 말하면 '이스라엘 백성이 고난 속에서 모든 인간적 해결책을 완전히 포기하고 여호와만을 향할 때'라는 뜻입니다. 따라서 여호와를 향하는 그때에 여호와께서 성령을 만민에게 부어 주신다는 것입니다.

이 말씀을 가지고 베드로가 이렇게 말합니다.

"하나님이 가라사대 말세에 내가 내 영으로 모든 육체에게 부어 주리니 너희의 자녀들은 예언할 것이요 너희의 젊은이들은 환상을 보고 너희의 늙은이들은 꿈을 꾸리라"(행 2:17).

여기에서 '말세에'라는 말은 역사의 마지막이 아닌 우리의 옛사람이 끝나는 종말의 때이며 그때에 하나님께서 자기의 영으로 모든 육체에 부어 주신다는 것입니다. 자신의 노력으로 자기 가치를 높이려는 허무에 완전히 절망하고 또는 자기의 허무가 온전히 십자가에 못박혀 버린 때에 하나님의 영이 부어지는 것입니다.

성령님이 임하시면 나의 옛 시대를 만들어 가는 중심이었던 부끄러웠던 육체의 소욕이 종말을 맞이합니다. 성령님이 나에게 임하시면 나의 옛 시대, 즉 육체에 사로잡힌 내가 종말을 고하고 성령님과 동행하는 삶을 살기 시작합니다. 즉, 새 세대가 오게 된다는 것입니다.

세상을 보십시오. 세상은 육체의 시대입니다. 육체로 범벅이 되고 육체로 세례를 받고 육체로 숨을 쉬고 있습니다. 사람들은 육체를 건강하게 한다는 건강식이라고 하면 껌벅 죽고 야단입니다. 건강단련법도 엄청나게 나오고 있습니다. 그런데 공기와 땅과 물이 전부 오염되었는데 건강식이 어떻게 가능합니까? 이미 오염된 땅을 어떻게 할 수가 없습니다. 상대적인 의미에서 건강식을 먹으면 조금 건강해질 수 있을지도 모릅니다. 그러나 이 세상 안에는 진정한 건강이 없습니다.

사랑하는 성도 여러분, 진정으로 건강하기를 원하시면 우리의 영으로 성령님을 누리십시오. 영이 강건하면 마음에 평강과 안식이 있습니다. 마음에 평강과 안식이 있으면 육체는 따라서 조화를 이루어 건강해지는 것입니다. 마음은 평안하지 않은데 육체만 강건하게 해놓으면 무슨 일이 벌어집니까? 육체는 강건한데 가치관이 잘못되어 있다고 하면 건강하지 않은 편이 좋습니다. 삶의 본질을 바르게 보시기를 바랍니다. 우리가 가진 육체가 더럽다는 것이 아닙니다. 그 육체에 들어 있는 성향으로 말미암아 이 세대는 이루어져 있습니다. 새 세대는 성령님의 성향으로 이루어집니다. 어떤 물질적인 이원론으로 성령과 육체를 말하고 있는 것이 아닙니다.

성령님이 내 안에 임하시면(이것을 구약에서는 기름 부음이라고 합니다) 하나님의 권위를 내 속에서 회복시키십니다. 성령님이 임하시면 하나님의 권세가 내 안에서 회복됩니다. 하나님의 권세는 '다스림의 권세'입니다. 창세기 1장에서 하나님께서 사람을 창조하신 후 사람에게 제일 먼저 "복을 주시며"라고 하였습니다. '복을 주셨다'는 것은 '다스림의 권세를 주셨다'는 것과 같은 말입니다.

"하나님이 그들에게 복을 주시며 그들에게 이르시되 생육하고 번성하여 땅에 충만하라, 땅을 정복하라, 바다의 고기와 공중의 새와 땅에 움직이는 모든 생물을 다스리라 하시니라"(창 1:28).

따라서 다스림의 권세가 있는 사람이 복이 있는 사람입니다. 사람에게 다스림의 권세가 사라지면 너무나 비참해집니다. 사람이 자신의 생각과 감정을 다스리는 만큼 그 사람의 인격의 높고 낮음이 결정됩니다. 자신의 감정도 다스리지 못하는 사람이 어떻게 주변 상황을 다스리겠습니까? 품격 있는 사람이 된다는 것은 다스림의 권세가 살아 있다는 말입니다. 성령님이 임하시면 이 다스림의 권세가 회복되고 내 안에서 점차적으로 누려지기 시작합니다.

다시 한번 강조하겠습니다. 하나님의 새 시대는 우리의 옛 시대가 100% 끝나지 않으면 오지 않는다는 것을 기억하시기를 바랍니다. 옛 시대가 1% 끝이 나면 하나님의 새 시대가 1%, 옛 시대가 2% 끝이 나면 새 시대가 2% 시작되는 것이 결코 아닙니다. 내 속의 다스림의 역사도 나의 종 된 자리에서 100% 자유하지 않으면 일어나지 않습니다. 잘 이해해야 합니다.

예수님을 영접하고 성령님이 나에게 임하는 순간 하나님께서 다스림의 권세를 100% 나에게 회복시켜 주셨습니다. 성령님이 임하시면 예수 안에 있는 나에게 왕 된 권세, 제사장 된 권세, 선지자 된 권세를 하나님께서 예수 안에서 온전히 회복시켜 주셨습니다. 그런데 내가 왜 그 회복을 누리지 못하고 있습니까? 누림을 알려면 사랑의 비밀을 보아야 합니다.

나의 문제는 내가 나를 싫어하는 데 있다고 하였습니다. 내 문제는 내가 내 안에 갇혀 있는 것입니다. 내 속에서 내가 초월했으면 좋겠다는 소원이 있습니다. 이 싫은 나, 이 비천한 나, 살고 나서 '왜 내가 그렇게 살았는가' 라는, 그런 나에게서 초월하여 온전히 자유했으면 좋겠다는 소원이 있습니다. 그런데 이러한 초월은 나에게서 나올 수가 없습니다. 그 이유는 내가 내 속의 헛된 소욕에 종 노릇을 하고 있기 때문입니다. 초월하기 위해서는 밖에서부터 능력이 임하여야 합니다. 이것이 쉬운 일처럼 보이지만 쉽지 않습니다. 하나님의 능력이 나에게 임하여서 나를 초월시켜 주시면 간단합니다. 그런데 밖에서 들어온 능력이 나를 초월시켜 주면 되지만 그 초월을 내가 누리지 못합니다.

심한 표현이 될지 모르지만 용서하고 들어주십시오. 지옥 갈 사람은 지옥에 가는 것이 편합니다. 하나님의 은혜와 사랑에 대하여 전혀 마음이 열려 있지 않은 사람을 천국에 데려가면 지옥보다 더 무서운 지옥이 됩니다. 이것은 인격의 비밀입니다. 이러한 것을 모르면 '사랑의 하나님이 왜 지옥을 만들었을까' 라는 의문을 가지게 됩니다. 그러나 하나님께서는 모든 사람에게 모든 자리를 만들어 주십니다. 술주정뱅이는 술주정을 할 때 편합니다. 그 자리에서 나오라고 하면 화를 냅니다.

따라서 바깥에서부터 능력이 들어와서 내 안에서 초월을 이루어야 되는데 이 초월을 내가 이루고 내가 누리는 것이 되어야 합니다. 그리고 내가 초월하고 싶다하는 소원이 있는 것은 내 안에 초월의 가능성이 있기 때문입니다. 내 속에 그러한 초월의 가능성이 없다면 옛사람으로 사는 것을 불행해하지 않습니다. 돼지는 억만 년을 살아도 '나는 왜 돼지 구유에서 밥을 먹고 돼지 우리에서 잠을 자야 할까'라고 고민하지 않습니다. 돼지가 단 한 번이라도 '내가 왜 돼지 우리에서 살아야 하는가'라고 생각했다면 그 돼지는 더 이상 돼지가 아닙니다.

내가 육체에 종 노릇 하고 허무함에 종 노릇 하는 삶을 불만스러워하는 것은 내 안에 초월하고자 하는 가능성이 있기 때문입니다. 하나님의 형상대로 살지 못하기 때문에 내가 나를 수치스럽게 생각하는 것입니다. 하나님께서는 이것을 어떻게 해결하셨습니까? 하나님께서는 이것을 사랑으로 해결하셨습니다. 하나님께서 내 안에 오신 것입니다. 하나님의 사랑이 내 안에 들어오셔서 나의 아픔과 힘들고 더럽고 추한 부분을 안고서 죽으신 것입니다. 내 안에 오신 하나님께서 나의 죄를 안고 죽으셨습니다. 그래서 내가 살아났습니다. 하나님께서 내 안에 오셔서 하나님은 죽으시고 나는 살았습니다. 그 살아난 나는 이제 무엇으로 삽니까? 나를 위해 죽으신 하나님의 사랑으로 삽니다. 그래서 내가 살지만 또한 하나님이 사시는 신비가 이루어졌습니다. 나를 살리고자 죽으신 이 하나님의 사랑으로 사는 것이 믿음입니다.

십자가의 예수님은 2000년 전 갈보리에서만 죽으신 것이 아니라 오늘도 믿는 그리스도인들 안에서 수없이 죽고 계십니다. 이것을 보아야 합니다. 내가 천한 생각을 한 번 할 때마다 하나님께서 또 한 번 죽임을 당하십니다. 내게 오신 성령님이 죽임을 당하십니다.

자식이 무가치한 일을 하면 부모의 가슴이 찢어집니다. 우리 아이들 중에 어떤 아들이 강도짓을 했다고 합시다. 얼마나 가슴이 아프겠습니까? 우리는 부모로서 깨끗하지 못해도 그렇습니다. 성령님은 온전히 깨끗하시고 온유하십니다. 성령님이 내 안에 와 계시는데 우리가 거짓되고 사기하며 미워하고 정죄하며 내 것만을 챙기려고 하는 생각들이 일어날 때마다 성령님이 죽임을 당합니다. 내 안에서 죽어지고 녹아지는 그 사랑이 거름이 되어 내 안에 있는 하나님의 형상이 피어나는 것입니다. 그래서 성령님이 내게 임하면 내가 피어납니다. 그 사랑으로 내가 피어난 사람은 "내가 아니오"라는 고백을 하는 것입니다.

어떤 사람이 효자입니까? 효자는 자기가 열심히 공부하여 훌륭한 지위에 올라간 후 모든 것이 부모님의 은혜라고 생각하는 사람입니다. 부모님의 은혜가 사실입니다. 낳으시고 기르시며, 기저귀를 수천 번 갈아 주셨고, 아플 때마다 기도하고 간호하여 주셨던 부모님의 은혜를 조금이라도 생각하면 "내가 살았습니다, 내가 잘났습니다"라고 말하지 않습니다. 부모님의 사랑을 체험한 사람이라면 내가 살았지만 "내가 산 것이 아닙니다. 오직 부모님의 은혜입니다"라고 말할 수 있습니다.

내가 할 수 있다거나 내가 보낼 수 있다고 하는 사람은 하나님의 전적인 은혜를 폐하는 사람입니다. 내가 조금이라도 할 수 있다고 하는 사람은 내 속에 임하신 성령님의 역사를 소멸하는 것입니다. 이것을 보고 만난 사람, 아무것도 할 수 없게 된 사람은 자기가 노력한 것보다 억만 배나 되는 훨씬 아름다운 역사가 나타납니다. 그러므로 이제 더 이상 나를 만들어 가는 삶이 아닌 하나님께서 사랑으로 나를 위하여 만물 가운데 이루신 일들을 누리기 시작합니다. 드디어 내 삶에 안식이 나타나기 시작합니다. 이제 왕 노릇을 합니다.

성령님은 어떤 대상으로 생각될 수 있는 하나님이 아니십니다. "이것이 성령님이다"라고 말할 수 없습니다. 하나님은 지식의 대상이 아닙니다. 지식의 대상은 한계가 있을 때 가능한 것입니다. 예를 들면 저 밖에 보이는 나무는 한계가 있습니다. 따라서 우리가 나무가 어떻다고 말할 수 있습니다. 그러나 하나님은 만유 가운데 계시고 만유 가운데 충만하시고 만유가 하나님으로 말미암아 있으므로 그 하나님은 나의 지식의 대상이 될 수가 없습니다. 하나님을 아는 길은 하나님 안에서 사는 길 외에는 없습니다. 하나님을 누리는 길 외에는 없습니다.

성령님께서 내게 임하셔서 100% 다스림의 권세를 회복시켜 주셨습니다. 그런데 왜 우리는 그 권세를 누리지 못하고 있습니까? 우리는 하나님의 새 세대가 성령님 안에서 온전히 도래하였다는 것을 인정하지 않습니다. 여전히 옛사람의 생각과 습관을 주장하면서 살고 있기 때문에 성령님은 내 안에서 끊임없이 죽임을 당하고 소멸을 당하고 있습니다.

'너희가 무엇을 행하여서 새 세대가 도래할 수 있느냐!' 결코 없다는 것입니다. 전적인 성령님의 은혜입니다. 우리에게 임하신 성령님을 누리면 내가 만들 수 있는 것보다 억만 배나 아름다운 내가 피어납니다. 내가 나를 만들수록 싫고 멀리하고 싶었지만 이제 성령님 안에서 피어나는 나는 피어날수록 아름답고, 피어날수록 존귀해집니다. 성령님이 내게 임하시면 내 속에 감추어져 있고 악한 세대에 눌려져 있었던 하나님의 형상이 생수로 솟아납니다. 이제 이 생수가 나를 충만하게 하여 이 땅의 목마른 사람들을 충만하게 적셔 줄 수 있는 성령의 누림이 성도 여러분의 삶에 충만하시기를 바랍니다.

갈라디아 교회 성도들이 오직 그리스도의 복음을 듣고 믿었을 때 그들에게 성령님이 임하였습니다. 우리는 성령 충만을 받으려면 통성기도를 세게 하여야 한다거나 기도원에 가서 작정기도를 해야 한다거나 평소보다 뜨거운 기도를 해야만 된다고 하는 율법주의, 공로주의에 빠져 있습니다. 내가 무엇을 함에 따라 성령님의 역사를 나타나게 할 수 있다고 생각하면 그 역사의 주체는 여전히 나입니다. 나는 문제가 아닙니다. 내가 아무런 자격이 없을 때 나를 사랑하신 하나님을 만나 보십시오. 믿으십시오. 그리고 그분의 역사를 사모함으로 기대하십시오.

이제 우리는 기도함으로 내가 더 강해지는 기도가 아니라 내가 더 약해지는, 내가 믿음으로 더 강해지는 믿음이 아니라 내가 오히려 죽어 버리는 영성을 배울 때입니다. 내가 약할수록 하나님은 내 안에서 강해지시고, 내가 죽을수록 하나님은 내 안에서 더욱 살아나시는 십자가의 비밀을 누릴 수 있기를 주님의 이름으로 축원합니다.

하나님! 나는 아무것도 할 수 없습니다.
아무것도 생각이 나지 않습니다.
나는 너무나 텅 빈 존재입니다.
하나님! 내가 나를 보니 이렇게 불쌍할 수 없습니다.
하나님이 나에게 없으면 나는 너무나 허무한 존재입니다.
하나님! 나는 나를 너무나 많이 주장하고 있었습니다.
내가 나를 만들려고 애쓰고 있었습니다.

그리스도를 영접하고 성령님이 내 안에 오셨는데
나는 참으로 누릴 줄을 몰랐습니다.
아내를 누릴 줄 몰랐습니다.
남편을 누릴 줄 몰랐습니다.
자식을 누릴 줄 몰랐습니다.
부모님을 누릴 줄 몰랐습니다.
주님! 이제 힘을 빼겠습니다.
나로 주장하던 것을 십자가에 못박겠습니다.
내 안에 오시옵소서.
내 안에서 자유하시옵소서.
성령님을 환영합니다.
성령님을 기뻐합니다.
성령님은 나를 다스리는 분이십니다.
성령님은 나의 왕이십니다.
성령님은 내 산성이시요 방패이십니다.
오직 주님만으로 만족합니다.

갈|라|디|아|서|강|해(상권)

제8강
너를 인하여 복을 받으리라

갈라디아서 3장 6~14절

아브라함이 하나님을 믿으매 이것을 그에게 의로 정하셨다 함과 같으니라 그런즉 믿음으로 말미암은 자들은 아브라함의 아들인 줄 알지어다 또 하나님이 이방을 믿음으로 말미암아 의로 정하실 것을 성경이 미리 알고 먼저 아브라함에게 복음을 전하되 모든 이방이 너를 인하여 복을 받으리라 하였으니 그러므로 믿음으로 말미암은 자는 믿음이 있는 아브라함과 함께 복을 받느니라 무릇 율법 행위에 속한 자들은 저주 아래 있나니 기록된 바 누구든지 율법 책에 기록된 대로 온갖 일을 항상 행하지 아니하는 자는 저주 아래 있는 자라 하였음이라 또 하나님 앞에서 아무나 율법으로 말미암아 의롭게 되지 못할 것이 분명하니 이는 의인이 믿음으로 살리라 하였음이니라 율법은 믿음에서 난 것이 아니라 이를 행하는 자는 그 가운데서 살리라 하였느니라 그리스도께서 우리를 위하여 저주를 받은 바 되사 율법의 저주에서 우리를 속량하셨으니 기록된 바 나무에 달린 자마다 저주 아래 있는 자라 하였음이라 이는 그리스도 예수 안에서 아브라함의 복이 이방인에게 미치게 하고 또 우리로 하여금 믿음으로 말미암아 성령의 약속을 받게 하려 함이니라

들어가면서

오늘 본문의 핵심은 약속하신 성령께서 우리에게 임하시면 우리가 아브라함의 복을 누리게 되는데 이것은 율법을 지킴으로 되는 것이 아니라 하나님을 믿음으로 이루어진다는 것입니다. 그리고 우리가 누릴 아브라함의 복의 내용은 우리로 말미암아 땅의 모든 족속이 복을 받는다는 것입니다.

아브라함의 복 = 땅 끝까지 복됨 = 하나님 나라의 이룸

하나님께서 아브라함을 부르셔서 "내가 너를 창대케 하고 너로 인하여 천하 만민이 복을 받으리라"고 약속하신 것은 아브라함 개인을 위한 것이 아니라 이 땅 전체를 위한 것입니다. 아브라함을 선택하여 하나님의 선하심과 의로우신 계획을 신뢰하게 함으로 독자까지 드릴 수 있는 헌신 있는 믿음을 갖게 하셨습니다. 그 믿음의 씨앗이 땅 끝까지 퍼져 하나님의 뜻이 하늘에서와 같이 땅에서도 이루어지는 열매를 맺게 하는 하나님의 섭리가 그 약속 안에 있는 것입니다. 구약의 "천하 만민이 복을 받으리라"는 것과 신약의 "하나님의 나라가 임하리라, 땅 끝까지 내 증인이 되리라"는 것은 동일한 약속이며 표현만 다를 뿐입니다.

믿음으로 누림, 율법의 공로가 아님

나로 인하여 땅 끝까지 복을 받는 복의 근원이 되는 것, 즉 하나님 나라의 풍성한 결실을 이루는 좋은 씨앗이 되는 것은 내가 율법을 얼마나 잘 지킬 수 있느냐는 능력에 있는 것이 아닙니다. 그것은 일을 이루시는 하나님을 내가 얼마나 신실하게 신뢰하느냐 하는 믿음에 있는 것입니다. 이 믿음을 주시기 위하여 본문 13절은 '그리스도께서 우리를 위하여 저주를 받으셨다'고 파격적으로 선언하고 있습니다.

믿음은 나의 결단이 아닙니다. 나를 위하여 저주받기를 마다하지 아니한 하나님의 사랑의 가슴을 만날 때 저절로 나타나는 내 가슴의 반응입니다. 즉, 믿음이 없는 것은 내가 믿지 않기 때문이 아니라 하나님의 사랑의 가슴을 만나지 못하였기 때문입니다. 그 사랑의 가슴을 만나면 굳어 있던 내 가슴의 껍질이 깨어지고 깨어진 옥합의 향유처럼 내 가슴 속에 정한 눈물과 사랑의 고백들이 흘러나오기 시작합니다. 힘이 없고 떨리던 내 팔로 억지로 붙들어 세우던 나의 초라한 삶은 무너져 버리고 하나님의 가슴에 안겨 버립니다. 내 자아와 내 힘으로 세웠던 세계가 부서져 내리는데도 두려움은 사라지고 이상하게도 새 소망과 기쁨이 가슴을 채웁니다.

내가 나를 싫어하였는데, 내가 나를 수치스럽게 여겼는데, 내가 나를 소외시켜 버렸는데, 이제 내가 나를 용납하기 시작합니다. 내가 나로 행복해지기 시작하며, 내가 나로 떳떳해집니다. 내 안의 피우지 못했던 꿈의 씨앗을 다시 소중하게 가꿉니다. 하나님의 사랑을 가슴으로 만나면 내가 나를 만들려던 어리석은 몸부림, 즉 율법을 지킴으로 의를 세우려던 허공을 치는 주먹질을 멈추고 나를 만드신, 나를 나보다 더 잘 아시는 하나님 안에서 안식합니다.

창조는 안식에서 시작됩니다. 안식이 있는 자리에는 새 창조가 피어나기 시작합니다. 남편의 가슴에 진정한 안식이 임하면 아내를 새롭게 발견합니다. 반드시 새 고백, 새 일이 나타납니다. 믿음! 바로 그것이 성령의 약속입니다. 사랑의 영이신 성령 하나님이 임하시면 이 믿음을 선물로 받습니다.

구약의 성령님의 약속 = 땅 끝까지 복이 되는 꿈을 꿈

요엘 선지자는 성령님이 임하시면 우리 자녀들은 장래 일을, 우리 어른들은 꿈을, 우리의 젊은이들은 이상을 본다고 선포하였습니다. 무슨 꿈, 무슨 이상입니까? 이 땅의 고난과 아픔이 끝나고 모든 눈물이 닦아지고 더 이상 곡하는 것이나 애통이 없는 땅 끝까지 복된 꿈입니다. 성령님이 임하시는 심령마다 하나님을 신뢰함으로 복의 근원, 즉 복의 통로가 됩니다. 그래서 믿는 자들을 통해 하나님을 알지 못하는 이방인들이 복을 받아 땅 끝까지 물이 바다를 덮음같이 하나님의 복됨이 충만하게 넘치게 됩니다.

오늘 본문은 연약하고 정죄 아래 있던 우리가 하나님의 사랑에 붙들림 받음으로 누리게 되는 아브라함의 복 또는 성령의 약속을 밝히 보여 주고 있습니다. 다음과 같이 그 내용을 살펴보겠습니다.

첫째, 본문 내용 자체를 자세히 살펴보겠습니다.

둘째, 이해의 중요점들을 깊숙이 파고들어가며 나누겠습니다.

셋째, 본문의 핵심인 아브라함의 복을 확대하여 보면서 적용을 찾겠습니다.

넷째, 후기로 분문으로부터 유추된 삶의 일반원리를 보겠습니다.

본문의 내용

본문의 내용은 간단하게 구분되어 있습니다. 첫번째 내용은 믿음의 복(3:6~9), 즉 아브라함의 복을 통한 믿음의 복을 보여주고 있습니다. 두 번째 내용은 율법 행위의 저주(3:10~12), 세 번째 내용은 그리스도의 속량하심에 관한 것(3:13~14)입니다. 그리스도께서 우리의 저주를 담당하심으로 우리가 저주에서부터 속량함, 즉 자유함을 받았다는 것입니다. 여기서 '속량'이라는 단어는 본래 노예시장에서 쓰이던 단어입니다. 노예를 돈으로 사서 풀어 주는 것을 속량(redemption)이라 합니다. 속량이라는 단어가 이제 기독교에서 사용되기 시작하면서 기독교 전문용어가 되었지만 사실 이 말은 노예시장에서 쓰이던 용어였습니다.

믿음의 복(6~9절)

본문의 내용을 좀더 자세히 살펴보겠습니다. 먼저 믿음으로 의롭다 함을 받는다는 의미를 봅시다. 이 말씀은 아마 예수 믿는 사람이라면 수없이 들었을 것입니다. 믿음으로 의롭다 함을 받았다는 것은 창세기 15장 6절 "아브람이 여호와를 믿으니 여호와께서 이를 그의 의로 여기시고"의 인용입니다.

사도 바울은 이렇게 말하고 있습니다.

"아브라함이 의롭다 함을 받은 것은 믿음으로 인한 것이지 행위로 인한 것이 아닙니다. 그러므로 진정한 아브라함의 자손은 누구입니까? 아브라함의 육신적 혈통을 따라서 난 사람이 아브라함의 자손이 아니라 믿음의 사람들이 참된 의미에서 아브라함의 자손입니다. 아브라함의 육적 혈통의 자손이 아브라함의 자손이 아니라 아브라함의 영적 믿음을 가진 자들이 진정한 아브라함의 자손입니다."

이제 이방인들이 예수 그리스도를 통해서 하나님을 믿음으로 하나님의 자녀가 되고 교회 안에 들어왔습니다. 그런데 교회 안에 있는 유대주의자(율법주의자)들이 이방 그리스도인 형제에게 예수를 믿어도 율법을 지켜야 한다, 할례를 받아야 한다고 주장하고 있습니다. 그래서 사도 바울이 말하기를 할례와 율법 행위가 예수를 믿음으로 받은 의를 0.00001%라도 더 낮게 할 수 있다거나 하나님께서 의롭게 하신 일에 사람의 행위로 무엇인가 보탤 것이 0.00001%라도 있다고 한다면 하나님께서 베푸신 의와 은혜의 온전하심을 우리가 스스로 폐하는 행위라는 것입니다.

하나님의 은혜로 구원받은 자녀로 살 때 그 은혜에 무엇인가 보태는 것이 낫다는 속임수에 말려들어서는 안 됩니다. 그렇게 멋있게 믿음으로 의롭다 함을 받았는데 여기에 율법의 행위까지 더한다면 얼마나 좋을까 하는 속임수에 넘어가서는 안 됩니다. 내 삶에서 내가 만들 수 있는 것이 조금이라도 있다고 생각하는 순간부터 우리는 저주 아래 들어갑니다. 나의 힘으로 나를 더 만들고 싶은 욕망의 이면에는 내 힘으로 더 만들어지지 않는 절망감과 열등의식이 있어, 이것이 나를 한없는 나락 속으로 떨어지게 합니다. 사단은 내가 무엇인가 보태고 만들 수 있다는 그 작은 틈새를 통해서 우리에게 엄청난 저주를 주는 것입니다.

그래서 사도 바울은 목숨을 걸고 갈라디아 성도들을 향해서 감정적으로 격해져서 "어리석도다! 갈라디아 사람들아!" 하면서 자신의 심정을 토해 내고 있는 것입니다. 이방인들이 하나님의 자녀가 된 것도 믿음으로 된 것이며 이것만이 성경의 약속을 성취하는 것입니다. 새로운 일이 결코 아닙니다. 하나님께서 아브라함을 부르실 때부터 하나님과 우리의 관계는 하나님의 우리를 향한 사랑과 신뢰의 관계일 뿐이지 피조물이며 죄인 된 우리의 노력이 만들어 낼 수 있는 부분이 결코 없었습니다.

창세기 12장의 하나님의 약속 안에는 두 가지가 들어 있습니다.

첫째는 아브라함 자신을 위한 것입니다. 창세기 12장 2절의 "너로 창대케 하여 복의 근원이 되게 하리라"는 의미는 이미 앞에서 나누었기에 반복하지 않겠습니다. 이 말씀의 결과로서 창세기 12장 3절에 "너를 축복하는 자에게는 내가 복을 내리고 너를 저주하는 자에게는 내가 저주하리니 땅의 모든 족속이 너를 인하여 복을 얻을 것이니라"는 약속을 얻게 됩니다. 이 약속의 뜻은 하나님과 아브라함은 하나라는 것입니다. 기쁨과 고통을 함께하는 한 생명입니다. 그래서 아브라함의 후손은 그리스도의 고난과 영광에 함께 참여하는 유업자인 것입니다.

이것은 신약에서 베드로가 "주는 그리스도시요, 살아 계신 하나님의 아들이시니이다"라고 고백하였을 때 주님께서 "네가 땅에서 무엇이든지 매면 하늘에서도 매일 것이요 네가 땅에서 무엇이든지 풀면 하늘에서도 풀리리라"(마 16:19)고 하신 것과 같은 내용입니다. 즉 하나님과 우리 사이에 막혔던 벽이 허물어져서 하나로 합해진 상태를 말하는 것입니다.

둘째는 땅의 모든 족속을 향한 것입니다. 하나님께서 아브라함을 복의 근원으로 삼으시고 땅의 모든 족속들이 아브라함으로 인하여 복을 받는다는 것입니다. 우리가 가장 복될 때가 언제입니까? 나 혼자 잘 먹고 잘 살 때가 아닙니다. 나 혼자 잘 먹고 잘 사는 것은 저주입니다.

우리 나라 역대 대통령들 중에 아직도 몇 사람이 살아 있습니다. 그 중에서 대통령 하시면서 어떻게 하면 나로 인하여 이 백성과 민족과 역사가 복을 받아야 할 것은 생각하지 못하고 때는 이때라며 자기 욕심만 부렸던 분들께서 지금 어떻게 되어 있습니까? 복되십니까? 아닙니다. 자기 뿐만 아니라 자기 후손들까지도 부끄럽게 만들었습니다. 그분들의 증손자나 고손자들은 아마도 자기 할아버지가 누구인지도 모르는 체 그 이름 때문에 얼굴을 들 수 없을 것입니다.

자기 혼자 잘 먹고 잘 살기 위하여, 늘 '무엇을 먹을까, 무엇을 마실까, 무엇을 입을까'에 사로잡힌 삶은 저주에 속한 삶입니다. 잘 보시기 바랍니다. 복된 삶은 나로 인하여 만민이 복을 받는 사람입니다. 나로 인하여 복된 삶을 사는 남편을 가진 아내는 행복합니다. 복된 사람인 내가 있음으로 주위 사람들이 복을 받습니다. 많은 사람이 그 사람으로 인하여 삶의 아름다움을 얻습니다. 그런 사람은 어디에 있든지 당당하며 귀합니다.

하나님께서 아브라함을 부르신 것과 같이 우리를 부르신 이유는 우리를 통해서 이 땅의 아픔을 치유하시고 회복하기를 원하시는 하나님의 가슴 때문입니다. 하나님께 부르심을 받은 자는 참으로 복된 사람입니다. 자신이 복될 뿐 아니라 이웃까지 복되게 합니다. 아브라함이 믿음으로 의롭다 함을 받은 것과 같이 믿는 사람은 아브라함의 자손입니다. 우리는 믿음으로 말미암아 이 땅의 많은 사람을 복되게 하는 창세기 12장 3절 말씀을 성취한 사람들입니다. 구약 선지서의 비전이 나타날 때에도 땅 끝에 있는 백성들, 원방에 있는 백성들, 바다 끝에 있는 섬들까지 하나님의 시온이 아름다워짐으로 시온으로 말미암아 복을 받으리라고 하였습니다.

하나님은 우리가 하나님의 비전을 대단히 알기 쉽도록 보여주십니다. 하나님의 비전이 너무 오묘하고 비밀스럽게 감추어져 있어서 쉽게 풀 수 없다고 하는 자들이 바로 이단들입니다. 하나님의 비전은 대단히 상식적인 이야기로 되어 있습니다. 아버지가 멀리 있는 자식에게 편지를 쓰는데 '이 편지 절대로 알아보면 안 되는데' 하면서 이상한 상징을 쓰고 이리저리 돌려서 아들이 절대로 알아볼 수 없도록 합니까? 아버지는 아들이 잘 되어서 복을 받았으면 좋겠다는 안타까운 마음을 가지고 너무나 알아듣기 쉽도록, 혹 못 알아들을까봐 거듭 강조해서 편지를 쓸 것입니다.

한국 교회는 이상한 전통을 가지고 있는 것 같습니다. 성경은 꼭 특별한 어떤 사람만이 해석하는 것으로 머릿속에 넣고서 몇 번이나 돌려야 제대로 나오는 것으로 생각합니다. 하지만 하나님의 말씀은 마음이 건강한 사람이 건강한 사고로 읽어 내려가면 당연히 느낄 수 있는 하나님의 마음을 담고 있습니다. 하나님의 마음이 무엇입니까? 이 땅에 아픔이 너무 많다는 것입니다. 이 땅에 아픔이 너무 많으니까 치유되었으면 좋겠는데 하나님이 직접 치유해 버리면 어떻게 되겠습니까? 하나님의 자녀로 부르심을 받은 우리들이 하나님의 나라가 이루어지는 과정의 복됨을 누릴 수 없습니다. 그래서 하나님께서는 우리를 부르셔서 우리를 통하여 이 땅이 치유되기를 원하시는 것입니다.

이번에 우리는 코스타리카에 단기선교를 다녀왔습니다. 참 좋은 시간, 은혜의 시간을 보내고 왔습니다. 우리 모든 성도들이 선교 현장에 일 년에 몇 번씩 나가서 아파하고 힘들어하는 삶의 현장을 보셨으면 좋겠습니다. 미국에 살면 삶이 전부 가려져 있고 인위적으로 포장되고 보호되어 있습니다. 인위적으로 포장된 삶 속에서는 생명을 만나기 어려우며 얼마나 많은 아픔이 있는지를 모릅니다.

코스타리카 단기선교를 마치고 돌아오는 비행기 안에서 제 마음에 이민교회에 대한 생각이 떠올랐습니다. '미국에 수많은 이민교회들이 있는데 왜 이민사회가 아파해야 되는가' 라는 것입니다. 이민교회는 이민사회가 있기 때문에 존재합니다. 이민사회가 없는데 무슨 이민교회가 있습니까? 이민사회에 아픔이 얼마나 많습니까? 그러면 이민교회가 존재하는 유일한 이유는 무엇입니까? 그것은 이민사회의 아픔을 속량하기 위해서입니다. 교회는 그리스도의 몸입니다. 그리스도의 몸은 이 땅의 아픔과 저주를 속량하기 위해서 제물로 드려진 그리스도의 몸입니다. 그러면 이민교회가 있음으로 인하여 이민사회가 복되면 이민교회는 복된 것입니다.

그런데 왜 이러한 이민교회가 다른 교회야 어떻게 되든 우리 교회만 부흥해야 되겠다고 합니까? 다른 교회는 어떻게 되든 우리 교회는 건물을 크게 지어야 된다고 합니까? 다른 교회는 어떻게 되든 우리 교회만 잘 되면 그만이라고 생각합니까? 심지어는 교회간에 경쟁과 질투까지 하는, 말이 안 되는 교회생활을 우리가 하고 있지는 않습니까? 다른 교회는 모르지만 목회3기를 향해서 나아가는 우리 뉴욕새교회는 이민사회의 아픔이 치유되고 삶을 회복시키는 일에 쓰임받아야 하겠습니다. 우리는 우리 자신만을 위하여 존재해서는 안 됩니다.

그래서 저는 '이제 나를 위한 기도는 하지 말자'고 생각했습니다. 물론 지금까지 제 자신만을 위한 기도보다는 성도들을 위한 기도를 더 많이 해왔습니다. 그러나 제 기도의 대부분은 나의 목회를 위한 것이었습니다. 이제는 나의 목회를 위한 기도 시간을 줄이고 이제부터 이민사회와 이 땅을 더 많이 축복하는 기도, "이 땅에 하나님의 뜻이 더 크게 이루어지이다" 하는 기도를 많이 하자고 결심하였습니다.

코스타리카에서 목회자 세미나를 가졌을 때 얼마나 많은 현지 목회자들이 오셨는지 모릅니다. 정말 놀랐습니다. 말씀에 목말라하며 메말라 있는 심령들에게 제가 말씀을 선포할 때마다 모든 분들이 뜨거운 눈물을 흘리고 온몸으로 기뻐하시는 것이었습니다. 같이 가신 우리 성도님이 세미나에서 일어나는 광경을 보고서는 성령의 물결이 일어나는 것 같다고 말씀하셨습니다. 힘있는 나라들에게 빼앗길 것을 다 빼앗기고, 전부 빨려 버린 그 참혹한 땅에서 살아남기 위하여 견뎌 왔던 아픔과 절망이 얼마나 심한지 모릅니다.

하나님은 어떤 분이십니까? 이 땅의 아픔을 치유하기 위해서 자기 가슴 전체가 터져서 피로 온몸을 적신 분이십니다. 속량의 피를 적신 하나님을 통해서 우리 모두를 복되게 하시기 위한 것입니다. 하나님께서 아브라함을 부르신 것은 아브라함으로 말미암아 땅의 모든 족속이 복을 받게 하기 위해서입니다.

율법의 행위(10~12절)

본문의 두 번째 내용에서는 사도 바울이 율법의 행위에 대해서 말하고 있습니다. 율법의 행위에 속한 것은 저주 아래 있다고 하였습니다. 율법의 행위에 속했다는 것은 아래 세 가지의 뜻이 있습니다.

첫째, 모든 율법은 항상 지켜야 됩니다. 갈라디아서 3장 10절의 말씀은 신명기 27장 26절을 인용한 것입니다.

"이 율법의 모든 말씀을 실행치 아니하는 자는 저주를 받을 것이라 할 것이요 모든 백성은 아멘 할지니라."

율법의 행위로 의로움을 받으려고 하는 자는 모든 율법을 항상 지켜야 됩니다. 내가 어제까지 율법을 온전하게 지켰습니다. 그런데 오늘 아침에 잘못했다고 합시다. 그러면 율법을 지킨 것입니까? 율법을 지키지 않은 것입니다. 평생을 지킨 율법이 단 한 번의 실수로 다 무너져 버린 것입니다. 그러니까 율법의 행위에 속하려고 하는 것은 보통 저주가 아닙니다.

둘째, 율법으로 하나님 앞에서 완전할 수가 없습니다. 이것은 불가능한 일입니다. 하루 중에 한 시간만이라도 율법으로 스스로 완전할 자신이 있습니까? 한 시간 동안 온전히 깨끗해지고 온전히 거룩하고 온전히 맑고 마음속에 어떠한 어두움과 더러운 생각들도 생기지 않을 자신이 있습니까? 결코 없습니다. 누구든지 율법의 행위로는 하나님 앞에 완전할 수가 없습니다. 그러므로 율법의 행위로 사는 자는 끝없는 정죄 아래에 있습니다.

셋째, 율법을 행하는 자는 끝없이 율법 가운데 살아야 됩니다. 본문 11절과 12절에 이렇게 말씀하고 있습니다.

"또 하나님 앞에서 아무나 율법으로 말미암아 의롭게 되지 못할 것이 분명하니 이는 의인이 믿음으로 살리라 하였음이니라 율법은 믿음에서 난 것이 아니라 이를 행하는 자는 그 가운데서 살리라 하였느니라."

율법을 행하는 자는 날마다 율법을 지킴으로 살아야 합니다. 그러니까 율법을 행하는 자는 끊임없이 선과 악을 구분하면서 살아야 합니다. '아, 잘못했다, 잘했다. 맞게 했다, 틀렸다' 하는 생각으로 삽니다. "내가 잘해 준 거야? 못해 준 거야? 맞았어? 틀렸어?" 하는 관점에 사로잡힌 남편이 있다고 합시다. 그 남편이 아내를 행복하게 해줄 수 있습니까? 항상 바르게 하고 있는가, 항상 맞게 하고 있는가를 염려 걱정하면서 사는 남편은 아내를 아마도 미치게 할 것입니다. 그 부인은 그 남편과 같이 살 수가 없을 것입니다.

그리스도의 속량(13~14절)

예수님께서는 우리를 위하여 저주를 받으심으로 우리로 율법의 저주에서 벗어나도록 속량하셨습니다. 그래서 사도 바울은 신명기 21장 23절을 인용하고 있습니다.

"나무에 달린 자는 하나님께 저주를 받았음이니라"

나무에 달린 자가 저주를 받았다는 것은 동서양이 똑같습니다. 우리 한국에서도 극악무도한 죄인, 반역이나 대역죄를 지은 죄인을 죽이고는 땅에 파묻지 않습니다. 죽인 다음에 목을 베고서 머리만을 나무에 매다는 '효수'를 합니다. 그리고 반역 죄인에 대하여 시신 전체를 나무에 매다는 효시를 하였습니다.

나무에 달리는 것은 저주 중의 저주입니다. 왜 죽은 시신을 나무에 매답니까? 너희가 이렇게 살면 이런 저주를 받는다는 것을 사람들에게 보여 주기 위한 것입니다. 사람은 흙으로부터 와서 흙으로 돌아가는 것이 복입니다. 흙으로 돌아가지 않고 매달리면 안 됩니다. 그런데 우리는 살아 있는 동안 어디엔가 매달리려고 몸부림을 치고 있습니다. "온 세상 사람들아, 날 좀 보소, 날 좀 보소" 하면서 그런 높은 자리에 올라가 매달리려고 몸부림을 치고 있는 것입니다. 돈 벌고 출세하여 다른 모든 사람들이 나를 우러러 보았으면 좋겠다고 끊임없이 매달리려고 합니다. 자신의 자랑으로 매달리는 자는 반드시 수치를 당합니다. 그러나 이웃의 아픔을 안고 매달리는 자는 귀함을 받습니다. 그것이 살아있는 역사적 증거입니다.

십자가의 형이라는 것은 원래 카르타고에서 반역 죄인을 처단하는 사형의 한 방법이었습니다. 로마 장군 스키피오가 알프스를 넘은 무적 한니발을 이기고 카르타고를 정복하였습니다. 그런데 로마가 카르타고를 정복하였지만 역사를 자세히 들여다보면 로마가 카르타고에게 잡혀 먹혔다는 것을 알 수 있습니다. 로마가 카르타고를 정복하였지만 거꾸로 카르타고의 문화와 경제방식, 그리고 카르타고의 가치관이 로마를 사로잡았습니다. 그래서 로마는 카르타고의 화신이라 할 수 있습니다.

카르타고는 무엇입니까? 자본주의의 전형입니다. 카르타고인은 자기 나라에 병사 한 명도 없이 지중해 연안 전체를 돈으로 장악했던 사람들입니다. 이러한 카르타고로부터 나왔던 사형법이 십자가형이었습니다. 극악무도한 죄인들을 죽이는 잔혹한 사형법이었습니다. 그런데 전혀 죄가 없으신 예수님께서 십자가에 달리셨습니다. 십자가에 달려 저주를 받으신 것입니다. 이는 바로 우리를 저주에서 속량하시기 위한 것입니다.

하나님께서 나를 사랑하사 친히 나 대신에 저주를 받으셨습니다. 이 사실이 내 가슴에 부딪치면 어떤 일이 생겨납니까? 나의 모든 것이 변합니다. 새로워집니다. 그리고 이 완전한 새로움, 즉 거듭남의 중심에는 나의 존재 가치의 확신이 들어 있습니다. 하나님께서 내 대신 죽으셨다 또는 저주를 받으셨다는 사실 속에는, 나라는 존재가 그만한 대가를 치를 만한 가치가 있다는 것입니다.

우리 삶의 모든 허무한 행위들은 내가 내 가치를 만들어 보자는 안식 없는 몸부림들에 불과합니다. 그러므로 하나님께서 대신 죽으신 사랑을 만날 때 허무에 굴복하고 썩어짐에 종 노릇 하는 헛된 행위들이 폐하여지고 하나님을 신뢰하는 안식 안에서 영원한 열매를 맺는 생명 행위가 피어나는 것입니다. 이 복된 삶이 이방인에게 증거될 때 이방인들은 하나님께서 이루신 사랑의 구속을 만나고 믿음으로 아브라함의 자손이 되어 성령님의 약속이 성취되는 것입니다.

본문 이해

믿음

본문을 이해하기 위해서는 먼저 믿음을 이해해야 합니다. 본문에서 믿음이라는 말이 계속 나왔는데 믿음이 무엇입니까? 믿음이라는 것은 바로 하나님의 사랑에 대한 우리의 자연스런 반응입니다.

성경은 고통을 불필요하다거나 없어야 될 것이 아니라 오히려 우리 삶을 건강하게 하며 하나 됨의 결속력을 주는 것으로 보여 줍니다. 고통은 존재 차원이 높을수록 민감하게 느껴집니다. 강아지를 예로 들겠습니다. 어떤 사람이 화가 나서 강아지를 발로 차고서는 "이놈의 강아지, 더럽고 재수없어" 하면서 욕을 퍼부었습니다. 그 강아지가 그날 밤에 '내가 왜 이런 대우를 받아야 되나' 하면서 고민하느라 잠을 자지 못하는 일이 벌어집니까? 발에 걷어차인 육체적인 아픔은 잠깐 느끼겠지만 개에게는 정신적인 고통이란 존재하지 않습니다. 발에 차인 그날 밤에도 여느 밤처럼 잘 잡니다.

그런데 제가 복도에서 어떤 성도에게 "당신 생긴 것이 왜 그래?" 하면서 한 마디 던졌습니다. 그러면 그날 밤에 그 성도가 잠을 잘 잘 수 있을까요? 못 잘까요? 잠을 못 자는 것은 물론이거니와 나와 원수가 될 것입니다. 왜 그렇습니까? 인간은 개보다는 존재 차원이 높기 때문에 고통을 그만큼 민감하게 느낍니다.

아프리카에서는 태어날 때부터 에이즈를 가진 어린아이들이 일 년에 수십만 명씩 태어나고 있습니다. 내 아이는 손가락 끝 하나 잘못되어 태어나도 아파합니다. 내 아이에게는 절대 그런 일이 일어나서는 안 된다고 생각합니다. 그런데 남의 집 아이는 에이즈를 가지고 태어나도 상관이 없다고 생각하며 고통을 전혀 느끼지 못하고 있습니다. 왜 그렇습니까? 우리의 인격 수준이 그만큼 높지 않기 때문입니다. 세상에 아무리 큰 아픔이 있어도 나 혼자 잘 먹고 잘 살 수 있으면 고통을 별로 느끼지 않을 수도 있습니다. 고통을 느끼는 것과 존재의 차원은 정비례합니다.

그렇다면 누가 가장 높은 차원의 존재입니까? 우리 하나님이십니다. 하나님은 이 땅의 모든 고통을 느끼고 계십니다. 엄청나게 깊고도 심하게 느끼십니다. 이 땅에 고통이 있는 한 하나님은 고통을 당하십니다. 하나님은 안식하셔야 마땅한 분이십니다. 온 세상을 창조하시고서 "좋았더라 좋았더라 심히 좋았더라" 하시면서 안식을 시작하신 분입니다. 그런데 그 안식이 깨어졌습니다. 자식이 부모의 뜻을 어기고 그 품을 떠난 것과 같이 자녀 된 우리가 하나님의 품을 떠남으로 하나님의 안식이 깨어져 버린 것입니다.

하나님께서는 사랑의 가슴 때문에 이 땅의 고통을 모른 척 하시면서 안식하실 수가 없습니다. 우리는 이 땅의 다른 사람에게 고통이 있든 말든 나만 편하면 그만이라고 하며 살아갑니다. 그러나 하나님은 이 세상에서 마지막 하나의 죄의 권세가 다 폐해질 때까지 안식하실 수 없는 분입니다. 우리 하나님은 졸지도 아니하시고 주무시지도 아니하시며 조금도 쉬실 수 없는 하나님이십니다. 이 땅의 모든 아픔 가운데 고통당하시는 하나님이십니다.

2천 년 전에 하나님이 어느 날 갑자기 나타나셔서 "너희 죄 많은 것들아, 어이구 지겹다, 지겨워, 너희들 때문에 내가 이렇게 고통당한다" 하시면서 십자가에 못박혀 갑작스럽게 고통을 당하신 하나님이 아니십니다. 우리 하나님은 역사의 처음부터 끝까지 십자가의 하나님이십니다. 하나님께서 우리에게 나타나셔도 사람들은 십자가의 하나님을 보지 못하고 있습니다. 예수 그리스도의 십자가는 하나님께서 이 땅의 고통을 너무 아파하셔서, 영이신 하나님의 아픔이 하도 짙어져서 형상으로 엑기스화된 것입니다.

우리가 이 십자가의 사랑을 만나는 순간, 우리의 가슴에 어떤 일이 일어납니까? 나를 위해서 죽으신 그 십자가의 사랑을 만나는 순간, 하나님이 나를 얼마나 사랑하셨는가, 하나님이 얼마나 나를 존귀하게 여기시는가, 하나님이 얼마나 나를 안타깝게 사랑하시는가를 알게 됩니다. 그것만이 아닙니다. 하나님께서 이 땅을 얼마나 사랑하시는가, 즉 이 땅에 샬롬과 안식과 복이 임할 때까지 아픈 가슴을 가지고 계시는 하나님의 사랑과 신실하심을 알게 됩니다.

하나님은 이 땅이 아프지 않았으면 좋겠다고 생각만 하시는 분이 아닙니다. 하나님은 이 땅의 아픔이 없어지기 위해서 자기 자신을 제물로 드리실 만큼 신실한 분이십니다. 신실하다는 말은 자기의 뜻에 자기의 삶을 일치시킨다는 것입니다. 하나님의 사랑과 신실함을 만날 때 그냥 우리 속에서 자연적으로 일어나는 것이 믿음입니다. 믿음은 내가 믿으려고 해서 생기는 것이 아닙니다.

예를 들겠습니다. 어떤 사기꾼이 있습니다. 이렇게 보아도 사기꾼, 저렇게 보아도 사기꾼, 위, 아래, 어디에서 보아도 사기꾼입니다. 그런데 그 사기꾼을 믿어 주려고 노력한다고 합시다. 그래서 그 사람을 향해서 내가 백 번도 더 강조합니다. "믿-습니다! 믿-습니다!……백 번을 믿습니다"라고 강조한다고 해서 믿어집니까? 상대가 사기꾼인데 과연 믿어지느냐는 것입니다. 안 됩니다. 믿음은 하나님의 선물입니다. 참사랑의 대상을 만나면 내 마음이 저절로 믿어지는 것입니다.

사람이 믿음을 만들 수 없습니다. 사람이 만든 믿음은 믿음이 아닙니다. "믿-습니다! 믿-습니다!"라고 입버릇처럼 강조하는 것은 역설적으로 믿어지지 않는다는 것과 다름이 없습니다. 이러한 태도는 불신의 버릇이 그 마음에 아주 깊이 들어 있음을 보여 주는 것입니다. 십자가에 나타나신 하나님의 사랑, 이 땅의 고통 안에서 이 땅보다 더 아파하시는 하나님을 만나는 순간 우리 안에서 믿음이 일어나는 것은 자연적인 결과입니다.

율법의 행위

율법의 행위 아래 있는 자는 저주 아래 있다는 말씀을 생각해 보겠습니다. 율법이 아닌 '율법의 행위'라는 것은 무엇입니까? 율법의 행위는 자신의 행위를 통해서 자기의 의를 이루려는 공로주의를 말합니다. 이것은 내 행위를 통해서 내 존재 가치를 높일 수 있고 더 만들어 낼 수 있다고 여기는 것입니다.

또한 내 행위를 통해서 다른 사람으로부터 사랑을 더 받아 낼 수 있다고 하거나, 훨씬 더 온전하고 괜찮은 자리로 나아갈 수 있다고 믿는 것을 율법의 행위라고 합니다. 쉽게 말하면 내 행위를 통해서 내 인생을 성공적으로 만들 수 있다고 믿는 것입니다. 이러한 율법의 행위에 붙들려 있는 사람은 저주 아래 있는 사람입니다.

내 인생을 성공한 인생으로 만들어야 된다고 생각하면서 사는 사람은 일평생 절망과 열등의식으로 살 수밖에 없습니다. 왜입니까? 우리의 행위로는 자신이 만들어 내고 싶은 만큼 우리 자신을 만들어 낼 수가 없습니다. 따라서 끝없는 절망과 패배의식만이 그 사람을 이끌고 다니게 됩니다. 다시 한번 강조합니다. 율법의 행위 아래 있는 자는 저주 아래 있는 자입니다.

율법

그렇다면 율법이 무엇입니까? 하나님께서 율법을 왜 우리에게 주셨습니까? 율법은 하나님의 성품을 나타내고 있습니다. 제가 아이들에게 "얘들아, 컴퓨터를 너무 많이 하거나 TV를 너무 많이 보지 말도록 해라. 저녁 5시에서 9시까지는 컴퓨터 하지 말고 TV도 보지 말라"고 금지시켰다고 합시다. 그러한 말 자체가 중요한 것이 아니라 그 말 속에는 아버지 되는 저의 가슴이 들어 있습니다.

저의 가슴 속에 무엇이 들어 있습니까? 아이들이 바르고 건강한 삶으로 훈련이 되어져서 참으로 복되게 사는 인생이 되어야 한다는 아버지의 사랑이 들어 있습니다. 그러면 성숙한 아들이라면 '아버지가 우리를 잘되라고 하시는구나' 하고 그 사랑을 가슴으로 받습니다. 그러한 아들이라면 아버지의 말씀을 고맙게 여깁니다. 따라서 법의 정신은 항상 살아 있게 되는 것입니다. 그런데 아들이 만약 미성숙한 상태라면 '아버지라는 사람이 날마다 잔소리나 하고 말이야, 무엇을 조금 보려고 하면 보지 못하게 하네' 할 것입니다. 왜 그렇게 생각합니까? 아버지의 말 속에 들어 있는 사랑을 생각하는 것이 아니라 아버지의 말, 즉 그 문자만을 생각하기 때문입니다. 그러니까 법의 조문만을 생각하면 죽이는 것이 됩니다.

그래서 고린도후서에서 의문, 즉 문자적으로 적힌 것은 죽이는 것이요, 영은 살리는 것이라 하였고 주의 영이 계신 곳에는 자유함이 있다고 하였습니다.

"의문은 죽이는 것이요 영은 살리는 것임이니라"(고후 3:6), "주는 영이시니 주의 영이 계신 곳에는 자유함이 있느니라"(고후 3:17).

따라서 기록된 모든 율법(말씀)들을 통해서 내가 하나님의 가슴을 느낄 수 있을 때 비로소 이 율법이 나를 살리기 위해서 주어진 것임을 알게 됩니다. 그런데 우리가 율법을 살리는 것으로 받지 않고 내 자신이 무엇인가 해서 더 보태어야 된다는 것으로 받으면 율법의 복을 누리지 못하고 도리어 율법의 저주 아래 놓이게 되는 것입니다.

함께 생각해 보는 질문

인생이 망하는 이유를 아십니까?

오늘 본문의 함께 생각해 보는 질문으로 제가 과격한 표현을 사용하였습니다. 인생이 망하는 유일한 이유를 아십니까? 과격한 질문을 가지고 오늘 본문을 통한 교훈과 적용으로 들어가기로 하겠습니다.

　이 땅의 많은 사람들이 망하는 삶을 계속 살고 있습니다. 하루를 살면 하루를 살았던 만큼 망하는 것입니다. 40, 50, 60 평생을 돌아보면서 '이렇게 살고 싶었던 것이 결코 아닌데' 라고 생각합니다. 이것은 자기의 삶이 자랑스럽지 못하다는 것입니다. 자랑스럽지 못하니까 자기를 가리려는 나뭇잎 치마를 자꾸 만듭니다. 진짜가 없으니 가짜라도 만들고 살아야 합니다. 하지만 그렇게 살아서는 안 됩니다. 하루를 살면 하루를 살았던 만큼 하나님의 복됨으로 살아야 합니다. 일 년을 살면 일 년을 산 만큼 하나님의 복된 생명의 열매를 누려야 합니다. 하나님의 복됨으로 살아가면 우리의 겉사람은 점점 폐해져도 우리의 속은 날로 새롭게 됩니다.

　하나님의 사람이 가지고 있는 특징이 무엇입니까? 죽음의 시간에 도달했을 때 그들은 어느 때보다 깨어 있는 사람들입니다. 사기꾼이었던 야곱도 죽을 때가 되었을 때는 열두 지파를 통한 하나님의 역사를 다 내다볼 수 있었습니다. 그렇습니다. 하나님의 사람은 살면 살수록 복된 삶이 됩니다.

　그러므로 내가 왜 망하는가를 오늘 분명히 보겠습니다. 더이상 이렇게 살고 싶었던 것이 아닌데 하는 모습으로 살 수 없습니다. 그렇게 살아서는 안 됩니다. 그렇게 사는 것이 하나님의 뜻이 아닙니다. 세상에 종 노릇 하고 허무에 굴복하는 모습을 버리고 내가 복되어서 천하 만민을 복되게 하는 하나님의 뜻이 이루어지는 삶을 사시기를 바랍니다. 이제 교훈과 적용을 통하여 그러한 삶을 사는 길을 같이 정리해 봅시다.

함께 해보는 정리

세상의 허상은 획일화('-같이')에 있습니다

하나님을 믿는 내가 어떤 세상 속에 살고 있는가를 살펴보는 것은 중요합니다. 세상은 다 허상으로 가득 차 있습니다. 다시 말해 '무엇과 같이'라는 생각으로 가득 차 있다는 것입니다. 창세기 3장을 보면 뱀이 하와를 유혹할 때 '하나님과 같이 된다'는 생각을 불어넣었습니다. 그때부터 우리는 '무엇과 같이'로 살고자 합니다.

옆집 사람이 좋은 차를 타고 다니는 것을 보고서는 우리도 저렇게 좋은 차를 타고서 '저 집같이' 되어야 한다고 생각합니다. 옆집 아이가 일류대에 들어가면 우리 아이도 '그 아이같이' 되어야 한다고 생각합니다. 이처럼 세상은 '-같이'라는 생각 때문에 망하게 됩니다. 한 마디로 세상에 있는 모든 허상의 핵심은 획일화('-같이')에 있다는 것을 알아야 합니다.

이 땅에서 어떤 여성이 사랑을 받고 있습니까? 예쁘고 날씬한 여성이 사랑을 받습니다. 아무리 현명하고 믿음이 좋아도 예쁘고 날씬하지 않으면 이 세상에서는 사랑을 받지 못합니다. 여성이라고 하는 한 인격은 다양한 가치와 다양한 모습을 가지고 있습니다. 그런데 이 세상은 사람들을 획일화시켜서 단지 예쁘고 날씬한 여성만이 사랑받을 수 있다는 허상을 가지게 합니다.

이 세상에서 어떤 남성이 좋은 사람으로 취급받습니까? 돈 잘 버는 남자일 것입니다. 이 세상에 있는 여성들 중에서 일평생 내 남편이 한 푼의 돈도 벌지 않아도 남편을 사랑한다는 분 계십니까?

이 세상에서 어떤 학생이 사랑을 받니까? 공부를 잘하는 아이들이 사랑을 받고 인정을 받습니다. 이 세상에서는 공부를 잘하는 아이들이 모든 점에서 일등으로 취급받고 있습니다. 나머지 일등을 하지 못한 아이들은 모두가 일등을 하여야 한다는 획일화 때문에 정죄를 당합니다. 그런데 일등을 한 아이는 행복한 아이입니까? 일등한 아이는 일등을 빼앗기게 될까봐 불안해합니다. 그러니까 모두가 이러한 획일화 때문에 정죄 안에 있게 됩니다.

우리는 분명히 알아야 합니다. 잘 기억하여야 합니다. 세상이 말하는 것처럼 돈 많이 벌면 행복해진다는 말에 속으면 안 됩니다. 돈을 많이 벌기만 하면 내 가치를 높일 수 있다고 생각하면 저주 아래 있는 것입니다. 출세하면 내가 행복해질 것이라고 생각하면 저주 아래 있는 것입니다. 세상이 요구하는 '돈 많이 벌자, 출세하자'라는 그 엄청난 목마름과 그 종 됨은 말로 다 표현할 수 없습니다. 이 세상의 요구에 맞추어 사는 삶이 바로 저주 아래 있다는 것을 알아야 합니다.

만일 제가 성공한 목회자가 되어야만 행복하다고 생각한다면 내가 내 자신을 어떻게 보고 있는 것입니까? 나를 목회를 성공하기 위한 도구로 생각하는 것입니다. 만약 그렇다면 내 인격을 내가 배반하는 것입니다. 목회에 성공하기 위해서 먼저 내 이익을 챙겨야 할 것입니다. 속으로는 하나님의 뜻이 아니라는 것을 압니다. 그런데도 목회 성공에 목마르기 때문에 내 인격을 내 스스로 배반하는 삶을 삽니다. 이러한 삶은 내가 나를 버리는 것이며 내가 나를 저주하는 것입니다.

누가 나를 그렇게 만드는 것입니까? 내가 그렇게 만드는 것입니다. 내가 종이 되어 있기 때문에 내가 내 가치를 더 보탤 수 있을 것이라는 것에 속아서 살게 됩니다. 이렇게 행하면 내가 의롭게 될 것이라는 율법 아래 놓이면 정죄와 저주 아래 놓이게 됩니다. 내가 출세하면, 성도 수가 몇 명을 넘어가면, 교회 건물이 커지면, 헌금이 많아지면, 그러면 다른 사람들이 나를 성공한 목회자로 볼 것이라고 생각한다면 바로 율법의 정죄 아래 놓이게 된다는 것입니다. 이 세상이 요구하는 것처럼 날씬하고 잘생겨야만 된다거나 돈을 잘 벌어야 된다, 성공해야 된다는 획일화 때문에 모든 사람들이 허상을 향해 달리고 있으며 모두가 상처받고 저주 아래 놓이게 됩니다. 은사대로 다양하게 하시는 성령님으로 인하여 온전한 자유함을 입을 때까지 그 사람은 여전히 세상 획일화의 종이며 죄의 종입니다.

유일한 실패는 실패를 두려워하는 것입니다

저의 목회를 잘 보시기를 바랍니다. 크게 나누어서 저는 두 가지 목회의 길로 갈 수 있습니다. 먼저, 금방 교회를 개척하였더니 사람들이 엄청나게 몰려오고 승승장구하는 목회입니다. 성장과 부흥으로 큰 소문이 났습니다. 또 다른 목회는, 꿈은 컸으나 생각대로 되지 않는 현실 속에서 크진 않아도 그 나름대로의 보람을 가꾸는 목회입니다.

이 두 가지 형태의 목회 중에서 어느 쪽 목회가 성공한 것입니까? 양쪽 모두 성공이 될 수도 있고 실패가 될 수도 있습니다. 목회 형태가 어떠한 조건과 상황에 따라 달라졌다 하더라도 그러한 상황을 만드시는 하나님의 깊은 뜻이 그 속에 들어 있습니다. 그래서 목회 상황이 어떻든지 그 상황 속에 주어지는 하나님의 뜻을 '내'가 알고 발견하고 누리는 것이 대단히 중요합니다. '하나님께서 나로 더욱 성숙하게 하시기를 원하시는구나. 그렇지만 나는 이런 허점이 있구나' 하고 생각하면서 끊임없이 자라가면서 하나님께서 주신 상황을 감사함으로 누리기만 하면 내 마음에 기쁨이 넘치게 됩니다. 이것이 바로 진정한 나의 성공입니다.

그러므로 세상이 말하는 성공과 실패라는 것은 허상에 불과한 것입니다. 따라서 우리는 항상 성공할 수 있고 이미 성공하고 있는데도 실패한 사람이 되어 있을 수 있습니다. 많은 사람들이 성공한 인생인데도 실패한 인생으로 살고 있는 일이 얼마나 많은지 모릅니다. 인생의 실패라는 것은 실패를 두려워하는 것 외에는 없습니다.

세상 사람들은 그 인생이 실패했다고 볼지 모르지만 결코 실패하지 않았던 한 사람을 소개하겠습니다. 19세기에 쟌 파이어먼트라고 하는 분이 미국에 살았습니다. 이분은 81세의 나이로 워싱턴에 위치한 허름한 공무원 사무실에서 자기 생애를 조용히 마감하신 분입니다. 이분은 자기 생애를 그렇게 마감하실 분이 아니었습니다. 왜냐하면 명문 예일대학을 졸업했고, 할아버지는 예일대학을 세우신 분입니다. 19세기 신흥 귀족들이 미국의 정계와 재계를 다 사로잡고 있을 때 명문 가문에서 태어나 예일대학을 졸업한 것입니다. 예일대학을 졸업하자마자 바로 그 대학의 교수가 되었습니다. 그런데 19세기의 엄격한 학풍 속에서 이분은 너무나 너그러운 교수였습니다. 학생들이 잘못을 하거나 수업을 빼먹고 학점을 못 받아도 받아주고 품어 주었습니다. 그러니까 다른 교수들과 학생들에게 본이 되지 못했습니다. 그래서 결국 교수직을 해고당하였습니다.

그는 다시 법대로 진학하여 나중에 변호사가 되었습니다. 변호사 사무실을 차린 후에 정치 정의, 경제 정의를 위한다는 일에만 변호하였기 때문에 수입이 되는 일을 하지 못하였습니다. 도리어 돈을 들여서 싸워야만 했으며 돈 한 푼 나오지 않는 사건만 맡았습니다. 결국 변호사 사무실도 망해서 문을 닫게 되었습니다.

변호사 사무실을 닫은 후 포목상인으로 활동하였습니다. 그 당시 많은 사람들이 좋은 옷을 입는 바람이 불었기에 포목점이 장사가 잘되었던 모양입니다. 그런데 포목점을 시작하여 양복점과 양장점들에게 물건을 주기는 하였지만 수금을 할 줄 몰랐습니다. 그래서 결국 포목점도 완전히 망해 버렸습니다.

그 다음에는 시를 쓰기 시작했습니다. 그는 잘 팔리지 않는 난해한 시만을 지었기 때문에 출판한 시집도 팔리지 않게 되어 시인으로도 살아갈 수 없게 되었습니다.

그 다음에는 목회를 했습니다. 목회를 했지만 노예제도를 반대한다는 이유로 소속한 교단으로부터 제명을 당했습니다. 당시 교계에서는 노예제도는 하나님의 뜻이라고 성경 해석을 하였던 시대입니다.

목회에 실패한 후 이번에는 주지사 선거에 출마하였으나 떨어졌습니다. 그리고 하원의원에 출마하였지만 역시 낙선하였습니다. 이러한 시기에 남북전쟁이 일어났습니다. 남북전쟁시에 그는 군목을 지원하였습니다. 하지만 군목생활 2주 만에 76세 고령이라는 이유로 해임을 당하였습니다.

그는 76세가 될 때까지 성공이라고는 한 번도 해보지 못한 분이었습니다. 예일대 법대 동문들이 이분을 보니 한심하기 짝이 없습니다. 동문들은 당시 워싱턴 정가를 쥐고 흔드는 사람들이었습니다. 동문들은 그에게 늘 말하기를 "왜 인생을 그렇게 사느냐, 움켜쥐려고 하면 얼마든지 움켜잡을 수 있는 자리에 있는 사람이 왜 그렇게 사느냐?"하고 힐난했습니다. 그래도 동문들이 그를 불쌍히 여겨 그를 워싱턴 하급공무원으로 취직시켜서 서류를 분류하여 파일함에 넣는 일을 하도록 해주었습니다. 그리고 이분은 81세까지 건강하게 사시다가 세상을 떠났습니다. 이분이 잠든 묘지의 묘비에는 "시인, 목사, 철학자, 박애주의자인 쟌 파이어먼트(1785~1866)"라고 기록되었습니다.

그런데 세상의 눈으로는 실패한 인생처럼 보였지만 이분은 결코 실패한 사람이 아닙니다. 이분은 하나님 안에서 자기 확신과 가슴을 가지고 있었습니다. 이분은 세상 사람들이 인생을 성공했다고 보느냐 실패했다고 보느냐를 우습게 여긴 사람입니다. 그 증거가 무엇인지 아십니까? 이분의 삶이 결코 실패한 삶이 아니라는 증거가 있습니다.

이분이 작사 작곡한 노래가 있습니다. 전 세계 사람, 기독교인, 불교인, 이슬람교인, 잘사느냐 못사느냐에 관계없이 이 세상에 태어난 모든 사람들이 좋아하며 한평생 살면서 적어도 수십 번씩은 부르는 노래가 이분이 작사 작곡한 곡입니다. 바로 '징글벨'이라는 노래입니다. 여러분, 노래가 그냥 나옵니까? 그 사람의 정신에서 나온 것입니다. 그의 마음속에 그 징글벨이 이야기하는 그 말 한 필이 끄는 썰매를 타고 눈 덮인 벌판을 노래하면서 즐겁게 달리는 그러한 자유한 기상과 정신이 없었더라면 그런 노래가 나올 수가 없습니다.

이 세상이 성공과 실패라는 허상과 굴레를 만들었는데 그 허상에 자기를 끼워 맞추기 위해서 사는 사람은 영원한 저주 아래 있는 것입니다. 세월이 더 흘러가고 나이가 더 들기 전에 세상이 주는 속임수를 물리쳐야 합니다. '나이가 더 들기 전에 성공을 해야지, 나이가 더 들기 전에 노후를 보장해야지' 하는 세상의 속임수를 물리쳐야 합니다. 자기가 만든 노후 보장이 계속 유지된다는 보장이 있습니까? 돈 벌어 놓으면 그 돈이 없어지지 않고 나를 반드시 지켜 준다는 보장이 있습니까? 노후 보장 때까지 살 수 있다는 확실한 보장이 있습니까?

하나님은 사랑이시고 그 사랑으로 나를 창조하셨고 그 사랑으로 나를 구속하셨고 그 사랑으로 나를 완성하십니다. 이 모든 과정 가운데에서 하나님은 사랑으로 나와 함께하심으로 모든 것이 합력하여 선을 이루게 하신다는 것이 바로 나의 진정한 보장입니다. 이러한 보장이 가슴에 확신으로 채워진 사람은 자기 생명을 자기 것으로 누리며 그 생명을 꽃피우게 됩니다. 그리고 이제 세상에서의 약함이 결코 수치가 아니라는 것을 알게 됩니다. 그래서 자기 생명을 자기 것으로 누리는 사람은 "나는 이러한 면에서 약합니다" 하고 담대히 말할 수 있습니다.

약함은 수치가 아닙니다. 약한데 약하지 않은 척하는 것이 도리어 수치입니다. 나의 존귀함을 회복하기만 하면 모든 문제는 저절로 해결되어 버립니다. 이러한 나의 존귀함이 어떻게 회복됩니까? 나를 사랑하신 하나님을 만날 때입니다. 십자가에서 자기 생명을 나에게 주신 하나님을 만날 때입니다. 선물은 무엇을 결정합니까? 그것은 선물을 받는 사람의 존재 가치를 결정합니다. 그 자신을 주신 하나님의 사랑을 내가 만날 때 나의 존귀함이 회복됩니다.

세상의 시시한 것이나 무엇으로 성공시켜 주겠다고 하는 마귀의 권세를 물리쳐야 합니다. 세상의 거짓된 것으로 나를 유혹하고 있는 마귀를 물리쳐야 합니다. "천하 열국의 권세를 주겠다고 하는데 너나 가져라, 모든 것은 가질 자가 가져야 복이 되는 것이야! 너는 마귀가 되어서 무엇으로 유혹해야 될지도 모르는 멍청한 녀석이구나! 그런 멍청한 낚싯밥을 가지고 나를 갈등하게 만들고, 남편 원망, 아내 원망, 이웃 원망하게 만드는 조잡한 수법으로 나를 괴롭히려고 해! 예수 이름으로 물러가라." 하면서 단호하게 물리치는 자유를 누리십시오.

최고의 복은 하나님의 사랑 안에서 자신을 찾는 것입니다

최고의 복은 하나님의 사랑 안에서 '자기'를 찾는 것입니다. 그리고 천하 만민을 복 주기 원하시는 하나님의 가슴을 만난 인생이 가장 크고 아름다우며 영광스럽습니다. 나 혼자 잘 먹고 잘 살겠다 하는 인생은 망하는 것입니다. '어떻게 하든지 나를 통해서 더 많은 사람들이 잘 되었으면 좋겠다. 나를 통해서 더 많은 사람들이 복을 받았으면 좋겠다' 고 생각하는 사람의 심령은 하나님의 마음과 하나 된 것입니다. 따라서 하나님의 가슴과 하나 된 심령 속에는 하나님의 복과 능력과 은혜의 역사가 피어날 수밖에 없습니다.

많은 사람들이 복을 받기 원하지만 왜 복을 받지 못합니까? 복의 근원이 되시는 하나님의 가슴과 일치가 되지 않기 때문입니다. 천하 만민에게 복을 주시기 위해서 우리를 부르신 하나님의 가슴을 만남으로 삶이 아름답고 영광스럽고 존귀하게 피어나시기를 주님의 이름으로 축원합니다.

우리를 부르신 하나님의 가슴과 만나 하나님의 가슴으로 물들어 하나님의 가슴으로 사는 심령이 바로 성령님이 임하신 사람이며 성령 충만한 심령입니다. 성령 충만이라고 하면 많은 사람들이 이상한 느낌, 이상한 상태로 생각합니다. 그렇게 생각하지 마시기를 바랍니다. 하나님의 가슴을 누리는 삶이 성령 충만한 삶이요, 성령님이 함께하시는 삶입니다.

본문으로부터 유추된 삶의 원리

우리의 삶은 '내가 이해한 나'의 결과입니다

내 삶은 내가 나를 어떻게 이해했는가의 결과입니다. 나의 나에 대한 이해는 내 삶의 모든 생각과 반응과 결정에 있어 중심축이 됩니다. 따라서 내 삶에 일어나는 모든 일은 내가 나를 이해한 결과로 나타난 것입니다. 자기 자신을 고귀하게 생각하지 않는 사람의 인생에 고귀한 일이 나타날 수 없으며, 자신을 고귀하게 생각하는 사람이 천한 일에 쉽게 타협할 수 없는 것입니다. 그러므로 '탓'은 우리 삶에 결코 도움이 되지 않습니다. 남을 탓할수록 더 무기력증에 빠져들 수밖에 없습니다. 탓이란 내 삶의 주권을 타인이 가지고서 나에게 바로 대해 주지 않는다는 것이기에 탓할수록 자신의 주체성을 잃게 됩니다.

내 삶을 변화시키기를 원한다면 나의 나 자신에 대한 이해를 바꾸어야 합니다. 이것은 결심이나 최면 같은 자기암시를 하라는 말이 아닙니다. 진정한 자신을 만나라는 것입니다. 진정한 나는 세상의 지위, 위치, 조건 등으로 타락하지 않습니다. 그것들은 다 상대적인 것으로 그 의미와 그 자체까지도 상황에 따라서 변하는 것입니다. 예를 들어 지금은 의사들이 사회적으로 대접을 받습니다. 그러나 조선시대에 의사는 기술자인 중인계급에 속해 있었습니다. 또한 의사면 무조건 행복하거나 자신의 가치가 높게 느껴지는 것이 아닙니다. 진정한 나는 그보다 더 절대적이며 나의 가치는 상황에 따라서 변하지 않습니다.

영원히 변치 않는 하나님께서 변함없는 자신의 말씀으로 나를 자신의 영광스런 형상으로 만드셨고 그 형상이 온전해질 때까지 나를 사랑하시고 나와 함께하신다고 약속하셨습니다. 그리고 그 사랑 안에 나를 위해 저주를 받고 죽으신 '생명 드림'이 있습니다. 이 사랑을 만난 사람은 다시는 자신을 허무하거나 저주스러운 존재로 볼 수 없습니다. 그 사랑에 자신을 빼앗겨 그 생명은 영원히 꺼지지 않는 불길로 타오르기 시작합니다. 이제 더 이상 무엇을 먹을까, 마실까의 삶이 아닙니다. 죽어도 좋은 사랑에 붙들려 버린 승화된 생명입니다. 순간이 영원이고 영원이 순간인 영생을 살기 시작합니다. 못 품을 것이 없고 용서치 못할 것이 없는 큰 사랑에 물들어 버렸습니다. 신령한 노래와 감사와 깊은 고백의 샘들이 터져나옵니다. 그 말은 시요, 노래요, 그 행동은 춤이요, 예술입니다. 만나십시오! 하나님의 참되고 영원한 사랑을 만나십시오! 이 사랑에서 생명은 시작되는 것입니다.

이 세상에서 변화시켜야 할 것은 아무것도 없습니다. 변화시킬 것은 나밖에 없습니다. '나'가 변화되면 하늘도 땅도 새롭습니다. 남이나 다른 것을 변화시키려는 노력은 허무한 몸짓입니다. 허공을 치는 주먹질이요, 향방 없는 달리기입니다. 새로움을 원하십니까? 나를 변화시키십시오. 그 변화는 나의 나에 대한 이해가 새로워질 때에 시작됩니다.

진정한 나는 내 안에 있으며 내 안에서 피어납니다

왈츠 에머슨이 이러한 말을 하였습니다.

"우리 앞에 놓인 것과 우리 뒤에 놓인 것은 우리 안에 있는 것과 비교해 보면 너무나 작아서 비교할 가치조차도 없다

(What lays behind us and what lays before us are tiny matters comparing to what lays within us.)."

우리의 앞과 우리의 뒤에 놓인 것이란 다 우리 밖에서 이루어지는 일들입니다. '나의 과거는 얼마나 자랑스러운가? 얼마나 성공적이었나? 나의 내일은 얼마나 보장되어 있는가? 얼마나 성공 가능한가?' 등은 전부 우리 밖에서 이루어지는 환경과 조건의 문제입니다. 그것들은 내 안에 무엇이 있는가의 그림자 같은 반영일 뿐입니다. 중요한 것은 '내 안에 있는 나' 입니다.

그래서 하나님께서는 우리의 영에 복 주셨습니다. 내 존재의 가장 깊은 곳(in-most)을 사랑으로 기름지게 하셨습니다. 나무는 뿌리가 건강하면 그 전체가 기름지듯이 내 영이 복되면 내 마음이 밝아지고 육체는 건강해집니다. 하나님은 우리의 영에 자신의 생명을 쏟아부은 사랑으로 임하셨습니다. 천지를 창조하시고 운행하시는 능력의 영으로 임하셨습니다. 모든 새싹을 틔우시고 새로 자란 가냘픈 가지에도 앉지 않게 하시는 섬세함으로 임하셨습니다. 꺼져 가는 등불을 끄지 않고 상한 갈대를 꺾지 않는 온유함으로 임하셨습니다. 복음의 비밀을 만나십시오. 내 존재 가치를 깊이 사랑하사 내게 임하신 사랑을 만나십시오.

내가 피어나는 것은 물론 나의 조건과 환경의 노예 됨에서 온전히 자유해지고 자유를 강물처럼 누릴 것입니다. 이 땅에 얽매인 심령들을 자유케 할 것입니다. 천하 만민이 복을 받기를 원하시는 하나님의 가슴과 나의 가슴이 하나가 되어 흐르기 시작합니다. 내 삶에 임마누엘의 은총과 증거가 나타납니다. 나 자신이 복의 근원이 되어 내가 있는 곳에는 자유케 하는 복음의 능력이 증거되어집니다. 세상에서 만들어진 내가 아니라 하나님이 창조하신 나를 만나십시오. 겉사람이 아니요 속사람을 보십시오. 그리고 이제 십자가 안에서 그 속사람의 부요와 영광을 누리십시오.

속지 마십시오! 루즈벨트 대통령의 부인 엘라나 루즈벨트 여사는 "당신 자신의 동의 없이는 아무도 당신에게 열등의식을 줄 수 없습니다(No one can make you feel inferior without your consent)" 라고 말했습니다. 내가 하나님의 사랑 안에서 바른 나, 참된 나를 만나고 확신하면 세상은 더 이상 나를 노예로 전락시키지 못합니다.

우리가 내 속의 열등의식을 보상받기 위해 노력하는 한 우리는 그 열등의식에 사로잡힌 노예입니다. 아무리 거창한 일을 이루었어도 그 동기가 열등의식에서 비롯된 것이라면 우리는 여전히 종입니다. 내가 하나님의 사랑을 받은 자로 당당히 살아갈 때 아무리 작은 것조차도 자녀의 담대함과 영광을 나타내는 하나님의 증거가 됩니다. 하나님의 사랑을 만나고 그 만남의 감격으로 사십시오. 그것이 생명을 사는 삶입니다.

나는 나 자체로만 평가받습니다

나의 영원하고 참된 평가는 무엇으로부터 옵니까? 즉 나의 종말적 평가는 어디로부터 오는 것입니까? 내가 이 땅에서의 삶을 다 마감했을 때 나는 무엇으로 평가를 받을까요? 나를 가장 잘 알았던 내 가족들은 나를 어떻게 평가할까요? 내가 목회에서 얼마나 성공했느냐, 교인이 몇 명이었으며 건물은 얼마나 컸느냐 하는 것일까요? 결코 아닙니다. 제 아내와 아이들의 가슴에 남는 것은 그런 외부적인 성취가 아니라 내가 누구였느냐 하는 것입니다. 내 가슴의 진실들, 내 성품과 인격, 그리고 그들과 또 타인들과 가졌던 나의 관계성들의 모습이 깊이 남을 것입니다.

나는 나로 평가받습니다. 나는 나의 성취나 나의 조건들로 평가받지 않습니다. 그것들은 다 부차적인 것에 불과합니다. 나를 잘 알지 못하는 사람들은 그런 것에 속을 수도 있습니다. 그러나 나를 바로 아는 나와 가까운 사람들일수록 그런 것은 의미가 없습니다. 특히 중심을 보시는 하나님에게 있어 그러한 조건들은 전혀 무의미한 것입니다.

그러므로 나를 가꾸십시오. 이제는 내 조건을 만들려는 그 많은 시간 중에서 자신을 가꾸는 일에 시간을 듬뿍 할애하십시오. 깊은 기도와 다정한 묵상을 위한 시간들을 포기하지 마십시오. 영혼을 가꾸고 영혼이 자라는 일에 투자하십시오. 이제는 나를 소중히 여기십시오. 나의 조건 때문에 나의 느낌, 나의 확신, 나의 진실을 버리던 과거를 청산하십시오. 그 어느 것 때문에 나를 버리지 마십시오. 하나님의 형상으로 창조되고 하나님의 대속으로 새롭게 된 이 '복된 나'를 찾으십시오. 가꾸십시오. 누리십시오. 이 '나'가 복의 근원입니다.

갈|라|디|아|서|강|해(상권)

제9강
유업을 이을 자

갈라디아서 3장 15~29절

형제들아 사람의 예대로 말하노니 사람의 언약이라도 정한 후에는 아무나 폐하거나 더하거나 하지 못하느니라 이 약속들은 아브라함과 그 자손에게 말씀하신 것인데 여럿을 가리켜 그 자손들이라 하지 아니하시고 오직 하나를 가리켜 네 자손이라 하셨으니 곧 그리스도라 내가 이것을 말하노니 하나님의 미리 정하신 언약을 사백삼십 년 후에 생긴 율법이 없이하지 못하여 그 약속을 헛되게 하지 못하리라 만일 그 유업이 율법에서 난 것이면 약속에서 난 것이 아니리라 그러나 하나님이 약속으로 말미암아 아브라함에게 은혜로 주신 것이라 그런즉 율법은 무엇이냐 범법함을 인하여 더한 것이라 천사들로 말미암아 중보의 손을 빌어 베푸신 것인데 약속하신 자손이 오시기까지 있을 것이라 중보는 한 편만 위한 자가 아니니 오직 하나님은 하나이시니라 그러면 율법이 하나님의 약속들을 거스리느냐 결코 그럴 수 없느니라 만일 능히 살게 하는 율법을 주셨더면 의가 반드시 율법으로 말미암았으리라 그러나 성경이 모든 것을 죄 아래 가두었으니 이는 예수 그리스도를 믿음으로 말미암은 약속을 믿는 자들에게 주려 함이니라 믿음이 오기 전에 우리가 율법 아래 매인 바 되고 계시될 믿음의 때까지 갇혔느니라 이같이 율법이 우리를 그리스도에게로 인도하는 몽학선생이 되어 우리로 하여금 믿음으로 말미암아 의롭다 함을 얻게 하려 함이니라 믿음이 온 후로는 우리가 몽학선생 아래 있지 아니하도다 너희가 다 믿음으로 말미암아 그리스도 예수 안에서 하나님의 아들이 되었으니 누구든지 그리스도와 합하여 세례를 받은 자는 그리스도로 옷입었느니라 너희는 유대인이나 헬라인이나 종이나 자주자나 남자나 여자 없이 다 그리스도 예수 안에서 하나이니라 너희가 그리스도께 속한 자면 곧 아브라함의 자손이요 약속대로 유업을 이을 자니라

본문의 내용 이해

본문 말씀은 세 부분으로 나누어집니다. 각 부분별로 먼저 정리해 봅시다.

뒤에 나온 율법이 앞서 주어진 언약을 폐하지 못한다(3:15~18)

하나님께서 아브라함에게 주신 언약은 모세에게 주신 율법보다도 430년이 앞서 있었습니다. 그러므로 뒤에 생긴 율법이 앞서 나타난 언약을 폐할 수 없습니다. 마치 헌법이 먼저 있어야 시행법이 생기는 것과 같습니다. 뒤에 생긴 시행법이 헌법을 폐하지 못하는 것과 같이 뒤에 생긴 율법이 앞서 주어진 하나님의 언약을 폐하지 못한다는 의미입니다. 따라서 하나님의 유업은 율법에서 나온 것이 아니라 언약에서 온 것이며, 그 언약의 성취가 바로 그리스도입니다.

율법의 역할(갈 3:19~24)

"그런즉 율법은 무엇이냐 범법함을 인하여 더한 것이라 천사들로 말미암아 중보의 손을 빌어 베푸신 것인데 약속하신 자손이 오시기까지 있을 것이라"는 19절 말씀은 세 가지를 말씀하고 있습니다.

첫째, 율법이 온 것은 범죄(범법) 때문입니다.

원어에서는 범법함을 인한다는 표현 속에 '마귀 때문'이라는 의미가 들어 있습니다. 그래서 마귀로 인하여 율법이 더해졌다는 의미입니다. 마귀가 온 세상 권세를 잡고 있으니 하나님 백성이 세상에 있으면 마귀에게 당할 것이 분명하기 때문에 율법이라는 울타리를 만들어 그 안에 안전히 거할 수 있도록 하였습니다. 다시 말하면 율법을 지키면 마귀의 종 노릇 하지 않을 수 있는 것입니다.

둘째, 율법은 천사들로 말미암아 모세라는 중보의 손을 빌어 베푼 것입니다. 하나님께서 천사와 모세를 통해서 율법을 이스라엘 백성에게 전달하였습니다.

셋째, 율법은 약속하신 자손인 그리스도가 오시기까지 유효합니다.

한 마디로 말하면 율법은 일시적인 필요를 위해서 중보자인 모세를 통해서 하나님의 백성에게 주신 것입니다. 20절 말씀은 이해하기가 쉽지 않습니다. 모세가 율법을 중보해 주었을 때 중보자는 한 편만 위한 것이 아니기 때문에 백성만을 위해서 율법을 준 것이 아니라는 의미입니다.

모세가 중보자가 되었을 때는 백성과 하나님 양쪽을 중보하는 것인데 백성들이 율법을 주신 하나님을 안다고 하면서 언약을 주신 하나님을 잊어버리고 있다는 것입니다. 율법을 주신 하나님과 언약을 주신 하나님은 같은 하나님이십니다. 그러므로 율법을 듣고 행하려고 하는 유대인들이 언약을 주신 하나님을 잊어버리면 결국 율법이 무엇을 위해 있는지에 대한 근본 이유 자체를 잊어버리게 된다는 뜻입니다.

21절 말씀은 율법이 사람을 제한하며 살리지 못하고 언약이 사람을 살리는 것이라면 율법과 언약이 상반되고 서로 거스르는 것이냐 하면 결코 그렇지 않다는 것입니다. 만일 능히 살리는 율법을 주셨더라면 의를 이루는 것이 율법으로 가능하다는 것입니다.

율법이 사람을 살리게 한다면 율법으로 우리가 살 수 있었

을 것이라는 뜻입니다. 그러나 율법은 안내 또는 지침의 역할
(guideline)은 하지만 그 자체가 우리를 살리게 하는 것은 아
닙니다. 따라서 율법은 하나님의 언약 정신 안에 있고 언약과
율법은 서로 거스르는 것이 아닙니다. 율법은 우리를 안내하지
만 결코 살리지는 못합니다. 이러한 내용을 바울은 22~24절에
서 구체적으로 설명하고 있습니다.

 율법의 정신과 뜻에 대하여 간단한 예를 들겠습니다. 저희
집 아이들에게 제가 저녁 다섯시에서 아홉시까지는 컴퓨터를
하거나 텔레비전 시청하는 것을 금지하였습니다. 아이들이 이
러한 저의 말을 지킨다고 해서 아빠인 저의 소원이 다 이루어
진 것은 아닐 것입니다. 제가 아이들에게 그 시간대에 컴퓨터
하지 말고 TV를 보지 말라고 하는 것은 혹시라도 아이들이
TV만 보고 컴퓨터 하는 데 시간을 다 허비하여 자기 삶을 아
름답고 의미 있게 가꾸는 일을 등한시할까봐 염려하는 아버지
의 마음을 담고 있습니다.

 만약 우리 두용이가 저의 말을 따른다고 하면서 그 시간대
에 컴퓨터도 하지 않고 TV도 보지 않습니다. 그리고서는 가만
히 있기만 하고 아무것도 하지 않습니다. 그렇다면 아빠의 말
을 따른 것입니까? 따른 것이 아닙니다. 아버지가 말한 것은
지켰다고 하지만 본래의 아버지의 마음을 받아 준 것은 아닙
니다. 이 예화는 율법을 다 지킨다고 율법을 이루는 삶이 되는
것은 아니라는 것을 말해 주고 있습니다.

 율법을 지키면 위험으로부터 보호는 받지만 율법 자체가 율
법 지키는 사람을 살리는 것은 아닙니다. 예수님께서 산상수훈
에서 "간음치 말라 하였다는 것을 너희가 들었으나 나는 너희
에게 이르노니 여자를 보고 음욕을 품는 자마다 마음에 이미

간음하였느니라"(마 5:27~28)고 말씀하셨습니다.

이 말씀은 무슨 뜻입니까? 간음하지 말라고 계명에 적혀 있기 때문에 간음을 하지 않았다면 하나님의 뜻이 이루어진 것입니까? 간음하지 말라는 계명을 주실 때는 다른 사람의 아름다움이나 좋은 것을 보고 단지 참 아름답다고 하면 되는 것입니다. 그런데 자기 욕심에 끌려 상대를 정욕의 도구로 생각하는 마음을 가지면 나도 불행해지고 상대방도 불행해지기 때문에 주신 것입니다.

간음하지 말라는 계명 속에는 "다른 사람을 진정으로 존중하고 사랑하는 마음을 가진 삶으로 살아라" 하는 하나님의 마음이 들어 있다는 것입니다. 따라서 간음하지 말라고 계명에 되어 있으니 나는 행위적으로 간음하지 않고 율법을 지켰다고 하나님의 뜻이 이루어진 것은 아니라는 의미입니다.

22~24절에서는 율법을 지킨다고 사는 것이 아니라 율법이라고 하는 것은 우리로 하여금 죽음에 가지 않도록 쳐진 울타리에 불과하다는 내용을 반복하고 있습니다. 여기에 나오는 율법이라는 말은 성경과 같은 말로 이해할 수 있습니다. 유대인들에게는 성경이라는 말이 없었고 성경 대신 율법과 선지자 또는 간단히 율법(토라)이라고 표현했습니다. 믿음이 오기 전에 율법으로 온 세상이 죄 아래 있다는 것을 알게 합니다. 하나님께서 약속을 성취하시기 위하여 우리 모두가 율법 아래 매인 바 되었다는 것입니다. 그리스도가 나타날 믿음의 때까지, 즉 믿음으로 의롭다 함을 받을 때까지 율법은 우리를 그리스도께로 인도하는 몽학선생입니다.

몽학선생은 어떤 사람인지 알아보겠습니다. 옛날 시골에는 양반 자녀도 있고, 평민의 자녀도 있습니다. 평민의 자녀는 서

당을 다닐 때나 놀 때에 매우 자유롭습니다. 그러나 양반집 자제는 집안의 규율이 엄하기 때문에 늘 눌려서 살다가 서당에 다니기 시작한 때부터 평민의 자녀와 어울리면서 규율로부터 벗어나려고 합니다. 집에는 서당 간다고 하고서는 들로 산으로 놀러다니는 일이 있었습니다. 그래서 양반집은 자기의 아들을 보호하기 위하여 몽학선생을 고용합니다. 양반집에서는 자기 하인들 중에서 그래도 충성스럽고 성품이 반듯하며 천자문 정도는 아는 사람을 골라서 아이의 몽학선생으로 삼습니다.

몽학선생은 양반집 아이를 집에서 서당까지 데리고 가며 서당에서 공부가 끝나면 데리고 오는 일을 합니다. 몽학선생은 아이가 서당 가는 것을 거부하면 아이를 때릴 수 있는 권한까지 주어집니다. 즉 몽학선생은 아이가 성년이 될 때까지 아이가 잘못하면 징계도 할 수 있습니다. 바로 본문에 나와 있는 몽학선생이 율법이라는 것입니다. 원문에는 몽학선생을 '파다이고지'라고 하는 단어를 사용하고 있는데 '교육학(페다고지 pedagogy)'이 바로 이 단어에서 나왔습니다. 그래서 율법은 그리스도를 믿는 믿음의 때까지 우리를 인도해 주는 역할을 하며 우리가 율법에서 벗어나려고 하면 칠 수 있는 몽학선생의 역할을 했다는 것입니다.

또한 몽학선생의 역할을 좀더 이해하기 위해 사관학교를 생각해 봅시다. 사관생도는 장교로 임관될 때까지 고된 훈련과 교육이라는 테두리에 묶이게 됩니다. 묶여 있는 기간 동안에 이들을 훈련시키는 사람들은 바로 하사관이나 병사들인 조교들입니다. 조교들이 바로 몽학선생입니다. 조교들은 규율에 따라 사관생도들을 엄하게 훈련시킵니다. 그러나 사관생도들이 훈련을 다 마치고 장교 계급을 다는 그 순간부터 조교들은 자신들이 훈련시킨 장교들에게 경례를 부치고 상관으로서 존중을 해주어야 합니다: 임관식이 있는 그날부터 조교의 임무는 끝납니다. 마치 믿음의 때가 와서 우리들이 하나님의 유업자로 세움을 받을 때까지 율법은 조교나 몽학선생과 같이 그 역할을 충실히 수행한다는 것입니다.

그런데 유대 지도자들은 이와 같은 율법을 절대화시켰습니다. 그들이 절대화시킨 이유가 있습니다. 이스라엘이 이방의 점령을 당하여 예루살렘도 무너지고 땅도 없어졌습니다. 화려하고 거룩한 성전도 없어졌습니다. 그들이 가진 것이라고는 이제 하나님의 율법밖에 없습니다. 그래서 유대인들은 율법에 집착하게 되었습니다. 물론 율법 자체가 나쁜 것은 아닙니다. 율법은 거룩하고 좋은 것입니다. 그러나 이 율법을 성전과 땅이 없는 자기들의 정체성을 유지하는 도구로 삼았습니다. 따라서 유대 지도자들은 율법을 필요 이상으로 절대화시켰습니다. 팔레스틴의 회당이나 디아스포라로 전 세계에 흩어진 회당에서 이 율법을 가르치고 이 율법 때문에 단결하고 율법 때문에 유대인이 유대인 된 것을 지킬 수 있도록 하였습니다. 하지만 그들은 율법의 본질인 하나님의 마음을 다 잊어버렸습니다. 바로 이것이 비극입니다.

우리가 한국인임을 부정하고 나면 우리에게 남는 것이 별로 없습니다. 그러나 한국인임을 자랑스럽게 생각하는 것까지는 좋지만 한국인임을 절대화시키면 문제가 됩니다. 즉 한국인이 아닌 사람들은 나쁜 사람이며 열등한 민족이고 모든 것이 한국적이어야 된다고 하면 한국의 진정한 아름다움은 다 날아가 버립니다. 영미식 민주주의는 참으로 귀한 것입니다. 그러나 영미식 민주주의를 절대화시켜서 영미식 민주주의가 없는 나라는 잘못된 나라로 판단하고 무조건 무력으로 다른 나라를 억지로 영미식 민주주의로 강요한다고 하면 민주주의가 지닌 좋은 정신을 잃게 됩니다.

일본이 조선을 식민지로 하기 위하여 침공할 때 그들이 어떤 생각을 가지고 왔습니까? 우리가 한국을 식민지화할 것이라고 말하지 않았습니다. 조선왕조가 너무 부패하고 무능하여 조선 백성들이 고생하고 발전이 정체되었다는 것입니다. 후쿠자와 유키치는 "동해의 후미진 구석에 한 야만"이라고 했으며, 일본의 경제 사학자 후쿠다 도쿠조는 일본 식민지 전의 조선 땅을 돌아보고서는 "조선은 경제 사회적으로 고대사회의 수준을 갓 벗어난 정도의 상태"라고 진단했습니다. 조선은 중세사회에도 못 들어섰다고 평가하였습니다.

심지어 기독교 지식인이었던 니토베 이나조까지도 "가능성 없는 어차피 죽어가는 나라"라고 했습니다. 하지만 당시 조선은 부족하지만 정당으로 나뉘어 있었고 정당들이 정책을 발표하고 정책싸움을 벌이던 나라였습니다. 물론 그러한 것이 온전하지는 못했습니다. 당시 전 세계를 볼 때에 온전한 의회제도와 민주주의가 이루어진 나라가 몇이나 되었습니까? 일본 제국주의자들은 열강들이 조선을 먹으려고 하였기 때문에 대동아 공존과 아시아의 평화를 위하여 조선에 강력한 정부를 세워 후원하고 보호하여 발전시켜 주어야 한다고 생각하였습니다. 따라서 조선에 철도와 발전소도 만들어 주며 중공업을 발전시켜 줌으로써 일본이 아시아의 평화에 기여하고 조선인에게 봉사한다는 명목으로 조선을 식민지화했습니다. 지금도 많은 일본인들이 자기들의 식민지 정책 때문에 한국이 근대화되었다고 말합니다.

그러나 식민지 정책의 결과는 어떠했습니까? 결국 식민지화한 후에 강제로 천황을 숭배하게 했으며, 창씨개명에 의한 일본 황국민화, 그리고 아시아의 공존을 위한다는 명목으로 조선의 젊은이들을 전쟁에 동원시키며 조선의 자원을 수탈했습니다. 조선 사람 스스로에 의하여 자주적으로 근대화하고자 하는 의식이 들어오기 전까지는 그들이 강요했던 근대화는 아무런 의미가 없었다는 것을 알 수 있습니다. 지금까지 한국은 우리 스스로 대가를 지불하지 않고 주어진 해방과 서구화의 가치와 개념으로 인하여 많은 비극적인 역사를 겪고 있습니다.

율법은 선하고 거룩한 것입니다. 그러나 거룩한 율법이 유대인의 생존과 정체성을 위한 도구로 절대화되었을 때 그 율법은 오히려 자기 백성들을 괴롭히고 죽이는 것이 되고 말았습니다. 저는 성도 여러분에게 질문합니다. 성도 여러분의 삶 속에 혹시 절대화된 것은 없습니까? 나의 어떤 가치관과 심리적인 안정을 위해서 혹시 자신의 신앙을 절대화시키지는 않으셨습니까? 그리고 그 신앙을 가지고 나처럼 믿지 않는 사람들을 향하여 정죄하며 나와 다른 가치관을 가진 다른 사람들은 당연히 정죄받아야 된다는 이상한 의식을 혹이라도 가지고 있지 않습니까? 혹시 남편과 아내 사이에 한 쪽이 제대로 서지 못한 것 같아서 자기의 삶과 가치관만을 절대화하여 다른 쪽을 강요하지는 않습니까? 이것은 율법과 같이 선한 것까지도 우리의 욕망대로 도구화시키는 우리 속에 있는 잘못된 인간 본성을 말해 주고 있습니다.

이스라엘은 참으로 어려운 시대를 겪었습니다. 그 어려운 시대에 자신들의 자존감, 즉 존재 의미와 가치를 만드는 어떤 것이 필요했습니다. 하나님께서 주신 거룩하고 선한 율법을 자신들의 존재 가치를 스스로 만들어 내는 것으로 도구화시켰습니다. 따라서 그 거룩하고 아름다운 율법을 다른 사람을 정죄하고 죽이는 도구로 사용하였으며 악하고 더러운 것으로 변질시켰습니다.

하나님께서는 자녀 된 우리에게 유익하고 아름다운 것을 많이 주셨습니다. 그러나 단지 내 존재의 가치와 자존심, 내가 가진 어떤 의미를 위해서 하나님께서 주신 아름다운 것을 절대화시킬 때 그것은 오히려 우리와 다른 사람들을 괴롭히고 죽이는 것이 됩니다. 하나님께서 주신 아름다운 것을 감사함으로 받아서 이웃들과 나눌 수 있는 성도 여러분이 되시기를 바랍니다.

믿음이 온 후(3:25~29)

본문 3장 25~29절은 '믿음이 온 후'를 말하고 있습니다. "믿음이 온 후로는 우리가 몽학선생 아래 있지 아니하도다 너희가 다 믿음으로 말미암아 그리스도 예수 안에서 하나님의 아들이 되었으니 누구든지 그리스도와 합하여 세례를 받은 자는 그리스도로 옷 입었느니라 너희는 유대인이나 헬라인이나 종이나 자주자나 남자나 여자 없이 다 그리스도 예수 안에서 하나이니라 너희가 그리스도께 속한 자면 곧 아브라함의 자손이요 약속대로 유업을 이을 자니라."

우리는 더 이상 몽학선생, 율법 아래 있지 않습니다. 그리스도 예수 안에서 믿음으로 하나님의 자녀들이 되었습니다. 본문에서 하나님의 자녀가 되었다는 것을 그리스도와 합하여 세례를 받고 그리스도로 옷을 입었다고 설명하고 있습니다. 옷은 어느 사회와 문화이든지 입은 사람의 신분을 나타냅니다. 오늘

날에는 사회가 평준화되고 민주화되어 옷이 신분을 나타내지 않는 것처럼 보이지만 옷은 여전히 그 사람의 신분을 나타냅니다. 그 사람이 어떤 옷을 입었느냐가 대체적으로 그 사람의 사회, 경제, 문화적으로 어떤 지위에 속했는가를 말해 주고 있습니다.

제가 입고 있는 양복은 6, 7년 전에 한국 양복가게인 캠브리지 멤버스 세일 때 산 것인데 한 벌을 사면 한 벌은 공짜로 주는 것으로 200달러 준 것입니다. 유명 디자이너의 제품이라면 적어도 몇천 달러에서 만 달러 이상까지 갑니다. 따라서 이 세상에서 의복은 여전히 그 사람의 신분과 지위를 보여 주고 있습니다.

로마에서는 만 20세가 되면 성년이 됩니다. 성년이 되면 양반집 자제들은 '토가'라고 하는 천 하나로 된 옷을 입게 됩니다. 토가는 몸 전체를 감고서 어깨에 걸쳐진 자리에 보석으로 된 핀 하나를 꽂아서 고정시킵니다. 토가를 입고서 함부로 몸을 움직이면 다 풀려 벗겨집니다. 그래서 토가를 입고서 성년이 되었다는 말은 이제 자중 자제해야 될 나이가 되었으며 품위 있게 행동할 때가 되었다는 것을 인정받을 수 있는 신분임을 나타냅니다.

본문에서 그리스도로 옷 입었다고 하는 표현 속에는 바로 이러한 모습들이 들어 있습니다. 그리고 그리스도와 합하여 세례를 받았다는 의미에 대한 설명으로 제가 겪은 일을 말씀드리겠습니다. 저는 과거에 중고등부 사역을 오랜 기간 하였습니다. 많은 학생 중에서도 지금까지 기억나는 얼굴들이 있습니다. 그들 중에 얼굴이 무척이나 예쁜 여학생이 있었습니다. 누가 보아도 매우 예쁜 학생이었습니다.

제가 사역하는 중고등부에서 예수님을 영접하고 신앙생활을 시작하였습니다. 제가 그 학생을 위해서 기도할 때마다 세상이 이 녀석을 가만히 놓아두지 않을 것이라는 느낌이 들곤 했습니다. 그런데 아니나다를까 고등학교 다닐 때 한참 방황하고 대학에 들어가서도 헤매다가 결국 졸업도 못하게 되었습니다.

그 학생이 대학을 다니고 있을 때 저는 이미 그 교회를 떠난 지가 한참 지났습니다. 이제 그 학생에 대한 것은 간접적인 소문만으로 듣게 되었습니다. 그러다가 10년이라는 세월이 지나 길에서 우연히 그 학생을 만나게 되었습니다. 그때 그 학생은 이미 성장하여 결혼한 신분이었습니다.

남편 되는 사람은 부유한 집안 출신이었습니다. 하지만 남편은 늘 바람을 피우고 노름만 하면서 제 손으로 1달러도 벌지 않는 사람이었습니다. 그냥 부모 재산을 가지고 허랑방탕하게 생활했습니다. 그와 결혼한 그 학생이 겪는 속고생은 말로 표현할 수 없었을 것입니다. 그런데 그 얼굴을 가만히 보니 예쁜 모습은 그대로 있기는 하지만 그 얼굴에 천박함이 가득하였습니다. 언뜻 보아서는 누구도 아름답다고 볼 수 없는 얼굴이었습니다. 그 가슴에 남편으로 인한 아픔과 원망과 불안을 품고서 10년 이상을 살았더니 그 얼굴에 천함이 가득 차 있었습니다.

한편 제가 사역하였던 중고등부에 또 다른 여학생이 있었습니다. 그 학생은 큰 병이라고는 할 수 없지만 턱뼈가 계속 자라는 얼굴을 가지고 있었습니다. 그래서 중고등부에서 누구로부터도 주목을 받지 못하는 얼굴이었습니다. 늘 차분하고 신실하였으며 침착하고 조용한 성품을 가진 학생이었습니다. 그 후 10년이 지난 어느 해 교회연합 체육대회에 참석하던 중에 저에게 어떤 자매님이 와서 인사를 하는 것이었습니다. 제가 전혀 알아보지 못하자 자신의 이름을 말하면서 누구인가를 소개하였습니다. 바로 제가 사역하던 중고등부에 있었던 그 학생이었습니다. 이 학생에 대한 소문 역시 듣고는 있었습니다.

이 학생은 성장하여 어떤 형제와 결혼하였습니다. 그 형제는 아주 믿음이 좋고 신실한 사람이라고 합니다. 둘 다 결혼 후 캠퍼스 선교사역을 많이 돕고 있다는 소식도 들었습니다. 저에게 인사하는 그 자매의 얼굴을 가만히 보니 골격은 옛날 그대로이지만 그 얼굴에 귀함과 아름다움과 밝음이 가득하였습니다. 도무지 이 자매가 옛날 중고등부 시절의 그 아이였다고는 볼 수 없는 얼굴이었습니다. 이것이 바로 세례를 통하여 나타나는 일들입니다.

우리 사람은 인격이기 때문에 어떤 인격과 함께하느냐에 따라서 우리의 삶과 모습이 닮아 가게 되어 있습니다. 인격은 바라보는 것을 닮게 되어 있습니다. "그리스도와 합하여 세례를 받고"라는 말씀은 그리스도의 인격으로 잠겨졌다는 것입니다. 그리스도로 물들어 그 모습과 색깔이 그리스도와 하나가 되었다는 것입니다. 그리고 그리스도로 옷 입었다는 것은 그리스도인의 신분, 하나님의 아들, 하나님의 유업이 되었다는 뜻입니다. 따라서 그리스도로 세례를 받고 그리스도로 옷을 입은 결과 안팎으로 하나가 된 것입니다.

그리스도인이 되면 유대인과 이방인 사이와 같이 절대로 하나 될 수 없는 사람들이 하나가 됩니다. 주인과 종은 절대로 하나 될 수 없는 사이지만 그리스도인이 되면 하나가 됩니다. 남자와 여자가 하나 되는 것은 쉽지 않습니다. 소크라테스는 여자는 생각이 없으며 자기밖에 모르는 존재라고 말했습니다.

쇼펜하우어는 여자는 영혼이 없다고 하였습니다. 세계 철학사상의 줄기를 잡고 있는 그런 사람들이 여자에 대하여 그 정도의 수준으로 생각하였습니다.

그리스도의 복음이 들어간 곳은 어느 곳이든지 여성은 한 사람의 독립적인 인격으로 존중을 받았습니다. 그러나 그리스도의 복음이 미치지 못한 곳은 여성을 어떤 독립적인 인격으로 인정하지 않습니다. 인도사상은 대단히 심오합니다. 인도의 주요한 경전들은 몇천 년 동안 명상을 통해서 기록된 것이기 때문에 그 사상의 깊이가 대단합니다. 그러나 21세기에 들어선 지금도 인도의 힌두교는 여자를 물건으로 생각합니다. 인도의 시골에서는 여전히 한 여자를 소 몇 마리로 계산합니다. 그리고 그 사상은 심오하지만 그리스도의 복음이 전해지지 않은 불교 지역은 여자에 대한 존중이 거의 없습니다.

그리스도의 복음이 그 지역에 나타날 때까지는 여성의 생명과 인격에 대한 존중함을 사람들은 전혀 모릅니다. 우리가 그리스도와 합하여 세례를 받을 때 하나 되는 역사를 잘 보시기를 바랍니다. 복음이 들어가면 그냥 단순하게 유대인과 이방인이 하나 되는 것이 아닙니다. 종과 주인이 하나 되는 것이 아닙니다. 남자와 여자가 하나 되는 것이 아닙니다. 복음이 들어가면 바로 그리스도와 유대인이 하나 되는 것입니다. 그리스도와 이방인이 하나 되는 것입니다. 따라서 유대인과 이방인이 그리스도로 하나 됩니다. 복음으로 그리스도와 남편이 하나 되고 그리스도와 아내가 하나 될 때 그리스도로 남편과 아내가 하나 됩니다.

이제 마지막 절을 봅시다. 29절 내용은 우리가 그리스도와 하나 되어 그리스도께 속한 자가 되면 우리가 바로 아브라함의 자손이요 약속대로 유업을 이을 자가 되는 것입니다. 아브라함의 유업이라는 것은 아브라함을 통해서 땅의 모든 족속이 복을 받는 것입니다. 이 말씀을 위해서 성경 전체가 있는 것입니다. 저는 이 말씀을 반복하여 전하고 있는 사람에 불과합니다.

인생은 두 종류밖에 없습니다. 하나는 내가 내 복을 만들려고 내가 몸부림치는 삶입니다. 또 하나는 하나님을 믿음으로 하나님께서 나를 복되게 하신 것을 내가 누리는 삶입니다. 다시 말하면 복 받기 위해서 몸부림치는 삶과 하나님의 은혜를 받아서 나누어 주는 삶입니다. 나 하나 복 받고 나 하나 잘 먹고 사는 삶이거나, 나를 통해서 수많은 사람들이 복이 되는 삶을 사는 삶 둘 중의 하나입니다. 두 가지 삶이 아주 비슷해 보이지만 정반대의 삶입니다.

부부관계를 생각해 보십시오. 어떤 남편은 자기 아내를 집에서 빨래나 하고 아이 낳아서 길러 주고 살림이나 하는 자기를 위한 도구로 생각합니다. 그래서 아내가 자기에게 잘해 주고 편안할 때는 아주 잘 대해 줍니다. 그러나 자기의 뜻이나 가치에 조금이라도 맞지 않으면 그냥 정죄하고 화를 냅니다. 만약 이러한 모습이 부부관계의 중심에 있다면 남편도 아내도 복되지 못합니다.

그런데 남편이 아내를 생각할 때 나 때문에 조금이라도 아내가 행복했으면 좋겠다고 생각합니다. 그러나 실제적인 형편은 아내를 행복하게 해줄 수 있는 것이 별로 없습니다. 남편이 돈을 많이 벌어 오는 것도 아니고 건강한 사람도 아니며 아내가 원하는 것을 무엇이나 들어 줄 수 있는 능력도 없습니다. 그러나 부족한 남편이 사랑하는 아내에게 주는 것이 있습니다.

아내를 늘 이해하는 마음, 따뜻하게 감싸 주는 마음, 아내가 필요할 때 격려할 수 있는 마음, 아내가 아파할 때 그 아픔을 같이 느껴 주는 마음입니다. 남편이 이러한 마음을 가지고 아내를 대할 때 아내의 행복은 시작됩니다. 이러한 남편과 아내는 가정에서 복될 뿐 아니라 그들의 가정을 통해서 이루어지는 모든 일들이 아름답고 풍성하게 열매 맺어 자기 자녀뿐만 아니라 이웃까지도 축복할 수 있습니다.

세상의 생활철학은 이웃이야 어떻게 되든 나만 복 받아야 하고, 나만 절대 성공해야 된다고 하면서 살아갑니다. 이러한 삶은 다 망하는 길입니다. 그렇게 생각하면서 사는 사람은 진정한 삶을 누릴 수가 없습니다. 살면 살수록 불안만 더해 갑니다. '남보다 더 잘되어야 되는데' 하면서 살지만 아무리 보아도 남이 더 잘되고 있는 것처럼 느낍니다. '남보다 더 가져야 되는데' 하면서 살아가지만 내가 가진 것은 너무나 작게 보입니다. 그러한 강박관념적 삶은 피할 수 없는 결과입니다.

그러나 매일 만나는 사람들에게 내가 기도해 주고 복이 되어 주어야 되겠다고 생각하면 비록 내가 부족하고 가진 것이 없다고 할지라도 순간순간에 다른 사람을 축복하게 됩니다. 늘 나를 못 살게 하는 문제투성이의 사람을 만난다 하여도 그 사람을 향하여 축복하는 마음이 있기 때문에 "하나님, 이분을 복되게 하옵소서. 저분의 마음속에 상처가 많아 삶이 너무나 힘듭니다. 원래는 저러한 모습이 아닌 것을 압니다. 하나님, 저분의 모습이 회복되게 하여 주시옵소서" 하고 기도하게 됩니다. 이렇게 하나님의 가슴을 품고 이웃을 향한 열린 마음을 가진 사람은 하나님의 복이 되는 통로가 되어서 하나님의 생명 역사가 일어나게 됩니다.

성경 66권은 바로 이러한 삶의 이야기를 보여 주는 것입니다. 복이 되는 활짝 열린 통로가 무엇입니까? 바로 십자가입니다. 예수 그리스도의 십자가를 통하여 이 땅의 모든 죄를 사하고 이 땅의 생명을 구원하여 하나님의 복으로 채우기를 원하시는 하나님의 마음이 바로 십자가입니다. 내가 그리스도께 속한 자면 약속대로 아브라함의 유업을 이을 자라고 하였습니다.

"너희가 그리스도께 속한 자면 곧 아브라함의 자손이요 약속대로 유업을 이을 자니라"(갈 3:29).

그러면 구체적으로 아브라함의 유업자라는 것은 무슨 말입니까? 이 말은 내가 그리스도께 속하여 그리스도인으로 살면서 한 사람이라도 나를 통해서 복을 받아야 된다는 것입니다. 내가 존재함으로 자연 속에 있는 나무 한 그루도 더 아름다워지고 이 땅 어딘가 더 밝아지고 더 존귀해져야 된다는 것입니다. 나를 통해서 복이 되는 하나님의 가슴을 가지고 있을 때 먼저 내가 하나님과 하나님의 능력과 은총을 누릴 수 있습니다. 그리고 하나님의 모든 선한 것이 나를 통해서 이 땅에 생명과 복의 열매로 나타나게 됩니다. 이것이 바로 아브라함의 유업자가 가지는 삶이며 이를 위해서 하나님께서 나를 부르셨습니다.

인생이 망하는 유일한 이유는 남이야 어떻게 되었든 나 혼자 잘 먹고 잘 살겠다는 것입니다. 이러한 사람은 늘 불안과 근심과 열등의식, 패배의식 등의 어두운 그림자를 절대 벗어날 수 없습니다. 복이 되는 삶은 현재 내 모습과 상황이 어떠하든지 하나님의 가슴과 이웃을 향한 열린 마음을 가진 나를 통하여 더 많은 사람이 복을 받기를 원하는 것입니다. 이러한 사람의 삶과 심령은 반드시 피어나게 되어 있습니다. 그리스도인은 이 땅을 구원하기를 원하시는, 즉 땅의 모든 족속이 하나님 형상의 존귀함과 풍성함에 이르기를 원하시는 하나님의 가슴과 하나 된 가슴을 품은 사람들입니다. 그래서 그들은 복의 근원인 것입니다.

함께 생각해 보는 질문

약속의 유업을 누리십니까?

하나님께서 아브라함에게 약속하신 "네가 복이 됨으로 천하 만민이 너를 통해서 복을 받으리라"는 그 유업을 당신은 누리고 있습니까? 이 질문 속에는 몇 가지 질문이 들어 있습니다. 즉, '당신은 복의 근원으로 사십니까? 복 받기 위해서 몸부림치십니까? 당신은 자녀입니까? 종입니까? 당신의 신앙은 종교입니까? 계시입니까?' 라는 질문입니다.

먼저 복의 근원에 대하여 같이 봅시다. 몸부림을 쳐서 복을 받을 것 같으면 세상에 복 없는 사람이 누가 있겠습니까? 진정한 복은 몸부림을 친다고 받을 수 있는 것이 아닙니다. 복의 근원이 되시는 하나님을 만나고 하나님의 가슴으로 하나님의 길에 서 있는 사람이 바로 복된 사람입니다. 그 사람의 길에는 하나님의 복이 흘러넘칩니다. 한 마디로 복의 근원으로 살아갑니다.

복을 이야기할 때 주의해야 할 것이 있습니다. 바로 우리에게 가장 위험한 것이 기복신앙입니다. 기복신앙은 하나님 앞에서 무엇인가 행함으로, 내 공로로 하나님의 복을 받겠다는 것입니다. 내 편에서 하나님을 위해서 무엇인가 섬기고 몸부림을 쳐야만이 내가 복을 받을 수 있다는 신앙이 기복신앙입니다.

봉사 잘하면, 십일조 열심히 하면, 무엇무엇을 하면 하나님이 복을 주신다는 것입니다. 무엇을 함으로써 복을 주시면 은혜가 아니라 대가입니다. 하나님께서 복을 주셨기에 우리의 삶이 그 분에게 속한 고백으로 헌금도 하고 봉사도 하는 것입니다. 따라서 기복신앙은 우리가 하나님의 자녀로서 당연히 누릴 복을 오히려 빼앗아 가는 신앙입니다.

우리는 내가 복을 받기 위해서 몸부림을 치는 삶을 사는 사람이 아니라 하나님께서 그 은혜로 나를 먼저 택하시고 부르시고 구원하신 놀라운 복을 이미 가진 사람입니다.

"자기 아들을 아끼지 아니하시고 우리 모든 사람을 위하여 내어주신 이가 어찌 그 아들과 함께 모든 것을 우리에게 은사로 주지 아니하시겠느뇨"(롬 8:32).

나를 부르시기 위해서 아들을 아끼지 아니하시고 주신 하나님이 이미 우리에게 모든 복을 허락하신다는 것입니다.

내가 복을 받으려고 믿은 것이 아니라 하나님께서 나를 먼저 부르시고 나에게 이미 복을 허락하신 것입니다. 하나님께서 나를 온 땅이 복을 받는 복의 근원으로 삼기 위해서 나를 부르시고 믿게 하셨습니다. 우리의 가슴이 하나님의 가슴과 일치해 있기만 하면 하나님의 모든 복이 나를 통해서 나타나고 나는 그것을 즐거워하면 됩니다. 즉, 누리는 것입니다.

사단은 우리를 속입니다. 사단은 우리에게 '남이 어떻게 되었든 일단 복이나 받고 보자'라는 의식을 심습니다. 이러한 의식을 가진 사람은 남을 생각하지 않습니다. 남을 생각하지 않으니 남과의 관계에서 단절됩니다. 단절되었으니 스스로의 제한 안에 갇혀 버립니다. 내 안에 있었던 것까지도 썩기 시작합니다. 하나님의 복까지도 쓴 뿌리로 변하기 시작합니다. 그래서 사단은 내가 하나님의 복의 통로이자 복의 근원이라는 사실을 잊어버리게 하는 것입니다. 사단에게 속지 마시기를 바랍니다.

이것은 또 다른 각도에서 보면 다음과 같은 질문이기도 합니다. "당신은 자녀입니까? 종입니까?" 이 질문은 "당신은 하나님께 잘 보여 복 받기 위하여 믿어드리고, 예배드려 주며, 섬겨드리는 종 된 믿음을 가지고 있습니까? 아니면 하나님 안에서 하나님의 자녀로서 하나님을 당연히 누리는 자녀의 믿음을 누리고 있습니까?" 또 다른 말로는 "당신의 신앙은 계시입니까? 종교입니까?" 라는 것입니다.

자녀의 삶과 계시의 삶은 나를 복되게 하시고 나를 통해서 온 땅을 "좋았더라 좋았더라 심히 좋았더라"를 완성하시는 하나님의 가슴을 만나서 그 가슴을 누리는 삶을 사는 것입니다. 그러나 종교인과 종의 삶은 율법과 계명을 지킴으로써 하나님께 호의를 얻으려고 하는 삶입니다. 이 두 종류의 삶은 아주 비슷하게 보입니다. 본질적으로 다릅니다. 비슷하게 보이기 때문에 속기 쉽습니다.

저는 1991년과 1992년에 단기선교로 러시아를 방문한 적이 있습니다. 제가 방문한 때는 공산 소비에트연방이 막 해체되고 자유화가 시작된 CIS국가연합체가 출범한 대단히 어수선한 시기였습니다. 방문한 때가 4월 정도였는데 모스크바 국제공항에 도착하여 공중 화장실에 가게 되었습니다. 4월이지만 러시아는 그때도 추웠기 때문에 여기저기가 얼어 있었습니다.

화장실 안에 들어갈 수가 없었습니다. 화장실 여기저기에 대변이 무더기로 쌓여 있고 얼어 있어서 도저히 들어갈 수가 없었습니다. 그것이 바로 미국과 더불어서 세계 2대 강국이라고 불리는 구소련의 모습이었습니다. 미사일만 많이 만들어 놓았지 제대로 된 곳이 없었습니다. 아파트와 공공기관의 홀에 있는 전등이나 엘리베이터 속에 있는 전등을 사람들이 전부 훔쳐가서 해만 지면 암흑 세계였습니다. 그러고도 겉으로는 세계 2대 강국이라고 하였습니다. 당시 소련연방은 다 무너진 모습이었습니다.

이러한 구소련의 모습을 고르바초프는 보았던 것입니다. 그는 개방과 개혁정책을 내걸고서는 자기 나라의 실상을 솔직히 개방하고 서방국가들에게 손을 내밀었습니다. 그는 서방이 도와 주지 않으면 우리는 살아남을 길이 없다는 것을 인정한 최초의 지도자입니다. 그런데 당시 러시아인들은 고르바초프가 소련을 망쳐 먹는 줄 알았습니다. 그는 절대 무능한 사람이 아니었습니다. 그는 굉장히 용기 있는 사람이었습니다.

러시아 국내로부터 엄청난 비판과 반대에 직면한 고르바초프에게 용기를 준 사람이 있습니다. 바로 부인 라이사 여사입니다. 남편 옆에서 개혁과 개방을 끝까지 추진하도록 밀어 주었습니다. 이러한 그의 개혁과 개방은 소련과 동유럽을 비롯한 전 세계의 공산주국가들이 문을 열거나 무너지게 된 계기가 되었습니다.

고르바초프가 최고 지도자 자리에서 물러나 지내던 중에 부인 라이사 여사가 암에 걸렸습니다. 당시 독일은 동서독이 통일될 수 있도록 도와 주었던 사람으로서 고르바초프를 매우 고맙게 여기고 있었기 때문에 라이사 여사를 독일로 초청하여 최상의 대우와 함께 무료로 암 치료를 해주었습니다. 그러나 라이사 여사는 결국 세상을 떠났습니다.

1999년 9월에 라이사 여사의 관이 모스크바 국제공항에 내리는 장면이 전 세계에 중계되었습니다. 저도 그 장면을 보았습니다. 그녀는 남편 고르바초프가 다 무너져 가는 소련의 개방과 개혁을 끝까지 추진할 수 있도록 용기를 주었던 사람입니다. 남편과 더불어 라이사 여사는 서방 세계의 수많은 사람들로부터 존경과 사랑을 받았습니다.

불과 얼마 전까지만 하여도 두 부부가 독일공항에 도착하여 탑승구로 내리는 것이 뉴스에 방영되었는데, 얼마 후 한 사람은 탑승구를 통해서 걸어나오고 한 사람은 시신이 되어 화물칸에서 나옵니다. 저는 이 장면을 보면서 많은 것을 생각했습니다. 겉으로 보기에는 몸과 시신은 똑같습니다. 단지 호흡이 있느냐 없느냐의 차이입니다. 이 차이로 인하여 여객석에 앉느냐 화물칸에 실리느냐로 갈립니다. 똑같이 보이지만 본질적으로 전혀 다릅니다.

뱀과 뱀장어는 굉장히 비슷합니다. 그러나 뱀은 파충류이고 뱀장어는 어류입니다. 전혀 다릅니다. 고래와 상어는 둘 다 바다 속에서 살고 있으며 비슷하게 보입니다. 그러나 고래는 포유류이고 상어는 어류입니다. 들새와 박쥐가 비슷하게 보이지만 전혀 다릅니다.

여러분들이 교회에 나오십니다. 모두들 열심히 신앙생활을 하십니다. 사람이 볼 때는 누구나 헌신적일 수도 있습니다. 그러나 하나님의 자녀로서 유업을 누리고 있는 사람과 복 받기 위해서 사는 사람은 겉으로 보기에는 똑같아 보이지만 그 속에 있는 평강과 안식과 능력의 면에서는 전혀 다릅니다.

제가 늘 우려하는 것은 오늘날 교회가 아브라함의 유업을 알지 못하고 예수 그리스도의 십자가 아래 완성된 하나님의 복을 전혀 알지 못하는 현실주의적이고 기복적인 신앙들이 중

심이 되는 것입니다. 현실주의적이고 기복적이며 나 자신 하나
만을 향하게 하고 자신의 제한과 자신의 한계 안에서 스스로
썩어져 내리는 삶을 사는 사람이 가진 특징은 불신입니다. 할
만큼 해보았는데 안 되더라는 불신입니다. 당연히 안 되게 되
어 있습니다.

자기 스스로의 믿음은 자기 스스로의 한계를 벗어나지 못합
니다. 이런 불신 속에 있는 사람은 자기 논리에서 벗어나는 것
은 절대로 믿지 않습니다. 그리고 그는 자기 사고에 하나님을
맞추면서 살려고 합니다. 이러한 불신 속에서는 하나님의 능력
이 나타날 수가 없습니다. 종교생활을 함으로써 심리적인 평안
정도는 가질 수 있을지 모릅니다. 이러한 불신과 자기 한계에
젖어 있는 종교적인 삶은 땅 끝까지 복이 되는 하나님의 유업
을 누리는 삶과는 전혀 다릅니다.

비슷하게 보이는 것에 절대 속지 마시기 바랍니다. 원본을
보십시오. 원본이신 예수님을 보시기를 바랍니다. 예수님의 삶
이 겉으로 보기에는 지극히 평범하였지만 그 생명은 너무나
능력 있고 위대하였으며 존귀하고 아름답게 이 땅을 축복하셨
습니다. 그리스도를 만나는 사람은 누구든지 생명의 아름다움
이 피어납니다. 그리스도를 만나고 주님으로 영접한 사람은 하
나님의 자녀요, 그리스도와 함께하는 유업자요, 아브라함의 유
업을 누리는 삶을 살게 됩니다.

함께 해보는 정리

**하나님의 언약은 일방적이고 무조건적으로서 하나님의 사랑
의 가슴을 나타냅니다**

저는 저희 아이들에게 다음과 같이 말하며 일방적이고 무조건적으로 약속했습니다.

"얘들아, 공부를 열심히 해야지. 너희들은 건강하고 공부 열심히 하면 된다. 먹고 입고 자는 것은 너희들이 걱정할 것이 아니란다. 무조건 건강하고 학생의 할 일이 공부하는 것이니 열심히 공부만 하면 된다. 다른 것은 아빠가 다 책임질 것이다."

아빠로서 아이들에게 이렇게 말하지 않습니다. "얘들아, 아빠하고 이런 계약을 맺자. 너희가 공부 세 시간 하면 80달러씩 너희 삶에 투자하겠다. 너희들이 학교 졸업하고 성인이 될 때까지 아빠가 얼마를 투자하겠는데 다 큰 다음에 이자를 합쳐서 반드시 아빠에게 갚아야 한다"라고 말입니다. 세상에 있는 아빠도 조건 없는 사랑으로 일방적이고 무조건으로 아이들을 키웁니다.

하나님이 아브라함에게 약속할 때 조건이 있었던 것이 결코 아닙니다. 하나님의 약속은 일방적이고 무조건적인 것이었습니다. 이러한 하나님의 약속 안에는 하나님의 가슴이 담겨 있습니다. 자녀를 낳아서 사랑하며 잘 되기만을 원하는 부모의 가슴을 나타내는 것과 같이 하나님의 자녀로 부르신 우리를 향한 하나님의 가슴이 우리를 향하고 있습니다.

하나님의 가슴이 가장 잘 나타나는 성경이 바로 창세기 14장과 15장에 있는 내용입니다. 엘람 왕 그돌라오멜과 유프라테스 지역의 4개국 연합군이 소돔을 비롯한 사해 지역의 5개국을 침공했습니다. 유프라테스 지역의 연합군이 사해 지역의 5개국들을 침공한 이유는 5개국이 더 이상 조공을 바치기를 거부하였기 때문입니다. 그래서 사해지역의 5개국이 그돌라오멜의 침공으로 인하여 쑥밭이 되어 소돔에 살고 있었던 아브라함의 조카 롯도 포로로 잡혀 가게 됩니다. 조카 롯을 구하기 위하여 아브라함이 그돌라오멜을 추격해서 전투에 이겨 롯을 구합니다.

아브라함이 승전하여 전리품과 함께 롯을 구해 오는데 소돔 왕과 살렘 왕 멜기세덱이 앞에 나타납니다. 멜기세덱이 이렇게 말합니다.

"천지의 주재시요 지극히 높으신 하나님이여 아브람에게 복을 주옵소서 너의 대적을 네 손에 붙이신 지극히 높으신 하나님을 찬송할지로다"(창 14:19~20).

즉 멜기세덱의 말은 "천지의 주재이신 하나님께 영광을 돌려라. 이 모든 일에 주관자 되시는 하나님께 영광을 돌려라. 하나님의 주권을 인정하라"는 것입니다. 멜기세덱의 말을 들었던 아브라함이 그 얻은 것에서 십분의 일을 멜기세덱에게 주었습니다(창 14:20). 십일조는 바로 '모든 것의 주관자가 하나님이시다'는 것을 인정하는 것입니다. 아브라함이 드린 십일조는 성경에 나오는 최초의 십일조입니다. 십일조 신앙은 하나님의 주권을 인정하는 주권의 신앙입니다. 십일조 신앙은 내 삶의 주권이 하나님께 있느냐 아니면 나에게 있느냐를 고백하는 것입니다. 한편 세상을 상징하는 소돔 왕은 아브라함에게 "사람은 내게 보내고 물품은 네가 취하라"(창 14:21)고 말합니다.

세상은 언제나 물질을 주고 우리의 인격과 영혼을 빼앗아 갑니다. 따라서 인격과 영혼의 삶을 빼앗긴 사람은 채워도 채워도 끝없는 절망의 늪에서 살게 됩니다. 소돔 왕의 말을 들은 아브라함은 이렇게 대답합니다.

"천지의 주재시요 지극히 높으신 하나님 여호와께 내가 손을 들어 맹세하노니 네 말이 내가 아브람으로 치부케 하였다 할까 하여 네게 속한 것은 무론 한 실이나 신들메라도 내가 취하지 아니하리라"(창 14:22~23).

아브라함은 소돔 왕에게 소속된 물질을 다 돌려줍니다. 이것은 그의 삶과 물질이 하나님께 속한 것임을 선포한 것입니다.

이러한 사건이 끝나자 창세기 15장이 시작됩니다.

"이후에 여호와의 말씀이 이상 중에 아브람에게 임하여 가라사대 아브람아 두려워 말라 나는 너의 방패요 너의 지극히 큰 상급이니라"(창 15:1).

현재의 상황은 유프라테스 지역을 장악한 그돌라오멜과 전쟁을 해서 이겼습니다. 그돌라오멜은 본국으로 돌아가서 군대를 다시 모집하여 아브라함을 얼마든지 칠 수 있는 힘있는 왕입니다. 아브라함은 상당히 불안한 상황 속에 있습니다. 그런데 아브라함이 자기 생명과 자기 생애가 하나님께 속한 것임을 십일조를 통해서 선언했습니다. 자기가 자기를 복되게 세우는 삶이 아니라 자신의 삶이 오직 하나님 안에서 그 뜻을 따라 쓰임받는 삶이라는 것을 인정했을 때 하나님께서 나타나서 "내가 너의 방패요 큰 상급"이라는 약속을 주신 것입니다.

오해하실까 걱정이 됩니다만 여러분 반드시 십일조의 신앙을 가지십시오. 재물에서도 십일조의 신앙을 가지십시오. 시간에서도 십일조의 신앙을 가시십시오. 십일조는 돈 문제가 아니라 생명의 법칙입니다. 십일조의 신앙을 말씀드리면 성도들로 하여금 교회에 물질을 더 바치도록 하는 기분이 들어 늘 죄송한 마음이 듭니다. 그러나 절대로 그렇지 않습니다. 십일조의 신앙을 가지기 전까지는 내 삶의 주권을 내가 붙들고 있는 것입니다. 내가 내 삶을 붙들고 있기 때문에 하나님께 십일조를 드리지 못하는 것입니다. 저는 성도 여러분이 십일조의 신앙으로 늘 승리하시기를 바라고 있습니다. 십일조의 신앙을 통하여 내가 내 삶을 세우고 지키는 것이 아니라 내 삶과 내 생명을 통해서 하나님께서 역사하시는 것을 체험하는 성도들이 되시기를 바랍니다.

하나님의 교회에 정직한 십일조가 바쳐진다면 이 땅에서 교회가 할 수 있는 아름다운 일들이 얼마나 많은지 모릅니다. 저는 최근에 2주 연속으로 코스타리카와 과테말라의 선교지를 다녀왔습니다. 그 땅들의 참혹함이란 이루 말로 다 할 수가 없습니다. 그 땅을 누가 축복합니까? 누가 들어가서 그 땅을 축복합니까? 가는 곳곳마다 학교가 필요합니다. 아이들이 배우지 못하니까 성장하여도 바른 의식이 서지 않습니다. 바른 의식이 서지 않으니까 자신들이 결코 이렇게 살아야 될 존재가 아니라는 것 자체를 모릅니다. 그러한 학교를 누가 세우겠습니까? 하나님의 자녀들이 세계 방방곡곡에 배움이 필요한 곳에 학교를 세우고 하나님의 말씀이 필요한 곳에 교회를 세우지 않으면 누가 세웁니까? 아파도 의료 혜택을 받지 못하는 자리에 진료소와 병원을 하나님의 자녀들이 세우지 않으면 누가 세웁니까?

성도들은 건강한 신앙으로 십일조를 하고 교회는 하나님 앞에 깨어 있는 의식을 가져야 합니다. 드려진 십일조를 가지고 자기 교회나 크게 짓고 자기 교회 프로그램이나 크게 확장시키는 것이 되어서는 안 됩니다. 하나님의 가슴과 그 뜻을 따라 이 땅의 아픔을 치유하고 축복하는 교회가 있으면 이 땅은 아름다워집니다.

하나님께서 아브라함에게 상급이요 방패가 되리라는 약속

을 하신 후에 실물을 보여 주시면서 축복을 약속합니다.
"하늘을 우러러 뭇별을 셀 수 있나 보라 또 그에게 이르시되 네 자손이 이와 같으리라"(창 15:5)

아브라함이 여호와 하나님을 믿으니 아브라함을 그의 의로 여기신 후에(창 15:6) 약속한 땅을 기업으로 주시겠다는 확증을 하십니다. 그리고 하나님께서는 확증의 표시로 "나를 위하여 삼 년 된 암소와 삼 년 된 암염소와 삼 년 된 숫양과 산비둘기와 집비둘기 새끼를 취할지니라"(창 15:9)고 말씀하셨습니다. 아브라함이 제물을 쪼개어 놓고 기다렸을 때 해가 져서 어두울 때에 연기 나는 풀무가 보이며 타는 횃불이 쪼갠 고기 사이로 지나갔습니다(창 15:10). 타는 횃불은 원어로는 '불기둥'이란 뜻으로 하나님의 임재를 상징합니다. 하나님의 임재가 쪼갠 고기 사이로 지나갔다고 하였습니다. 그런데 횃불이 쪼갠 고기 사이로 지나갔다는 것이 구체적으로 무엇을 뜻하는 것인지 오랫동안 이해하지 못했습니다.

1966년 프랑스 고고학팀이 큐리스라는 지역을 탐사하게 되었습니다. 탐사를 하기 전까지만 하여도 구바벨론이 인류의 첫 문명인 줄 알았습니다. 그러나 탐사 지역인 큐리스 지역에서 수메르 문명을 발견하게 됩니다. 큐리스 지역에서 상형문자가 적혀 있는 3천 편 이상의 토기 점토판을 찾아냅니다. 그 상형문자를 해석한 내용 중에는 중요한 약속을 하는 행위에 대하여 적혀 있었습니다. 수메르 문명에서는 재산에 관련된 어떤 중요한 약속을 할 때 제물을 잡아서 반으로 쪼개어 놓은 후에 약속하는 당사자 두 사람이 손을 잡고 그 제물 사이로 지나간다고 합니다. 이것은 만약에 두 사람 중에 어느 한 사람이 약속을 어기면 쪼개진 제물처럼 몸을 쪼개어도 좋다는 서약이 담겨져 있다고 합니다.

하나님께서 아브라함을 시켜서 3년 된 암소와 암염소와 숫양을 제물로 쪼개어 놓게 하시고 하나님이 지나가셨습니다. 아브라함에게 복 주시기를 일방적이고 무조건적인 약속을 하시고서는 하나님께서 자신의 생명을 걸고서 맹세하신 것입니다. 예수 그리스도의 십자가가 보이십니까? 무조건적으로 우리에게 약속하신 것을 이루기 위해서 생명을 주시기까지 하는 하나님의 약속이 보이십니까? 이 언약을 바로 우리에게 주셨습니다. 이 언약을 가슴으로 받는 자가 하나님의 자녀로서 하나님의 유업자로서 누리며 살게 되는 것입니다.

창세기 15장 18~21절에서 여호와 하나님께서는 아브라함에게 중동 지역 전체를 주시겠다는 약속을 하십니다. 세계 인류 문화사는 유럽과 아시아와 아프리카 3대륙에서 다 일어났습니다. 3대륙이 겹치는 지역이 중동 지역이고 그 배꼽 지점이 팔레스틴입니다. 따라서 중동 지역의 패권을 잡는 자가 세계를 지배하게 되어 있습니다.

미국이 천문학적인 전비를 사용하면서 중동 지역을 장악하려고 하는 이유를 이해할 수 있습니다. 세계 역사의 최강자가 되고 나면 반드시 중동 지역을 지배하려고 합니다. 마지막에 중동 지역을 제어하는 자가 나타나는데 바로 적그리스도입니다. 오늘날 우리의 문명은 석유 문명입니다. 엄청난 석유가 있는 중동 지역을 장악하면 세계 누구도 대항할 수 없습니다. 기름이 없이는 현대사회는 단 하루도 돌아가지 않으며 모든 경제활동이 정지되고 기름이 없이는 전쟁도 못합니다.

역사를 보십시오. 이집트의 바로 앗시리아의 산헤립, 바벨론의 느부갓네살, 파사의 고레스, 헬라의 알렉산더, 로마의 시저, 트루크 술탄 메매트 2세, 징기스칸, 나폴레옹, 히틀러 이 모든 정복자들은 한결같이 팔레스틴 정복에 수많은 피를 흘린 사람들입니다. 팔레스틴은 지금까지도 피를 흘리고 있습니다. 그러므로 마지막 때 하나님의 심판의 보좌는 바로 그 땅의 중심으로부터 나타날 것입니다.

언약을 믿을 때 하나님의 자녀와 유업자로 살며 율법을 이룹니다

하나님의 가슴은 우리가 하나님과 하나가 되고, 믿음으로 하나님의 자녀가 되었으므로 우리를 통해서 이 땅이 복을 받는 것입니다. 하나님의 언약을 믿을 때 우리는 하나님의 유업자로 삽니다. 하나님의 가슴은 우리를 통해서 이 땅에 아픔을 치유하시고 그 상처들을 고쳐 주기를 원하십니다. 하나님의 가슴은 이 땅의 고통으로 인하여 흐르는 눈물을 우리가 씻어 주기를 원하십니다. 이 땅의 생명을 사랑하시는 하나님의 가슴으로 살아갈 때 우리 안에서 율법이 이루어집니다.

그러므로 하나님께서 약속하신 언약을 믿음으로 살 때에 율법의 진정한 뜻이 완성됩니다. 율법의 진정한 성취는 율법조문을 지키는 것이 아니라 하나님의 가슴으로 살 때 이루어집니다. 그래서 바울은 갈라디아서 5장 14절에서 "온 율법은 네 이웃 사랑하기를 네 몸같이 하라 하신 한 말씀에 이루었나니" 하였습니다. 이 말씀은 하나님의 가슴으로 이웃을 나의 몸과 같이 사랑하면 온 율법을 다 이루게 된다는 말씀입니다.

이제 결론으로 다시 한번 강조합니다. 우리의 삶은 두 가지 중의 하나입니다. 남이야 어떻게 되든 나 혼자 잘 되고자 하는 삶이 있습니다. 이러한 삶을 사는 사람은 불안과 열등의식과 근심과 메마름에서 벗어날 수가 없습니다. 그러나 사랑으로 나를 창조하셨고 나를 구속하시고 자녀 된 나를 통해서 이 땅에 흐르는 모든 고통과 상처를 싸매게 하시고 나를 통해서 하나님의 나라를 세우기를 원하는 하나님의 가슴을 가지고 살아가는 삶이 있습니다. 이러한 하나님의 가슴을 가지고 있는 상태를 믿음이라고 합니다. 믿음은 하나님에 대한 교리나 신앙 이론에 대해서 내가 동의한다는 것이 아닙니다.

믿음을 가진 사람은 하나님의 가슴에 사로잡히게 됩니다. 하나님의 가슴에 사로잡히게 됨으로써 이제 능동적(pro-active)으로 사랑의 삶을 살게 됩니다. 반복해서 말씀드리지만 이러한 상태를 수동적 능동성이라고 합니다. 이제 하나님 앞에서 하루를 살아도 그 하루만큼 이 땅이 나로 말미암아 복을 받습니다. 하나님께서는 이 땅의 수많은 아픔과 어둠의 자리에서 우리가 하나님의 복이 되기를 원하십니다. 나 혼자만 잘 되자고 신앙생활하는 것은 자기도 망하고 남도 망합니다.

내 삶이 왜 이렇게도 무기력합니까? 내가 가진 것이 적지 않은데도 왜 이렇게 가난한 것입니까? 입을 옷이 이렇게도 많은데도 왜 이처럼 헐벗은 것처럼 가난하게 느껴지는 것입니까? 먹을 것이 풍성한데도 나의 영혼은 왜 이렇게 굶주려 있는 것입니까? 이유는 간단합니다. 내 삶의 방향성이 잘못되어 있기 때문입니다. 하나님의 언약을 이루는 유업자의 삶이 아닌 내가 무엇인가 이루어 보려고 몸부림치면서 사는 삶은 저주 아래 놓이게 됩니다. 이러한 저주 아래 놓인 삶에서 벗어나야 합니다. 무엇을 가졌든, 얼마를 가졌든, 어떤 모습으로 살든 나는 하나님의 유업자입니다. 이제 내가 나인 것이 자랑스럽고 나를 통해서 내 이웃이 복을 받는 기쁨을 내가 누려야 합니다.

아버지 하나님,
저의 육신의 본성으로 살게 하지 마시고
성령의 인도하심과 감동하심으로
사는 삶이 되게 하여 주시옵소서.
초조와 불안과 노예 된 근성에서 벗어나게 하옵시고
하나님의 자녀로서 유업자의 복을 누리게 하여 주시옵소서.
하나님을 간절히 의뢰합니다.
저를 통하여 이 땅이 복되기를 원합니다.
저를 통하여 이 땅에 하나님의 생명 역사가
이루어지기를 원합니다.
저를 통하지 않고는 하나님의 일을 이루는
다른 길이 결코 없음을 알고 있습니다.
자원하는 심령으로 저를 하나님께 드립니다.
저를 통해서 하나님의 뜻이 이 땅에 이루어지기를 원합니다.
버림받을 수밖에 없는 저를
하나님이 사랑하시고 구하여 주셨으니
저를 하나님께 드립니다.

하나님,
이 땅에 복을 주시옵소서.
이 땅에 슬픔과 고통이 제하여지게 하시옵소서.
이 땅에 하나님의 기쁨이 가득 차게 하여 주시옵소서.
하나님의 가슴을 만나 하나 되어 드려진
저의 삶을 통해서 역사하여 주시옵소서.

아버지 하나님,

나만을 위하는 신앙생활이 되지 말게 하시고
하나님의 영광을 위해서 사는 삶이 되기를 원합니다.
하나님의 가슴을 가지고
하나님께서 주신 복을 누리게 하여 주시옵소서.
예수님의 이름으로 기도합니다. 아멘.

믿음의 역설

율법은 육신을 가진 인간이라면 결코 지킬 수 없는 것인데 그것을 지킨다고 생각했던 사람들이 있습니다. 그들이 바로 바리새인들입니다. 율법은 죄를 깨닫게 하는 것, 즉 우리로 하나님의 법대로 살 수 없음을 깨닫게 하여 우리를 버리고 하나님을 의지케 하는 것이지 정말로 그렇게 살기를 요구하는 데에 목적이 있는 것이 아닙니다.

믿음도 마찬가지입니다. 육신을 가진 인간이 자신의 이기, 정욕, 죄를 벗어 버리고 온전히 하나님만을 의지함이 어떻게 가능합니까? 오죽하면 사도 바울은 "내 몸을 쳐서 복종시킨다", "내가 매일 죽노라"라고 고백했습니까? 불가능하기에 주님만을 바라보는 그것이 믿음입니다. 그런데 이상한 역설은 내가 살 수 없어서 포기한 그곳에 내가 살 수 없었던 삶이 이루어진다는 것입니다. 육신을 입은 인간이 살 수 있는 방법이 있습니다. 종교의 삶입니다. 종교는 형식과 노력의 문제이므로 기분만 좋으면 언제든 가능합니다. 그러나 믿음의 삶은 우리로서는 불가능하기에 '오직 하나님의 은혜'일 뿐입니다.

내 스스로 나는 잘 믿는다고 생각하십니까? 그러면 당신은 종교인입니다. 당신은 주님 앞에 가까이 나아갈수록 강퍅한 자아와 죄악된 자신이 더 확연해져 갈등하십니까? 당신은 믿음의 길에 서 있습니다. 믿음은 우리를 애굽에서부터 가나안으로 바로 옮기는 마술이 아니라 광야의 갈등입니다. 자신의 죄와 갈등하는 순간 이외에 정직한 믿음의 순간은 없습니다. 우리의 찬양과 경배는 그냥 저절로 나오는 레코드판의 소리가 아니라 절망 속에서의 유일한 소망을 향한 전 존재의 환희입니다.

> 판 권
> 소 유

― 갈라디아서 강해(상권) ―
죽어도 좋은 사랑

•

2004년 4월 10일 인쇄
2004년 4월 15일 발행
지은이 / 이 학 권
발행인 / 이 형 규
발행처 / 쿰란출판사
서울 종로구 연지동 1-1 여전도회관 1005호
TEL / 745-1007, 편집부 / 745-1301~2
영업부 / 747-1004, FAX / 745-8490
본사평생전화번호 / 0502-756-1004
홈페이지 ; http : / / www.qumran.co.kr
한글인터넷주소 : 쿰란, 쿰란출판사
E-mail ; qumran@hitel.net
qumran@shinbiro.com
등록 / 제1-670호(1988. 2. 27)

•

값 9,000원
책임교열 : 송은주 · 이가정

ISBN : 89-7434-898-5 94230(세트)